PESQUISA em SERVIÇO SOCIAL e TEMAS CONTEMPORÂNEOS

Dados Internacionais de Catalogação na Publicação (CIP)
(Câmara Brasileira do Livro, SP, Brasil)

Pesquisa em serviço social e temas contemporâneos / (orgs.) Denise
Bomtempo Birche de Carvalho...[et al.]. — São Paulo : Cortez, 2020.

Vários autores.
Outros organizadores: Inez Stampa, Joana Valente Santana, Maria
Liduína de Oliveira e Silva
ISBN 978-65-5555-026-9

1. Assistência social - Brasil 2. Políticas sociais 3. Serviço social
4. Serviço social - Pesquisa 5. Serviço social como profissão I. Carvalho,
Denise Bomtempo Birche de. II. Stampa, Inez. III. Santana, Joana
Valente. IV. Silva, Maria Liduína de Oliveira e.

20-44787   CDD-361.3

Índices para catálogo sistemático:
1. Serviço social   361.3

Cibele Maria Dias - Bibliotecária - CRB-8/9427

DENISE BOMTEMPO BIRCHE DE CARVALHO

INEZ STAMPA

JOANA VALENTE SANTANA

MARIA LIDUÍNA DE OLIVEIRA E SILVA (Orgs.)

PESQUISA em SERVIÇO SOCIAL e TEMAS CONTEMPORÂNEOS

São Paulo - SP

2020

CORTEZ EDITORA

PESQUISA EM SERVIÇO SOCIAL E TEMAS CONTEMPORÂNEOS
Denise Bomtempo Birche de Carvalho • Inez Stampa •
Joana Valente Santana • Maria Liduína de Oliveira e Silva (Orgs.)

Capa: de Sign Arte Visual
Preparação de originais: Agnaldo Alves
Revisão: Patrizia Zagni
Diagramação: Linea Editora
Editora-assistente: Priscila Flório Augusto
Coordenação editorial: Danilo A. Q. Morales

Direitos para esta edição
CORTEZ EDITORA
R. Monte Alegre, 1074 — Perdizes
05014-001 — São Paulo-SP
Tel.: +55 11 3864 0111 / 3611 9616
cortez@cortezeditora.com.br
www.cortezeditora.com.br

Impresso no Brasil — novembro de 2020

Suplicamos expressamente:
não aceiteis o que é de hábito como coisa natural.
Pois em tempo de desordem sangrenta,
de confusão organizada,
de arbitrariedade consciente,
de humanidade desumanizada,
nada deve parecer natural.
Nada deve parecer impossível de mudar.

BRECHT, Bertolt. Nada é impossível de mudar. In: *Antologia poética*.
Rio de Janeiro: Elo, 1982.

SUMÁRIO

PREFÁCIO

Serviço Social como área de conhecimento: desvendando a Questão Social

Esta Coletânea acerca da Pesquisa em Serviço Social e Temas Contemporâneos, apresentada por quatro experientes pesquisadoras do Serviço Social brasileiro, Denise Bomtempo Birche de Carvalho, Inez Stampa, Joana Valente Santana, Maria Liduína de Oliveira e Silva, tem como principal objetivo "fortalecer e consolidar a pesquisa e a formação de recursos humanos" de Programas de Pós-Graduação da Área de Serviço Social, de todas as regiões do país. Nessa direção, a Coletânea nos apresenta um conjunto de textos que trazem à cena a temática da pesquisa e da produção de conhecimentos na Área do Serviço Social, e ainda, textos que problematizam um conjunto de questões e inquietações que permeiam as expressões da "questão social" brasileira na contemporaneidade, abordando temáticas que atravessam o cotidiano do assistente social no tempo presente, especialmente no âmbito das Políticas Sociais. É necessário lembrar que a Política Social vem se constituindo historicamente, mediação fundamental para o trabalho do assistente social, e desvendá-la em sua inserção nas relações sociais, assim como conhecer a população a que se destina, é tarefa central para a Pós-Graduação na Área.

Este é o primeiro ponto que eu gostaria de destacar sobre esta Coletânea: não há melhor caminho para qualificar o trabalho da profissão e seu campo de conhecimento do que o estudo, a pesquisa e o debate. Nessa direção, os textos aqui apresentados expõem a vitalidade intelectual de suas autoras, apontando tendências e dilemas enfrentados pelos/as assistentes sociais na construção do conhecimento em diferentes espaços sócio-ocupacionais, adensando a produção de conhecimentos na área. Entendo que é tarefa da pesquisa evidenciar os processos sociais e históricos de um tempo e lugar, em suas múltiplas dimensões, mostrando-nos como a realidade se tece e se move pela ação de sujeitos sociais.

O desafio é desvendar as mediações dessa realidade, é permitir e querer que daí resulte um conhecimento que sirva e que de alguma maneira ajude a fundamentar teoricamente processos em uma perspectiva emancipatória. Sabemos que no decurso de sua trajetória o Serviço Social vai construindo referências que expressam sua identidade profissional derivada do modo de inserção objetiva da profissão nas relações sociais, de seu modo de pensar e de agir, e sobretudo de seu projeto que lhe confere finalidades e uma direção social.

Entendo que essa realidade, que os 16 textos buscam analisar, a partir da produção da Pós-Graduação, é complexa, heterogênea e contraditória, apresentando diversas dimensões a serem decifradas. "Marx dizia que explicar a realidade não é apenas descobrir os nexos que a constituem, mas ajudar essa realidade a se constituir."

Como sabemos, a Questão Social no tempo presente vem assumindo novas configurações e expressões em um mundo globalizado pelo capital financeiro, pelos interesses das grandes corporações, das mídias, do conhecimento saturado, instrumentalizado e a serviço da minoria, e por outras transformações societárias que nos colocam frente a um quadro de milhões de desempregados e quase três bilhões de pessoas que vivem na pobreza. Questão que, para Iamamoto (2018, p. 72), nos contraditórios tempos presentes assume expressões que

[...] condensam múltiplas desigualdades mediadas por disparidades nas relações de gênero, características étnico-raciais, mobilidades espaciais, formações regionais e disputas ambientais, colocando em causa amplos segmentos da sociedade civil no acesso aos bens da civilização. Dispondo de uma dimensão estrutural — enraizada na produção social contraposta a apropriação privada do trabalho —, a 'questão social' atinge visceralmente a vida dos sujeitos numa luta aberta e surda pela cidadania, no embate pelo respeito aos direitos civis, sociais e políticos e aos direitos humanos.

Nessa conjuntura, entendo impossível problematizar as condições da produção de conhecimentos, sem ter como referência as características que configuram o modo de operar do capitalismo contemporâneo, e que vão montar um labirinto de problemas que precisam ser desvendados em suas particularidades, e em relação aos quais a Pós-Graduação tem o desafio de interrogar. Assim, interrogações feitas à luz das transformações do sentido histórico e do lugar político dessas questões são sempre ponto de partida.

Em síntese, o processo de produzir conhecimentos não pode ser autonomizado das relações sociais em que ocorre. Relações em que estão sempre em "disputa os sentidos da sociedade". É isso que Gramsci denomina de luta pela hegemonia, e se o conhecimento não é neutro, mas social no sentido aqui referido, é preciso avançar em um conhecimento "contra-hegemônico". A hegemonia é a capacidade de dar a direção, pautar o debate, definir a agenda... e, nesse sentido, a pesquisa e o conhecimento que dela advêm não são abstrações, desvinculadas das condições sociais em que se constroem. A Universidade, com seus centros e grupos de pesquisa, tem sido um *lócus* privilegiado de pesquisa que entendo ter um papel de formadora, permitindo um acesso ao mundo, à cultura, ao avanço das fronteiras do conhecimento, ao aprendizado enfim. Na Universidade temos a possibilidade de buscar novas teses, novos caminhos, e é nesse sentido que a pesquisa é, como lembra Ianni, uma aventura do espírito, é uma viagem fantástica em termos de reflexão, de interrogação, de questionamento. A reflexão que interroga o que parece evidente. Uma reflexão que, além de individual, é antes de tudo uma aventura coletiva. Uma reflexão que é também prospecção sobre o futuro, um olhar para a frente sem indiferença.

É necessário assinalar que a criação e expansão da Pós-Graduação, com seus cursos de Mestrado e Doutorado na esteira desse contexto, vai configurar um espaço privilegiado de pesquisa e produção de conhecimentos em interlocução e diálogo do Serviço Social com as diferentes áreas do saber e entre diferentes tendências teórico-metodológicas. Essa interlocução constitui a Pós-Graduação, por definição, assim como a formação do docente e do pesquisador.

Nessa direção, esta Coletânea é constituída por 16 capítulos elaborados a partir da inserção orgânica de seus autores em Grupos de Pesquisa registrados no Diretório de Grupos de Pesquisa do CNPq desenvolvidos e em desenvolvimento nos programas de pós-graduação da área.

Na estruturação da Coletânea, a produção apresentada foi organizada a partir dos seguintes eixos: "a) precariedade do trabalho na sociedade contemporânea, b) questão social e políticas sociais envolvendo discussões teóricas e práticas sobre habitação, gênero, raça, crianças, adolescentes e famílias, c) produção de conhecimento e contribuições dos programas de pós-graduação na área de Serviço Social".

E esta é a riqueza desta Coletânea: chegar perto dos desafios do tempo presente, quer estejam no âmbito da produção de conhecimentos, quer nos coloquem diante da Questão Social com suas expressões e manifestações apresentadas ao Serviço Social nestes tempos de devastação, nos quais o desafio maior deve ser construir respostas que se constituam mediações capazes de articular a vida social das classes subalternas com o mundo público dos direitos e da cidadania, na perspectiva da construção de outra ordem societária.

Encerramos este Prefácio em um momento em que a ameaça à vida desencadeada pela pandemia da covid-19, que escancarou a vergonhosa desigualdade da sociedade brasileira e a face neofascista do Estado, coloca em evidência um país que vem desqualificando a pesquisa, precarizando e mercantilizando o ensino. Nesse sentido, a produção aqui apresentada configura-se como resistência e coragem nestes difíceis tempos.

Maria Carmelita Yazbek
Maio de 2020

Referências

IAMAMOTO, Marilda Villela. Serviço Social, "questão social" e trabalho em tempo de capital fetiche. *In*: RAICHELIS, Raquel *et al.* (org.) *A nova morfologia do trabalho no Serviço Social*. São Paulo: Cortez, 2018.

APRESENTAÇÃO ▪

Pesquisa e socialização de conhecimentos da pós-graduação em Serviço Social

Denise Bomtempo Birche de Carvalho
Inez Stampa
Joana Valente Santana
Maria Liduína de Oliveira e Silva

A coletânea *Pesquisa em Serviço Social e temas contemporâneos* surgiu de ideias germinadas durante o Seminário de Meio-Termo, realizado na Capes em setembro de 2019, com a presença dos(as) coordenadores(as) dos programas de pós-graduação da área de Serviço Social. Este seminário tem o objetivo de fazer uma prévia do desempenho dos programas para o próximo ciclo de avaliação da pós-graduação brasileira (2017-2020). Durante as discussões entre os programas, um dos temas debatidos refere-se às estratégias de solidariedade entre os programas com notas 5, 6 e 7 em relação aos programas com notas 3 e 4, na avaliação quadrienal da Capes (2017), para alavancar as produções de conhecimento nos estratos superiores, segundo as classificações das produções bibliográficas. Após o Seminário de Meio-Termo, a

Coordenação de Área retomou a discussão dessas estratégias com os 12 programas nota 3 da área, em novembro de 2019, ocasião em que se pactuou a produção desta coletânea.

O principal objetivo desta coletânea segue uma das recomendações constantes do Relatório da Avaliação Quadrienal da Área de Serviço Social (Capes, 2017) reiteradas no Documento de Área (Capes, 2019). Trata-se de estimular e socializar produções bibliográficas da área, com ênfase em temáticas que abordem as particularidades das expressões da questão social nas regiões do país, notadamente, dos programas com nota 3 na última avaliação quadrienal.

Essa iniciativa visa fortalecer e consolidar a pesquisa e a formação de recursos humanos, a inserção social e os impactos sociais, econômicos, científicos e culturais, com ênfase para o planejamento, a execução, a avaliação e o monitoramento de políticas sociais. Cabe destacar que, historicamente, a política social é, ao mesmo tempo, "campo da prática profissional, o *locus* onde ocorre a constituição de direitos e o reconhecimento da cidadania" (Sposati, 2007, p. 21), razão pela qual é um campo profícuo de produção de conhecimento na área de Serviço Social.

No Brasil, a regulamentação do Serviço Social como profissão data de 1953, destacando-se, desde essa época, duas competências profissionais: (i) atuar no âmbito das políticas públicas e privadas, seja na gestão, seja no monitoramento, seja na avaliação de programas e serviços sociais; e (ii) planejar, executar e avaliar pesquisas que possam contribuir para a análise da realidade social e para o subsídio de ações profissionais, ou seja, produzir conhecimento científico sobre a realidade social e sobre o trabalho profissional (Capes, 2019). A Pós--graduação *stricto sensu* inicia-se no contexto do I Plano Nacional de Pós-graduação (PNPG 1975-1979), período em que o Serviço Social é legitimado como área de conhecimento pelas principais agências de fomento (Capes e CNPq) e sua expansão acompanha o crescimento da pós-graduação no Brasil (Carvalho; Silva, 2005; Garcia, 2016; Garcia; Fernandez, 2018; Capes, 2017, 2019).

Atualmente, a área de Serviço Social possui 36 programas de pós--graduação, todos acadêmicos. Os programas estão assim distribuídos por área básica: 25 Programas em Serviço Social (69,4%), 7 em Política Social (19,4%), 3 em Políticas Públicas (8,3%) e 1 em Economia Doméstica (2,7%). As áreas de concentração das áreas básicas dos programas se entrelaçam entre Serviço Social, Políticas Públicas, Políticas Sociais e Economia Doméstica.

Na área de Serviço Social, a pesquisa é a pedra angular das produções científicas que, por sua vez, renovam a dinâmica e os conteúdos da formação acadêmica e profissional e, consequentemente, possibilitam inserção social e impactos na sociedade. Mendes e Almeida (2014, p. 640), ao analisarem as atuais tendências da pesquisa no Serviço Social, afirmam "a inquestionável relação entre a pesquisa, a produção do conhecimento e a pós-graduação e a vinculação da pesquisa às múltiplas demandas historicamente determinadas pela sociedade capitalista". Para Guerra (2011, p. 126), "a pós-graduação cumpriu um papel de monta na constituição da vertente crítica do Serviço Social brasileiro, [...] colocando-o como interlocutor reconhecido no campo das ciências sociais". Nesta perspectiva, tanto a pesquisa quanto a produção de conhecimento e os campos de atuação sócio-ocupacionais do Serviço Social podem se pautar "pelas respostas profissionais às demandas societárias, que podem tanto contribuir na legitimação e reprodução da ordem social vigente quanto se pautar na transformação social, vinculada aos interesses da classe trabalhadora" (Maciel; Seimetz; Araújo, 2017, p. 5).

Os capítulos que compõem esta coletânea se inserem de forma orgânica nos grupos de pesquisa registrados no Diretório de Grupos de Pesquisa do CNPq, nas áreas de concentração, linhas e projetos de pesquisa desenvolvidos e em desenvolvimento nos programas de pós-graduação da área. Para fins de organização da coletânea, os capítulos foram agregados em três eixos temáticos: 1) Precarização do trabalho na sociedade contemporânea; 2) Questão social e políticas sociais envolvendo discussões teóricas e práticas sobre habitação, gênero, raça, crianças, adolescentes e famílias; 3) Produção de conhecimento e contribuições dos programas de pós-graduação na área de Serviço Social.

O primeiro eixo apresenta reflexões sobre a centralidade da categoria trabalho para o debate sobre a sociedade brasileira atual. Trata-se de uma conjuntura histórica em que convivem velhos e novos padrões de gestão e de trabalho, cujas implicações têm se refletido sobre a expressiva perda de direitos pela classe trabalhadora, aprofundando a histórica e estrutural precarização social do trabalho no país. Esta abordagem teórica ancora reflexões acerca da precarização do trabalho da/o assistente social no contexto da área da saúde, cujos resultados concentram-se em dados tanto do perfil quanto das condições de trabalho e saúde e reforçam a tese sobre o desmonte de direitos e a precarização do trabalho, no contexto de retrocessos de políticas sociais no Estado brasileiro. Este eixo tece, também, análises sobre a inserção dos assistentes sociais egressos do Programa de Pós--Graduação em Serviço Social da Universidade Estadual da Paraíba (UEPB) no mercado de trabalho, em um contexto da expansão do ensino superior privado e da precarização dos vínculos, mesmo em relação à mão de obra qualificada.

O segundo eixo trata de uma discussão teórica e prática sobre questão social e políticas sociais abrangendo análises sobre habitação, violência, gênero, raça, crianças, adolescentes e famílias. Na questão da habitação, as discussões assentam-se na assertiva de que a luta pela moradia ocorre por diversas mediações, entre elas a luta pela superação da ordem burguesa, a luta pela eliminação da exploração do trabalho pelo capital e a necessária supressão de qualquer tipo de desigualdade social, econômica e de classe. Na questão de gênero, as análises apontam para a necessidade de uma estruturação da rede de enfrentamento à violência contra a mulher como forma de prevenção de novos casos e proteção às vítimas, além de ressaltar que os(as) assistentes sociais têm como desafio atuar em rede, no contexto de intensificação das expressões da questão social e desmonte das políticas públicas e sociais. As questões étnico-raciais são analisadas a partir do enfoque sobre autodeclaração e construção de identidade e opinião de estudantes universitários sobre a política de cotas raciais, apontando novos desafios (políticas de permanência dos/as alunos/as cotistas étnico-raciais no ambiente acadêmico; valorização da cultura e história afro-brasileira nos processos; afirmação da necessidade de novas pesquisas e estudos sobre o tema). Este eixo aborda a violência na sociedade brasileira como fonte e resultado de um processo histórico que configurou a estrutura e a dinâmica da sociedade brasileira, marcada pelo colonialismo, patriarcalismo, racismo e conflito de classes. A análise realizada aborda a relação dialética e tênue entre a naturalização da violência e as suas múltiplas manifestações. Problematizam-se as desigualdades sociais, os conflitos e as discriminações a partir das expressões concretas vivenciadas pelos sujeitos no contexto atual da pandemia gerada pela covid-19. Deste contexto, tece também análises sobre as situações da violação de direitos e violência que atingem crianças, adolescentes e suas famílias e a capacidade de a rede de serviços das políticas sociais oferecer proteção e garantir direitos. Os resultados indicam a necessidade premente de manter acesa a chama da luta contra os mais variados tipos de violência, pela melhoria das condições de vida da população, pela qualificação das políticas sociais e ampliação do seu acesso, além da resistência pela garantia e melhoria dos patamares civilizatórios já alcançados. Por fim, este eixo analisa a ruptura do paradigma proibicionista no campo das políticas de drogas ilícitas, centradas na ordem jurídica, criminal e de doença, na direção da construção de um novo marco ancorado em saúde pública e nos direitos humanos.

O terceiro eixo desta coletânea versa sobre a produção de conhecimento e contribuições dos programas de pós-graduação na área do Serviço Social. Aborda o processo de criação e desenvolvimento do Programa de Pós-Graduação em Serviço Social e Desenvolvimento Regional da Universidade Federal Fluminense (UFF) no contexto da expansão universitária. Nessa direção são apontados os desafios para que este Programa assegure a sua inserção social, qualificação permanente dos docentes para a garantia da excelência em pesquisa e o incentivo à cooperação internacional. Nessa esteira, evidencia os resultados de estudos desenvolvidos pelas linhas de pesquisa do Programa de Pós-Graduação em Serviço Social da Universidade Federal do Rio Grande do Sul (UFRGS), que vem contribuindo com as demandas locais da região Sul e com a produção crítica do conhecimento na área de Serviço Social. Outra contribuição deste eixo se refere à relevância social do Programa de Pós-Graduação em Política Social da Universidade Federal de Mato Grosso (UFMT). O texto aponta evidências de seu protagonismo em diversos espaços, bem como no atendimento à demanda expressiva de profissionais de diversas áreas de conhecimento do estado, das regiões Centro-Oeste e Norte do país e de diversos países latino-americanos, que buscam formação em nível de pós-graduação *stricto sensu*. A trajetória da criação e institucionalização do Programa de Pós-Graduação da PUC Goiás, destacando sua importância para a formação profissional e a consolidação do avanço científico no Estado, compreende o mapeamento das dissertações concluídas, dos projetos de pesquisas do corpo docente permanente e os livros publicados, e apresenta os avanços e os desafios para a formação e a teorização em Serviço Social. Este eixo ainda abarca a produção intelectual do Serviço Social sobre intersetorialidade e redes de políticas públicas, por meio da análise da articulação dos temas na revista *Serviço Social & Sociedade*. As questões intrínsecas à ética em pesquisa em Ciências Humanas e Sociais e suas implicações para a pesquisa em Serviço Social também são objeto de reflexão neste eixo temático. A reflexão teórica busca articulações entre a práxis na pesquisa, as resoluções sobre pesquisa com seres humanos e a construção de valores éticos na sociabilidade capitalista. Apresenta dilemas que permeiam conservadorismo na profissão às questões de classe social, gênero, etnia, religiões, nacionalidade. A pesquisa conclui que apenas o compromisso profissional pode buscar construir valores emancipatórios. Por fim, a interface entre Serviço Social e Saúde, na produção de conhecimento do Programa de Pós-Graduação em Políticas Públicas e Desenvolvimento Local da Escola Superior de Ciências da Santa Casa de Misericórdia de Vitória, ES (Emescam), no período de 2017 a 2019. Destaca a primazia das produções científicas na área de Saúde e a expressiva contribuição do programa para a formação de recursos humanos qualificados para a gestão pública, principalmente nas políticas de saúde e de assistência social nos municípios locais.

Os(as) autores(as) desta coletânea, sob diferentes perspectivas, apontam o papel estratégico da pesquisa para a área de Serviço Social, reafirmando o conhecimento como força motriz, portanto indispensável no enfrentamento e na superação dos problemas sociais, em suas várias dimensões e determinações, vivenciados pela maioria dos que vivem do trabalho em nosso país e que precisam de políticas sociais efetivas para a sua proteção e sobrevivência, dada a profunda desigualdade social que nos caracteriza de forma histórica e estrutural.

A abrangência e a profundidade do tratamento dado às diferentes dimensões que envolvem direta e indiretamente a questão da pesquisa na contemporaneidade brasileira tornarão esta obra uma referência para assistentes sociais, docentes, discentes, formuladores de políticas públicas e militantes dos mais diversos movimentos sociais que reconheçam na pesquisa e na produção científica, tão ameaçada nestes tempos de obscurantismo e de desfinanciamento da pesquisa e dos programas de pós-graduação, uma prática social. A estratégia para a construção de um Brasil justo, soberano e igualitário.

No momento em que organizamos esta Coletânea de textos, estamos vivenciando uma crise sanitária, econômica e política agravada, sobremaneira, pela pandemia de covid-19, doença causada pelo novo coronavírus (Sars-Cov-2). Esta pandemia evidencia ao mundo a ineficácia das políticas de austeridade fiscal (ultraneoliberais) que protegem o mercado, sobretudo o financeiro, e minimizam os gastos com os sistemas de proteção social, deixando à sorte (e/ou à espera da morte) milhares de pessoas pobres pela absoluta falta de hospitais públicos para todos e todas em fase agravada da doença.

Essa pandemia chega ao Brasil em um momento em que o país tem vivenciado, por parte do governo federal, uma campanha de desqualificação das pesquisas científicas e de depreciação das universidades públicas, onde se destacam o questionamento dos impactos sociais e econômicos das pesquisas das humanidades, o desmonte do financiamento do ensino superior público — efetivado por cortes nos recursos para as universidades, pesquisas e bolsas de discentes dos programas de pós-graduação — e o avanço da mercantilização e privatização do ensino superior. Este contexto demonstra a radical necessidade da defesa das políticas públicas, do financiamento das pesquisas científicas, sobretudo nas instituições públicas e nas áreas das ciências humanas, sociais e sociais aplicadas, cuja produção de conhecimento deve continuar a se posicionar a favor da vida humana e da natureza. Por esse motivo, a coletânea que ora vem a público expressa a produção de conhecimento da área de Serviço Social com um firme projeto ético e político a favor da produção de conhecimento que se volte à defesa intransigente dos direitos da classe trabalhadora.

Boa leitura!

Entre Belém, Brasília, Rio de Janeiro e São Paulo, 2020.

Referências

CAPES. *Documento de Área Serviço Social 2019*. Disponível em: http://capes.gov. br/images/Documento_de_área_2019/DOC_SERVICO_SOCIAL_01_11.pdf. Acesso em: 15 mar. 2020.

CAPES. *Relatório de Avaliação 2013-2016/quadrienal 2017*. Brasília, 2017. Disponível em: http://capes.gov.br/images/stories/download/avaliacao/relatorios-finais- -quadrienal-2017/20122017-Servico-Social-quadrienal.pdf. Acesso em: 20 abr. 2020.

CARVALHO, D. B. B.; SILVA, M. O. S. (org.) *Serviço Social, pós-graduação e produção de conhecimento no Brasil*. São Paulo: Cortez, 2005.

GARCIA, M. L. T.; FERNANDEZ, C. B. Graduação e pós-graduação em serviço social no Brasil. *Textos & Contextos*, Porto Alegre, v. 17, n. 2, p. 262 -275, ago./ dez. 2018. Disponível em: http://revistaseletronicas.pucrs.br/fass/ojs/index. php/fass/article/view/30253/17730. Acesso em: 20 abr. 2020.

GARCIA, M. L. T.; NOGUEIRA, V.M.R. Reflexões sobre a pós-graduação em Serviço Social no Brasil através do perfil dos docentes. Revista *Katálysis*, Floria-nópolis, v. 20, n. 2, p. 145-154, maio/ago. 2017. Disponível em: http://dx.doi. org/10.1590/1982-02592017v20n2p145. Disponível em:https://periodicos.ufsc. br/index.php/katalysis/article/view/1982-1982-02592017v20n2p155. Acesso em: 6 fev. 2020

GUERRA, Y. D. A pós-graduação em Serviço Social no Brasil: um patrimônio a ser preservado. *Temporalis*, Brasília, ano 11, n. 22, p.125-158, jul./dez. 2011. Disponível em: http://periodicos.ufes.br/temporalis/article/download/2141/1607. Acesso em: 20 abr. 2014.

MACIEL, A. L. S.; SEIMETZ, G. R.; ARAUJO, G. S. *A produção de conhecimento sobre formação em Serviço Social*: historicidade, configuração e contribuição. Repositório Institucional — UFSC, 2017. Disponível em: https://repositorio.ufsc.br/xmlui/handle/123456789/180653. Acesso em: 22 ab. 2020.

MENDES, J. M. R.; ALMEIDA, B. L. F. de. As recentes tendências da pesquisa em Serviço Social. *Serviço Social & Sociedade*, São Paulo, n. 120, p. 640-661, out./dez. 2014.

SPOSATI, A. Pesquisa e produção de conhecimento no campo do Serviço Social. *Katálysis*, Florianópolis, v. 10, número especial, p. 15-25, 2007. Disponível em: http://www.scielo.br/scielo.php?script=sci_arttext&pid=S1414-49802007000300002&lng=en&nrm=iso. Acesso em: 14 abr. 2020. https://doi.org/10.1590/S1414-49802007000300002

EIXO 1

A PRECARIZAÇÃO DO TRABALHO NA SOCIEDADE CONTEMPORÂNEA

Quem construiu Tebas, a das sete portas?
Nos livros vem o nome dos reis, mas foram os reis que transportaram as pedras?
A tão cantada Bizâncio só tinha palácios. Para os seus habitantes?
Até a legendária Atlântida, na noite em que o mar a engoliu, viu afogados gritar por seus escravos.

BRECHT, Bertolt. Perguntas de um operário letrado. *In: Poesia.*
Tradução André Vallias. 1. ed. São Paulo: Perspectiva, 2019.

CAPÍTULO 1 ▮

Precarização social do trabalho no Brasil contemporâneo

Inez Stampa
Ana Lole

Introdução

O desenvolvimento capitalista e as consequentes transforma-ções societárias advindas da busca incessante pela acumulação trazem repercussões significativas para o trabalho como práxis humana. A partir desse processo ocorre a intensificação das formas de expropriação do trabalho que se expressam, notadamente, por meio das práticas de precarização. No caso brasileiro, utilizando sobretudo a flexibilização da sua regulamentação associada à in-tensificação das formas de uso e exploração da força de trabalho. Nesse âmbito se centram as reflexões do texto, baseadas em revisão bibliográfica, fontes documentais e em dados secundários, cujo objetivo é contribuir para a análise das contradições desencadea-das pela dinâmica do capitalismo contemporâneo sobre o *mundo do trabalho*[1] no Brasil, elemento fundamental para o exame e para o enfrentamento das expressões da questão social.

O capítulo traz resultados de estudos desenvolvidos pelo Grupo de Pesquisa Trabalho, Políticas Públicas e Serviço Social (Trappus) do Programa de Pós-Graduação em Serviço Social da Pontifícia Universidade Católica do Rio de Janeiro (PUC Rio) e assenta-se no exame da centralidade da categoria trabalho para reflexões sobre a sociedade brasileira atual, numa conjuntura histórica em que convivem velhos e novos padrões de gestão e de trabalho, cujas implicações têm se refletido sobre a expressiva perda de direitos pela classe trabalhadora, aprofundando a histórica e estrutural precarização social do trabalho no país.

Tal reflexão se torna mais necessária no momento em que a pandemia da covid-19 completa um mês do primeiro caso confirmado, no Brasil, em 26 de março de 2020, período em que já havia produzido 77 mortes, conforme dados do Ministério da Saúde[2], pois se aprofundam, também, as consequências do desmonte dos direitos sociais previstos na Constituição Federal de 1988, com a redução/congelamento dos gastos com políticas sociais (Emenda Constitucional n° 95/2016)[3] e o maior redirecionamento do fundo público aos interesses do capital (PEC n° 186/2019)[4]; a contrarreforma trabalhista (Lei n° 13.429/2017)[5];

---

1. A expressão *mundo do trabalho* se refere aos processos sociais que vêm levando às mais diversas formas sociais e técnicas de organização do trabalho, desde o fim do século XX até este início do século XXI. Pauta-se na submissão cada vez maior do processo de trabalho e da produção aos movimentos do capital em todo o mundo, compreendendo a questão social e o movimento da classe trabalhadora (Stampa, 2012).

2. Disponível em: https://agenciabrasil.ebc.com.br/saude/noticia/2020-03/ao-vivo-saiba-como-esta-avanco-coronavirus-no-brasil. Acesso em: 26 mar. 2020.

3. Altera o Ato das Disposições Constitucionais Transitórias, para instituir o Novo Regime Fiscal, e dá outras providências. Foi apelidada de PEC da Morte.

4. Denominada PEC da Emergência Fiscal, altera o texto permanente da Constituição e o Ato das Disposições Constitucionais Transitórias, dispondo sobre medidas permanentes e emergenciais de controle do crescimento das despesas obrigatórias e de reequilíbrio fiscal no âmbito dos Orçamentos Fiscal e da Seguridade Social da União, e dá outras providências.

5. Conhecida como Lei da Terceirização, altera dispositivos da Lei n° 6.019, de 3 de janeiro de 1974, que dispõe sobre o trabalho temporário nas empresas urbanas e dá outras providências; e dispõe sobre as relações de trabalho na empresa de prestação de serviços a terceiros.

a contrarreforma da previdência social (Emenda Constitucional nº 103/2019)[6]; a destruição da universalidade e gratuidade do Sistema Único de Saúde (SUS), entre outras atrocidades.

Esses são alguns dos retrocessos que marcam a realidade brasileira desde 2016 (ano do golpe de Estado que destituiu a então presidenta Dilma Rousseff da presidência da República) e seguem em curso em 2020. São anacronismos que se tornam mais contundentes num contexto de crescimento do desemprego e, ao mesmo tempo, pela intensificação da exploração da força de trabalho, sobretudo no contexto atual da pandemia causada pelo novo coronavírus (Sars-CoV-2), deixando a classe trabalhadora ainda mais exposta às gravíssimas consequências já observadas em diversos países. São processos que se retroalimentam.

Observa-se, no percurso da história, que o país viveu e vive uma ditadura da burguesia, pois o medo da elite burguesa da perda do poder (político, econômico e social) faz com que se utilize de armas cruéis, como a violência, para manter-se com o *status quo* inalterado. Nesse aspecto, as condições de trabalho impostas, incluindo a atual ofensiva e regressão de direitos do trabalho, são elementos fundamentais para compreender o movimento da burguesia na manutenção da hegemonia, bem como para apreender os dilemas e possibilidades de resistência da classe trabalhadora.

Sobre a centralidade do trabalho

O principal argumento norteador dessa proposta reporta-se à centralidade do trabalho e de sua necessidade, rechaçando a tese contemporânea da perda dessa centralidade, contida em estudos como os do filósofo francês André Gorz (1982, 2003, 2005a, 2005b) e

---

6. Altera o sistema de previdência social e estabelece regras de transição e disposições transitórias.

do sociólogo alemão Claus Offe (1989a, 1989b, 1989c), apenas para citar dois exemplos[7].

Gorz (1982) associa a tendência à redução do emprego à insatisfação dos trabalhadores com o seu trabalho, enquanto assalariados. Daí resultaria uma busca de alternativas (o mutualismo[8], por exemplo), circunstância que reduziria o velho trabalho assalariado a uma mera subsistência fantasmagórica. A tese parece interessante à primeira vista, mas falta-lhe realidade, já que os mutualistas, conforme seu exemplo, não poderiam viver fora da coação exercida pelo mercado mundial. Por outro lado, nesse ideário não está considerada a situação de trabalhadores já *descartados* do mercado. Assim, o movimento que ele propõe não se configura como uma fuga livre dos assalariados ao jugo do capital, mas, antes, um mergulho nas relações capitalistas, sempre capazes de criar novas formas de exploração.

Contudo, há que se atentar para os trabalhos mais recentes do autor (Gorz, 2003; 2005a; 2005b), cujas ideias principais demonstram que a flexibilização (Harvey, 1996) posta pelo capitalismo pós-fordista traz "o germe da superação do capitalismo" (Gorz, 2005a, p. 54), pois poderia permitir a rearticulação da relação entre valor, capital e saber, a partir do momento em que o valor for vinculado ao "saber imaterial" (Gorz, 2003, p. 7). O saber imaterial só pode ser sintetizado por quem tem tempo livre e, para tanto, a luta deve ser direcionada não para o pleno emprego, mas para uma "renda de existência incondicional" (Gorz, 2005b, p. 18) paga diretamente pelo Estado, que

---

7. Na tradição marxista, a sociedade e sua dinâmica constituem a *sociedade do trabalho*. Desse modo, o trabalho é considerado uma categoria central. No entanto, frente às transformações desencadeadas no *mundo do trabalho*, várias são as pesquisas que apontam para o fim do trabalho ou para a perda da centralidade do trabalho.

8. O mutualismo é uma teoria econômica que propõe que volumes iguais de trabalho devem receber pagamento igual. Seu autor foi Pierre-Joseph Proudhon (1809-1865, França), que escreveu a *Filosofia da miséria* (1846), contra a qual Marx antepôs a *Miséria da filosofia: crítica da filosofia da miséria de Proudhon* (1847). O mutualismo pregava uma associação de trabalhadores livres de posse de seus próprios recursos para a produção. Para tanto, apontava a necessidade de organização dos trabalhadores em cooperativas e a criação de um banco especial para eles. Ver Wilson (1986).

seria uma espécie de salário não mais vinculado ao emprego. Nessa perspectiva, segundo Gorz (1982, p. 37), "proclamar a centralidade do emprego faz parte da estratégia de dominação do patronato". Assim, o fim do trabalho assalariado poderia vir a permitir a superação do próprio sistema capitalista.

Não obstante a novidade de tais ideias e a afirmação de princípios marxistas que ela carrega, não se pode deixar de avaliar qual seria a viabilidade de tal proposta, sobretudo nos países onde o Estado de Bem-Estar Social não se efetivou. Basta observar para a relutância do atual governo federal em instituir a renda mínima emergencial para os trabalhadores informais em virtude da pandemia de covid-19.

Ainda que o autor tenha nos legado importantes estudos, pois foi militante de esquerda e sempre refletiu tendo o socialismo como horizonte, Gorz, após a obra *Adeus ao proletariado* (publicada em 1980 na França e em 1982 no Brasil), por causa da sua concepção de trabalho e o lugar deste na sociedade, passou a desafiar a esquerda tradicional a repensar o socialismo. O autor não acreditava mais na possibilidade de a classe operária se liberar no trabalho e tornou-se um ardoroso defensor da libertação do trabalho.

Apesar da natural dificuldade de compreender a libertação da classe operária fora do trabalho, buscou-se, na reflexão de Gorz, contribuições para uma nova compreensão do trabalho. Em que reside a ousadia do seu pensamento? Pode-se dizer que está fundada, basicamente, em três grandes razões: 1) a sociedade do pleno emprego acabou e não voltará mais. Não se trata de lamentar as chances e oportunidades perdidas, mas de aproveitar as chances ainda não realizadas; 2) por trás da crise do emprego há algo a mais. Essa forma particular de trabalho, o emprego, é uma invenção da modernidade, ou seja, o emprego é contemporâneo da indústria, do capitalismo industrial. Por trás da crise do emprego, Gorz enxerga a necessidade de se diferenciar, conceitualmente, as noções de emprego e de trabalho. Aí está a segunda razão. O que para ele está de fato em crise é uma determinada forma de trabalho, o trabalho entendido como emprego, isto é, aquilo que foi submetido à racionalidade econômica. O trabalho guarda uma riqueza que não pode ser confundida com o emprego, pois a criação de novos empregos significa, muito frequentemente, trabalho mais precário, mal remunerado e mal protegido; 3) a crise do emprego e a diferenciação conceitual estabelecida entre as noções de emprego e de trabalho abrem um vasto leque de possibilidades para que se possa pensar uma sociedade não mais organizada principalmente sobre o trabalho. Uma sociedade de multiatividades pode ser fonte de uma densa rede de relações, de proximidades, de entreajudas (para o autor, é nesse ponto que o mutualismo pode ser considerado como alternativa), capaz de desenvolver as potencialidades presentes em cada pessoa.

O pensamento do autor é instigante e desafiador. Suas reflexões denotam uma firme convicção de que se vive um momento crucial da história e que o trabalho pode contribuir, decisivamente, para uma nova organização das nossas sociedades, o que poderá ajudar a escolher entre mais mercado ou mais sociedade. Contudo, defender a desaparição do trabalho e as ações resultantes das forças sociais dele oriundas é uma desconstrução equivocada, já que o trabalho permanece relevante, mesmo sofrendo alterações e transformações ou, como afirma Antunes (2006), que apresente uma nova morfologia como elemento central para o entendimento do mundo contemporâneo.

Quanto a Claus Offe (1989a), seu principal argumento consiste em destacar a segmentação do trabalho na sociedade atual, a sua fragmentação em formas heterogêneas, cuja principal manifestação é a que distingue o trabalho produtor de bens materiais do trabalho sob a forma de serviços. O que se observa, contudo, é uma tendência contemporânea contrária ao que ele enfatiza, ou seja, há uma crescente interdependência entre as diversas formas de trabalho, em decorrência do movimento de internacionalização da produção. Nota-se uma tendência a uma semelhança crescente entre o trabalho industrial e os serviços. A fragmentação das lutas e manifestações desses segmentos é outro problema que se pode apontar. Assim, quando Offe estabelece uma relação direta entre a fragmentação dos trabalhos concretos e a fragmentação das ações das respectivas classes ou frações de classe, demonstra um determinismo entre o lugar ocupado pelos trabalhadores na produção, esse fragmentado, o que implicaria, também, a fragmentação da sua consciência e ação política. Embora seja necessário reconhecer que essa fragmentação dificulta a formação de classe e a construção de identidades, não se pode concordar com esse determinismo econômico implícito na sua tese, por considerar que ele vê a fragmentação de forma unilateral, desconsiderando o aspecto político necessário à análise.

Outro argumento de Offe é o de que há, hoje, outras preocupações no contexto da vida dos que trabalham, inclusive culturais, que estariam ganhando mais espaço que o próprio trabalho. Isso não parece ter consistência, uma vez que as atividades culturais já fazem parte da preocupação dos trabalhadores desde muito tempo, como demonstrou Thompson (1987). Além disso, na atualidade, os trabalhadores se veem forçados a ocupar o tempo pós-jornada com outras atividades remuneradas para complementação do salário ou, em outros casos, investindo em cursos de especialização, reciclagem etc. para estarem mais aptos a permanecer em seus empregos/ocupações. Observa-se, assim, que os trabalhadores estão mais fortemente subordinados à opressão do capital, que lhes bloqueia o tempo livre. Ademais, também se criam e recriam, atualmente, formas de organização operárias, dentro e fora dos ambientes de trabalho, mostrando que o cenário, no qual Offe só enxerga morte, continua bem vivo (Stampa; Lole, 2018).

O que ocorreu, na verdade, é que, no contexto de mudanças implementadas pelo capital, no cenário mundial, a classe trabalhadora ficou mais complexa, fragmentada e heterogênea (Antunes, 1999). Em alguns setores, tornou-se mais qualificada; em outros, desqualificada e precária. Constituiu-se, de um lado, um contingente reduzido de trabalhadores polivalentes e multifuncionais e, de outro, uma grande massa precarizada de trabalhadores sem qualificação (subempregados e *informalizados*) atingida pelo desemprego estrutural.

A partir dessas considerações, e dada a amplitude que adquiriu a noção de classe trabalhadora nos dias atuais, não é possível concordar com a tese do fim do trabalho ou da centralidade do trabalho a partir de um segmento dessa classe: o operariado assalariado fabril. Este está, contraditoriamente, sendo suplantado, em escala mundial, pelo proletariado precarizado (Alves, 2000). Assim, o fim do papel central do trabalho (e da classe trabalhadora) não está determinado e há que se atentar para a intensificação dos processos de neoliberalização em curso no Brasil, o que marca um momento singular da luta de classes no tempo presente: a burguesia quer manter altos lucros a qualquer custo.

O cenário contemporâneo: trabalho *versus* regressão de direitos

No Brasil, a implementação do neoliberalismo nos anos 1990 trouxe consigo a implantação da reestruturação produtiva e de políticas de cunho neoliberais, o que agravou a precarização social do trabalho. Nesse ponto, tendo em vista os objetivos deste capítulo, cumpre esclarecer que, de acordo com Druck (2011), compreende-se a precarização social do trabalho a partir dos seguintes processos: pela vulnerabilidade das formas de inserção e desigualdades sociais; pela intensificação do trabalho e terceirização; pela insegurança e saúde no trabalho; pelas perdas das identidades individual e coletiva; na fragilização da organização dos trabalhadores; e pela condenação e descarte dos direitos do trabalho.

A chamada "acumulação flexível"[9] alterou profundamente a práxis do processo produtivo e o mercado de trabalho, pois demanda um mercado e uma produção mais flexível nos padrões do neoliberalismo, que culminou com a desregulamentação dos direitos trabalhistas e enxugamento dos gastos sociais. Os efeitos desse novo padrão são:

---

9. Harvey (1996, p. 140) define esse processo como "[...] um confronto direto com a 'rigidez' do fordismo, e se apoia na flexibilidade dos processos de trabalho, dos mercados de trabalho, dos produtos e padrões de consumo".

aumento das taxas de desemprego estrutural, fechamento de postos de trabalho, aumento do trabalho informal, terceirização, trabalho precarizado etc.

Ao tratar aqui da reestruturação produtiva, faz-se alusão a uma diversidade de processos, e o termo, muitas vezes, acaba por não servir como categoria explicativa, sobretudo se não se considerar que o conjunto de mudanças a que se refere adquire características próprias em função das "realidades históricas e conjunturas às quais estão associadas" (Ramalho; Santana, 2003, p.14). Dessa forma, é utilizado em referência ao conjunto dos processos e mudanças ocorridos no interior do *mundo do trabalho*, como as práticas de terceirização/ subcontratação e implantação de círculos de controle de qualidade, por exemplo, associadas ao emprego intenso de tecnologia, que são a expressão das transformações econômicas por que passa o mundo contemporâneo. Além disso, a reestruturação produtiva é aqui concebida como mais uma estratégia do capital para responder às suas crises: "Para fazer-lhes frente é absolutamente vital ao capital [...] redesenhar não apenas a reestruturação econômica, mas, sobretudo, reconstruir permanentemente a relação entre as formas mercantis e o aparato estatal que lhes dá coerência e sustentação" (Dias, 1997, p. 14). Nesse aspecto, as medidas que contribuem para intensificar a precarização social do trabalho são ingredientes imprescindíveis.

Dias (1998, p. 5) trata a reestruturação produtiva como "forma atual da luta de classes", à medida que, para criar as condições da nova face da dominação capitalista, é preciso liquidar as antigas identidades de classe e as vigentes relações de trabalho, tarefa que a tal reestruturação, no sentido que aqui está sendo tratada, desempenha muito bem. Segundo o citado autor, "trata-se de uma brutal luta ideológica, travestida de modernidade capitalista. Esta luta visa a negar a possibilidade de uma identidade classista do trabalhador, negar suas formas de sociabilidade e subjetividade" (Dias, 1998, p. 5).

Antunes corrobora ao expor que "a eclosão generalizada do desemprego estrutural em escala transnacional é a expressão mais aguda e trágica dessa destrutividade presente no mundo do trabalho"

(Antunes, 2011, p. 408). O autor acrescenta que após a reestruturação produtiva foram ampliadas em escala global formas que mascaram a superexploração da classe trabalhadora.

No Brasil, a reestruturação produtiva está longe de substituir as tradicionais relações de trabalho. Antes, vem reforçando-as com a introdução de novos e modernos padrões de produção. E como resultados, temos o alto índice de desemprego e o aumento da precarização das relações de trabalho.

A organização do sistema produtivo vai além do "mero fato econômico, na medida em que exige uma vasta empresa intelectual para implementá-la. Nesse sentido, as classes dominantes criaram a sua camada de intelectuais [...] à qual cabe a função de produzir a homogeneização da classe" (Simionatto, 2011, p. 91). Ou seja, a organização da produção e a ideologia aparecem intrinsecamente vinculadas. Esse aspecto pode ser observado nas contrarreformas recentes adotadas no país.

No Brasil contemporâneo, a desregulamentação do trabalho vem na esteira do discurso ultraneoliberal que se utiliza da precarização como estratégia de dominação. O cenário político, de inspiração fascista, reflete um retorno conservador em um contexto de muitos retrocessos que nos (re)colocam antigos desafios, principalmente no campo da garantia de direitos.

Em jantar com lideranças da extrema-direita nos Estados Unidos da América, em 17 de março de 2019, o presidente Jair Bolsonaro anunciava: "Nós temos é que desconstruir muita coisa. Desfazer muita coisa. Para depois nós começarmos a fazer"[10]. A narrativa demonstra a clara direção política, econômica e social que se efetiva em seu mandato. O projeto desenhado tem por fundamento o ultraneoliberalismo, encampando uma ampla agenda de desmonte do país.

Dando celeridade às implantações dessa ofensiva, o governo federal enviou ao Congresso Nacional, em novembro de 2019, seis

---

10. Disponível em: https://valor.globo.com/brasil/noticia/2019/03/18/nos-temos-e-que--desconstruir-muita-coisa-diz-bolsonaro-durante-jantar.ghtml. Acesso em: 19 mar. 2019.

conjuntos de medidas que dão continuidade ao leque das contrarre-formas no país[11].

No que tange mais especificamente ao *mundo do trabalho*, se, em 2017, dissolvera-se a legislação trabalhista e a vida social, com claro favorecimento ao capital produtivo e financeiro, liberalizando de modo irrestrito a terceirização, não resta dúvida de que as atuais medidas adotadas, incluindo aí a reforma da previdência social, consolidam a intensificação da precarização social no país como jamais vista.

Institui-se a cultura do Estado de exceção, que se afirma de modo a atender aos interesses do mercado financeiro, frustrando direitos e transformando qualquer projeção futura em proveito dos trabalha-dores numa utopia. Não resta dúvida de que os trabalhadores estão submetidos às inseguranças do mercado e à precarização do trabalho. Além disso, a reforma inibe as perspectivas de futuro de boa parte da classe trabalhadora, que terá poucas perspectivas de se aposentar e de desenvolver uma trajetória profissional.

Trabalhadores temporários e terceirizados já possuem desvanta-gens em relação aos empregados diretos. Diversos estudos demons-tram que esses trabalhadores recebem salários menores (Cesit, 2017; Dieese, 2017a; 2017b; 2017c), ficam mais tempo desempregados e têm maiores índices de acidentes laborais. A Lei n. 13.429/2017 tende a ampliar esse quadro e não oferece melhores condições de serviço, nem de garantias à satisfação dos históricos descumprimentos causados pelas empresas de trabalho temporário e terceirizado.

---

11. As medidas incluem três Propostas de Emenda à Constituição (PECs). A primeira, a PEC Mais Brasil, se centra em um novo regime fiscal que tem como destaque a soma das verbas destinadas à saúde e à educação. A segunda é a PEC da Emergência Fiscal, que produz gatilhos de contenção de gastos públicos para a União, estados e municípios e também considera a redistribuição dos recursos do pré-sal. A terceira é a PEC dos fundos, que propõe a reavaliação de mais de 280 fundos públicos. Nesse bojo, adiciona-se ao conjunto das seis medidas a reforma tributária que, de acordo com Paulo Guedes, será feita por fases: "Vamos lançar agora o IVA dual, unir PIS, Cofins, IPI", reforma administrativa e, fechando o conjunto, privatizações. Parte da reforma tributária e a reforma administrativa entram como PEC. Disponível em: https://www.cartacapital.com.br/economia/guedes-defende-fim-da-estabilidade-dos-servidores-em--reforma-profunda/. Acesso em: 30 fev. 2020.

A rigor, as novas regras trabalhistas, ao aprofundarem a precarização nas relações de trabalho, têm como consequências a maior rotatividade, menores vínculos entre patrões e empregados, menores vínculos de organização entre os trabalhadores e menor arrecadação previdenciária.

Assim, considera-se que o processo de desconstrução da tela de proteção social do trabalho (Biavaschi, 2016, p. 75) atende a interesses distintos centrados nos conceitos e normativas ideológicas, pois "uma das premissas fundamentais da regulamentação jurídica é, portanto, o antagonismo dos interesses privados" (Pachukanis, 2017, p. 94).

Considerações finais

As expressões da precarização do trabalho são refletidas tanto na dimensão objetiva quanto subjetiva dos trabalhadores, evidenciando que a precarização é uma estratégia do capital para manter a dominação.

O que se constata é que a *nova* regulação trabalhista, que consolidou um dos mais importantes retrocessos e que veio anunciada como necessária para a criação de novos postos de trabalho, vem garantindo a reprodução das taxas elevadíssimas de desigualdade social e do desemprego que, conforme dados do Instituto Brasileiro de Geografia e Estatística (IBGE), já conformam 12,5 milhões de trabalhadores[12], o aumento da informalidade e do pauperismo entre os trabalhadores.

Observa-se que a ocupação cresceu pelo lado da informalidade, ou seja, há mais pessoas sem carteira assinada e por conta própria, que não têm garantias trabalhistas e escoam do acesso ao direito previdenciário para os benefícios da política socioassistencial (esta também seriamente comprometida).

---

12. Disponível em: https://agenciadenoticias.ibge.gov.br/agencia-noticias/2012-agencia--de-noticias/noticias/26741-desemprego-cai-para-11-9-na-media-de-2019-informalidade-e-a--maior-em-4-anos. Acesso em: 21 jan. 2020.

Nessa angulação, a tendência do mercado de trabalho permanece na contínua e profunda ampliação da precarização social do trabalho, coadunada com as diversificadas formas de relações de trabalho sem proteção em detrimento do emprego formal e com direitos assegurados, mas sem abrir mão do trabalho explorado para a garantia de lucros exorbitantes ao capital.

Referências

ALVES, G. *O novo (e precário) mundo do trabalho*. São Paulo: Boitempo, 2000.

ANTUNES, R. *Adeus ao trabalho? Ensaio sobre as metamorfoses e a centralidade do mundo do trabalho*. São Paulo: Cortez; Campinas: Editora da Unicamp, 1999.

ANTUNES, R. Os modos de ser da informalidade: rumo a uma nova era da precarização estrutural do trabalho? *Serviço Social & Sociedade*, São Paulo, n. 107, p. 405-419, jul./set. 2011.

ANTUNES, R. (org.). *Riqueza e miséria do trabalho no Brasil*. São Paulo: Boitempo, 2006.

BIAVASCHI, M. M. O processo de construção e desconstrução da tela de proteção social do trabalho. *Estudos Avançados*, São Paulo, v. 30, n. 87, p. 75-87, 2016.

CESIT — CENTRO DE ESTUDOS SINDICAIS E DE ECONOMIA DO TRABALHO. *Contribuição crítica à reforma trabalhista*. Campinas: Unicamp/IE/Cesit, 2017.

DIAS, E. F. A liberdade (im)possível na ordem do capital. *Textos Didáticos*, IFCH/Campinas, n. 29, 1997.

DIAS, E. F. Reestruturação produtiva: forma atual da luta de classes. *Outubro*, São Paulo, n. 1, p. 45-52, 1998.

DIEESE — DEPARTAMENTO INTERSINDICAL DE ESTATÍSTICA E ESTUDOS SOCIOECONÔMICOS. *Terceirização e precarização das condições de trabalho*: condições de trabalho e remuneração em atividades tipicamente terceirizadas e contratantes. Nota técnica 172, 2017a. Disponível em: https://www.dieese.org.br/notatecnica/2017/notaTec172Terceirizacao.pdf. Acesso em: 10 mar. 2020.

DIEESE — DEPARTAMENTO INTERSINDICAL DE ESTATÍSTICA E ESTUDOS SOCIOECONÔMICOS. *Impactos da Lei nº 13.429/2017 para os trabalhadores*: contrato de trabalho temporário e terceirização. Nota técnica 175, 2017b. Disponível em: https://www.dieese.org.br/notatecnica/2017/notaTec175TerceirizacaoTrabalho-Temporario.pdf. Acesso em: 10 mar. 2020.

DIEESE — DEPARTAMENTO INTERSINDICAL DE ESTATÍSTICA E ESTUDOS SOCIOECONÔMICOS. A *Reforma Trabalhista e os impactos para as relações de trabalho no Brasil*. Nota técnica 178, 2017c. Disponível em: https://www.dieese.org.br/notatecnica/2017/notaTec178reformaTrabalhista.pdf. Acesso em: 10 mar. 2020.

DRUCK, G. Trabalho, precarização e resistências: novos e velhos desafios? *Caderno CRH*, Salvador, v. 24, n. 1, p. 37-57, 2011.

GORZ, A. *Adeus ao proletariado*: para além do socialismo. Rio de Janeiro: Forense, 1982.

GORZ, A. *L´immatériel*: connaissance, valeur et capital. Paris: Galilée, 2003.

GORZ, A. *Misérias do presente, riqueza do possível*. São Paulo: Annablume, 2005a.

GORZ, A. Entrevista. *Folha de S. Paulo*. São Paulo, 3 de janeiro de 2005b.

HARVEY, D. *Condição pós-moderna*: uma pesquisa sobre as origens da mudança cultural. 6. ed. São Paulo: Loyola, 1996.

OFFE, C. *Trabalho e sociedade*: problemas estruturais e perspectivas para o futuro da sociedade do trabalho. Rio de Janeiro: Tempo Brasileiro, 1989a. Vol. 1.

OFFE, C. *Capitalismo desorganizado*: transformações contemporâneas do trabalho e da política. São Paulo: Brasiliense, 1989b.

OFFE, C. Trabalho: a categoria-chave da sociologia? Revista *Brasileira de Ciências Sociais*, São Paulo, n. 10, v. 4, 1989c.

PACHUKANIS, E. B. *Teoria geral do direito e marxismo*. São Paulo: Boitempo, 2017.

RAMALHO, J. R.; SANTANA, M. A. (org.). *Além da fábrica*: trabalhadores, sindicatos e a nova questão social. São Paulo: Boitempo, 2003.

SIMIONATTO, I. *Gramsci*: sua teoria, incidência no Brasil, influência no Serviço Social. 4 ed. São Paulo: Cortez, 2011.

STAMPA, I. Transformações recentes no "mundo do trabalho" e suas consequências para os trabalhadores brasileiros e suas organizações. *Em Pauta*, Rio de Janeiro, v. 10, n. 30, 2012.

STAMPA, I.; LOLE, A. Trabalho e precarização social no capitalismo contemporâneo: dilemas e resistência do movimento organizado de trabalhadores. *Revista de Políticas Públicas*, São Luís, v. 22, n. especial, p. 277-303, 2018.

THOMPSON, E. P. *A formação da classe operária inglesa*. Rio de Janeiro: Paz e Terra, 1987. Vol. 1.

WILSON, E. *Rumo à estação Finlândia*. São Paulo: Companhia das Letras, 1986.

CAPÍTULO 2

Reflexões acerca da precarização do trabalho da/o assistente social na área da saúde

Edvânia Ângela de Souza
Maria Liduína de Oliveira e Silva

Introdução

Este capítulo traz reflexões acerca das condições de trabalho de assistentes sociais que desenvolvem sua atuação profissional na área da saúde, a partir da problematização no âmbito da reestruturação produtiva, que incidem diretamente no gerenciamento da força de trabalho da classe trabalhadora. O desmonte e a precarização de condições de trabalho de assistentes sociais exigem uma reflexão não isolada dos determinantes que as produziram.

Esta temática é importante para compor o debate desta coletânea intitulada *Pesquisa em Serviço Social e Temas Contemporâneos*, por ser uma temática atual e efervescente na conjuntura brasileira, além de mostrar que a pós-graduação em Serviço Social está pesquisando e engajada nesse debate.

Em tempos de efetivação da Emenda Constitucional 95 (Brasil, 2016), que desrespeita os direitos sociais, reduzindo e cortando verbas destinadas às políticas sociais com fins de proteção social à reprodução da vida humana, a saúde é uma política que historicamente já sofre com o subfinanciamento da saúde (Bravo, 2013), mas que no atual momento vem sendo ultrajada de forma ainda mais intensa pelo governo federal, que reitera o projeto ultraneoliberal de redução do papel do Estado, com o desmonte do Sistema Único da Saúde (SUS) e dos direitos sociais em geral.

Nesse cenário do novo coronavírus (covid-19), os principais prejudicados são os(as) trabalhadores(as), em decorrência das suas condições de trabalho, inclusive que atingem especialmente aqueles(as) que estão inseridos(as) no mercado informal. O governo Jair Bolsonaro (sem partido) não está respeitando as estratégias de enfrentamento traçadas pela Organização Mundial da Saúde (OMS), que estabelece medidas de isolamento social, nem garante suficientemente os Equipamentos de Proteção Individual (EPIs) aos trabalhadores(as) da saúde, prevalecendo os ditames econômicos, independentemente das condições de trabalho e da vida. Este problema de falta de EPIs sempre existiu, mas agora se agravou, porém não pode ser debitado isoladamente à pandemia. Trata-se da intensa precarização de trabalho como expressão da acumulação da atual fase do capitalismo.

Corroborando esses desmontes, tem-se ainda a precarização dos serviços públicos em geral, e de saúde em especial, em que se verifica a insuficiência das equipes de saúde, o que provoca a precarização dos serviços e gera também a sobrecarga laboral das equipes, além de interferir diretamente no trabalho prestado, tornando-se mais imediatista e voltado para o atendimento das demandas emergenciais.

A internalização da disciplina e da inteira disposição para a sua rotina, ainda que em condições ultrajantes, com contratações irregulares, baixos salários ou até mesmo marcadas pelo voluntariado, tem sido estimulada no mundo inteiro, com especial adesão pelo Brasil, onde se sabe a precarização do trabalho é a sua marca. Mas a partir de 2017 essa precarização, que é estrutural no sistema do capital, e que no processo histórico da formação social e econômica brasileira tem as marcas do trabalho escravo, da não cidadania e do não acesso à participação popular no poder político econômico, vem sendo adensada de forma avassaladora, como são exemplos as contrarreformas trabalhista e da Previdência Social (Brasil, 2019), acompanhadas da terceirização irrestrita (Souza e Oliveira, 2019) e da Carteira Verde Amarela (Brasil, 2020).

A despeito das condições de trabalho de trabalhadoras(es) que atuam nos serviços de saúde pública, a produção ainda é escassa, sobretudo quando se pensa nas(os) assistentes sociais. Portanto, o objetivo deste texto é refletir sobre elementos do trabalho profissional do Serviço Social na área da saúde, tendo como base um projeto de pesquisa em andamento, denominado de *Processo de trabalho e saúde dos(as) assistentes sociais que atuam nos serviços de Seguridade Social no Brasil*[13]. Serão abordados de forma sumária dados parciais relativos às condições de trabalho do assistente social na área da saúde.

Procedimento da pesquisa

Foram selecionados alguns dados acerca do perfil de assistentes sociais que atuam nos serviços da saúde. Para tanto, foram considerados 463 questionários, ou 40,72% do total da amostra de 1.138 questionários respondidos nacionalmente. O questionário obteve informações das condições de trabalho e saúde em todo o país, mas o aprofundamento dos dados se deu por meio da realização de entrevistas individuais, coletivas e grupos focais com assistentes sociais que trabalham na saúde de uma cidade de médio porte do interior do estado de São Paulo.

---

13. Esta pesquisa tem a participação de pesquisadoras(es) de três universidades públicas: Faculdade de Ciências Humanas e Sociais (Unesp-Franca), Universidade Federal do Pará (UFPA) e Universidade Federal do Rio Grande do Sul (UFRGS).

O questionário foi hospedado em um site de uma universidade pública e ficou disponível para a participação de assistentes sociais. Todavia, para ampliar a participação, os questionários também foram distribuídos durante eventos de grande porte da categoria profissional, tais como: Congresso Brasileiro de Assistentes Sociais, nas edições de 2014 e 2016; Encontro Nacional de Pesquisadores em Serviço Social, edições de 2014 e 2016; Congresso Nacional de Serviço Social em Saúde, edições de 2015 e 2017; Seminário Anual de Serviço Social da Cortez, 2016 e 2017 e demais eventos e/ou atividades coletivas de assistentes sociais, dos quais se teve a oportunidade de participar. Em geral, apenas 30% dos questionários distribuídos retornaram. Além disso, contou-se com o apoio da Associação Brasileira de Ensino em Serviço Social (ABEPSS) e do Conselho Regional de Serviço Social de São Paulo na divulgação da chamada para a participação na pesquisa. Registra-se que a expectativa de participação ficou abaixo do esperado, considerando as várias estratégias utilizadas para a divulgação do questionário.

Amostra dos dados

No total dos questionários respondidos, no período de agosto de 2014 a dezembro de 2019, obtiveram-se 1.138 questionários. Desses, considerando as três áreas da Seguridade Social (assistência social, saúde e previdência social), na totalidade obteve-se maior presença de assistentes sociais da área da assistência social, com um total de 46,22% [526]; saúde 40,69% [463] e a previdência social com 13,09% [149].

Neste texto, não há espaço para explanar a respeito das especificidades de cada uma dessas áreas. Mas cabe informar que, no âmbito da Previdência Social, o Serviço Social tem encontrado maiores dificuldades para a sua inserção e permanência, e já ocorreu a sua exclusão do organograma previdenciário no governo de Fernando Henrique Cardoso/FHC (Souza; Anunciação, 2020). No atual momento, o presidente da República, Jair Bolsonaro (Sem Partido), além de editar a

Medida Provisória n. 871, de 19 de janeiro de 2019, que foi convertida na Lei n. 13.846, de 18 de junho de 2019 (Brasil, 2019), promovendo ampla revisão dos benefícios previdenciários e eliminando grande parte desses, também realizou a contrarreforma da Previdência, criando sérios impedimentos para futuras aposentadorias e acesso aos benefícios. Novamente, o Serviço Social foi alvo de ataque e retirado do organograma da Previdência.

Cabe registrar que desde 2016 as políticas sociais no Brasil vêm sofrendo ampla ofensiva do capital, que, para sanar a sua crise estrutural e retomar as suas taxas de acumulação, impõe a mercantilização do acesso aos serviços e políticas sociais, banalizando as necessidades sociais e da vida humana, tal como é a edição da Emenda Constitucional n. 96 (Souza e Oliveira, 2019) e o ataque aos direitos do trabalho e previdenciários (Lourenço; Lacaz; Goulart, 2017).

Novos ataques aos direitos sociais vêm sendo editados, a exemplo da Medida Provisória n. 905, de 11 de novembro de 2019, que instituiu a Carteira Verde Amarela, estipulando a contribuição previdenciária em 2%, independentemente da remuneração do(a) trabalhador(a) (Souza; Anunciação, 2020) e, assim, promovendo a radical restrição dos direitos do trabalho e previdenciários, impondo aos(às) trabalhadores(as) toda sorte de exploração. E, ainda, tem inviabilizado a sustentação da previdência, considerando medidas como isenções de setores econômicos da contribuição previdenciária e a Desvinculação dos Recursos da União (DRU).

Observa-se que todo esse processo de ataque aos direitos sociais interatua com as condições de trabalho e, em consequência, afeta sobremaneira o processo saúde/doença de assistentes sociais.

É importante registrar que essa pesquisa recebeu maior envolvimento de assistentes sociais oriundos(as) do estado de São Paulo, mas conta com questionários de todos os estados do país, por meio da participação de pesquisadoras da Universidade Federal do Pará (UFPA) e do Rio Grande do Sul (UFRGS). Assim, do total de 1.138 questionários até então respondidos, 119 são da região Sul e 121, da Norte, 10,44% e 10,62%, respectivamente, sendo esses dados alvos de debate realizados pelas professoras coordenadoras do presente projeto nas referidas regiões. Os dados das regiões Norte e Sul foram excluídos da análise desenvolvida neste texto, uma vez que são alvos de análises específicas.

Os dados amostrais que compreendem a área da saúde, como já dito, constituem-se de 463 ou 40,27% dos questionários respondidos, no período de agosto de 2014 a dezembro de 2019, com representatividade das várias regiões brasileiras, cujo destaque fica para a região Sudeste, com 71,92% [333] dos questionários respondidos.

Como já evidenciado em estudo anterior, o maior número de respondentes da área da saúde advém do nível terciário, ou seja, da área hospitalar (Lourenço, 2017; Lourenço *et al.*, 2019).

Tabela 1 — Local de trabalho de assistente social na área da saúde

Local de trabalho	Quantidade	Porcentagem
Atenção especializada	84	18,14%
Hospital	195	42,12%
Pronto-socorro	15	3,24%
PSF/ESF	12	2,59%
UBS	27	5,83%
NASF	21	4,54%
Outros serviços de saúde	94	20,30%
S/R	15	3,24%
Total	463	100,00%

A Tabela 1 reforça as análises anteriores (Lourenço, 2017; Lourenço *et al.*, 2019), nas quais a área hospitalar sobressaiu como local de trabalho em que mais assistentes sociais participaram deste estudo. Em parte, acredita-se que esse dado advém do fato de os hospitais, em especial os universitários, contribuírem com maior incentivo à pesquisa. Talvez esse fato tenha favorecido o maior interesse de assistentes sociais participarem desse estudo, pois, no geral, sentiram-se dificuldades do envolvimento dos(as) profissionais que atuam nos serviços da seguridade social como um todo na coleta de dados.

Do total de 463 questionários respondidos, 91,79% [425] foram por assistentes sociais do sexo feminino e 5,83% [27], pelo sexo masculino, sendo que 2,38% [11] deixaram esse campo sem resposta. Portanto, a partir desse momento, a referência às participantes deste estudo será no feminino, e conforme análises já realizadas, é preciso considerar a divisão sexual do trabalho nos estudos de saúde do trabalhador e da trabalhadora (Lourenço *et al.*, 2019; Souza; Silva, 2019).

Em relação às idades, sobressaiu a participação de assistentes sociais com idades entre 31 e 41 anos, com 39,96% [185] dos questionários; seguida pelo grupo etário de 42 a 52 anos de idade, que obteve 24,4% [113] das indicações.

Em relação à etnia, 51,62% [239] das respondentes se autodeclaram brancas; 20,30% [94], pardas; 19,87% [19], negras; 1,07% [5], pretas. Tal achado vai ao encontro do estudo feito pelo Dieese (2015): "Sobre a distribuição de raça, aumentou expressivamente a participação dos negros, que representavam 33,0% [2004] dos assistentes sociais ocupados e em 2013 haviam avançado para 44,8%" (Dieese, 2015 *apud* Souza; Silva, 2019, p. 236).

Quanto à religião, 75,38% [349] das respondentes afirmaram professar alguma religião e 20,30% [94] disseram não ter religião. Esses dados estão em consonância ao que já foi investigado pelo Conselho Federal de Serviço Social (CFESS), que em 1995 evidenciou: "Quando interrogados acerca da condição religiosa, 76% responderam que são praticantes de alguma religião e apenas 24% disseram não. O número de praticantes sobe para 86,21% no Centro-Oeste e desce para 69,57% no Sul" (CFESS, 2005, p. 20).

A maioria das profissionais participantes desse estudo se formou após o ano 2000, o que pressupõe a formação a partir das Diretrizes Curriculares (DC) da ABEPSS, em 1996. Os cursos na modalidade presencial compareceram na ampla maioria, com 95,68% [443] das indicações. Do total de 463 assistentes sociais participantes desse estudo, 58,75% [272] realizaram algum tipo de especialização; 19,87%

[92] têm mestrado acadêmico, 2,16% [10] têm mestrado profissional, 14,69% [68] têm doutorado e 14,69% [68] deixaram a questão em branco.

A forma de contratação prevalente foi a via concurso público, com 301 questionários, 65,01%, e o processo seletivo e/ou indicação totalizaram 142 respondentes, 30,66%, o que corrobora as discussões já realizadas até o momento (Lourenço *et al.*, 2019; Lourenço, 2017).

Em relação à jornada de trabalho, a de 30 horas semanais comparece com 63,50% [294], sendo que 12,74% [59] trabalham 40 horas e 6,05% [28], 20 horas semanais. Deve ser dito que anteriormente esse dado foi discutido a partir da luta das assistentes sociais de um determinado hospital, para a efetivação do direito à jornada de 30 horas semanais, conforme a legislação conquistada pela categoria em 2010, mas que, desde então, vem sendo veementemente repudiada pela direção e administração dos serviços públicos e privados, que inclusive têm criado estratégias para a contratação de assistentes sociais por 40 horas semanais, por meio de contratação com outras terminologias genéricas, como técnico em saúde com formação em Serviço Social. Alerta-se que tal fato deve ser comunicado aos CRESS, que já criou Resolução específica para enfrentar essa questão (Lourenço, 2017).

Análise dos dados: enfoque para as relações sociais de trabalho e saúde

Em outras publicações, já foram indicados dados parciais deste estudo, quando sobressaíram que em torno de 30% das assistentes sociais na área da saúde não dispõem de sala individual para o atendimento (Lourenço *et al.*, 2019; Souza; Silva, 2019; Souza; Boim; Carmo, 2019; Lourenço, 2017). Quanto aos resultados de análise das escalas ora utilizadas a respeito das condições de trabalho e bem-estar no trabalho, as assistentes sociais evidenciam que, ao se posicionar quantitativamente, destacam a positividade do trabalho (Lourenço *et al.*, 2019), o que tem sido frequentemente apontado em sentido oposto pelas entrevistas individuais e grupos focais (Souza; Anunciação, 2020).

Ao analisar a enquete "sintomas de saúde", destacam-se aqui ao menos três sintomas: nervosismo/irritabilidade; dorme mal/insônia e tem se sentido triste ultimamente/angústia. Para esses, a categoria "às vezes" foi indicada respectivamente por: 57% [264]; 41% [190]; 33,26% [154]. Donde se pode afirmar que, em geral, as assistentes sociais na área da saúde são profissionais que "às vezes" sentem nervosismo, dormem mal, sentem-se tristes e angustiadas. Apenas 9% [42] afirmaram "não/nunca" sentirem "nervosismo/irritabilidade"; a categoria não/nunca também foi indicada por 35,85% [166] quanto a dormir mal e 33,26% [154] quanto a sentir-se triste ultimamente/ angústia. Por outro lado, 29,16% [135], 18,57% [86] e 20,95% [97] das assistentes sociais informaram que sempre/sim se sentem nervosas/ irritadas, que dormem mal e que se sentem angustiadas.

Durante as entrevistas frequentemente apontam-se para as condições de trabalho, falta de reconhecimento profissional pelas chefias e administração; interferência desta no trabalho, entre outros elementos, como destacado pelos depoimentos.

A falta de cuidado do trabalhador da saúde. Vínculos precários de trabalho, condições inadequadas para atendimento individual, falta de privacidade e autonomia (Entrevista A.S. Hospital Filantrópico conveniado com o SUS).

A insuficiência de recursos e de estrutura, por exemplo, não ter uma sala individual e ter que atender no setor de enfermaria, isso interfere no atendimento do paciente e sua família. Outra coisa é a burocratização administrativa, quanto a preenchimentos de instrumentais que não seja em impressos próprios, também interfere (Entrevista A.S. Hospital Universitário).

Acho que uma questão hoje que interfere o nosso trabalho é o repasse dos serviços por meio das parcerias público-privada (Organizações Sociais, Fundações). Hoje, estamos no processo de formação de parceiros. Esse acontecimento está prejudicando as ações do Serviço Social no seu dia-a-dia. Também não temos qualquer valorização pelo trabalho que desenvolvemos e o trabalho que fazemos quanto aos vínculos familiares (Entrevista A.S. Hospital Filantrópico conveniado com o SUS).

A política de saúde é um espaço legítimo de demanda para a atuação profissional, mas isso não quer dizer que as profissionais conseguem efetivar ações mediadas pelo seu Projeto Ético-Político Profissional, uma vez que esses espaços são marcados por amplos desafios.

Neste estudo, verificou-se maior participação de assistentes sociais de hospitais, em detrimento da Atenção Básica, o que remete a alguns questionamentos que deverão nortear outros estudos: 1) a baixa participação de assistentes sociais da Atenção Básica neste estudo permite inferir que a área hospitalar seria a que mais emprega assistentes sociais? 2) Ou as assistentes sociais que atuam na Atenção Básica não tiveram conhecimento, ou até mesmo interesse, em participar desse estudo? 3) Os hospitais são os que mais incentivam a pesquisa? E isso teria influência no interesse do serviço social em participar de pesquisas? (Lourenço *et al.*, 2019; Lourenço, 2017).

Pode-se dizer que o trabalho das assistentes sociais na área da saúde está marcado pelo sofrimento sobretudo do público atendido, quando as demandas por atendimento configuram as expressões da questão social, como: doenças, fome, ordem de despejo, não acesso a tratamentos adequados de saúde, as dores e sofrimentos alheios, a finitude da vida e toda forma de injustiças. Somadas às condições de trabalho, a restrição de direitos e as inúmeras manifestações de sofrimentos vivenciados pelo público atendido, tudo isso resulta em ao menos duas consequências, totalmente antagônicas entre si, mas resultantes de um mesmo processo:

1) Assistentes sociais têm um sofrimento, embora nem sempre com diagnóstico. Todavia, têm-se constatado a perda do interesse pelo trabalho e queixas de sintomas de saúde, como: sensação de exaustão, esgotamento nervoso, insônias, estresse, dificuldades alimentares, sentimentos confusos, mudanças de humor, problemas de pressão arterial etc.

2) Por outro lado, constatam-se também depoimentos de exaustão laboral por parte daquelas profissionais que têm amplo envolvimento com o trabalho e que desenvolvem projetos articulados à comunidade, às associações religiosas, de moradores, de conselhos de políticas sociais

e de movimentos sociais e acabam assumindo ampla e intensa jornada de trabalho. Embora a satisfação seja evidenciada, em alguma medida são profissionais que relatam não trabalhar sozinhas e têm o apoio de equipes envolvidas e demais participantes dos projetos e atividades desenvolvidas, destacam que o serviço social faz toda a diferença. Mas ainda assim há um excesso de trabalho, sendo possível perceber também a ocorrência de desgaste da saúde. Algumas assistentes sociais relataram que se sentem exaustas, sobrecarregadas e até mesmo "pifaram", dando a entender os sinais de esgotamento nervoso.

As duas manifestações subjacentes ao trabalho de assistentes sociais podem ser vistas como acontecimentos que a princípio não teriam nada em comum, sobretudo quando percebidos de forma fragmentada, isolada e sem comunicação entre si. Contudo, é possível cruzar transversalmente essas manifestações, considerando que, na verdade, são reações contra as ameaças trazidas pela sociedade capitalista, globalizada, financeirizada e informacional, a qual vem solidificando a cultura do individualismo e do empreendedorismo e do "salve-se quem puder".

Considerações finais

É importante que os Programas de Pós-Graduação produzam pesquisas e conhecimentos para contribuir com a educação permanente de assistentes sociais e com as mudanças sociais. Assim, o texto buscou contribuir com reflexões sobre as condições de trabalho assistente social na saúde. Aqui foram apresentados "achados" parciais de uma pesquisa em andamento, que reúne diferentes Programas de Pós-Graduação e diferentes pesquisadoras(es).

Uma questão premente que comparece nos depoimentos de assistentes sociais é a sensação de cansaço, um cansaço generalizado que leva à perda da vontade de trabalhar, de energia e à necessidade de se manter trabalhando em condições desfavoráveis, o que acaba se constituindo uma violência, que pode desenvolver o adoecimento que atinge a esfera mental, como um processo já discutido por Han (2017).

Nessa linha, os dados permitem indicar que o sofrimento de assistentes sociais nem sempre se materializa em patologias, mas implica um estado de saúde que gera angústias e mal-estar no trabalho (Lourenço *et al.*, 2019).

Enfim, as reflexões que trouxemos aqui devem ser consideradas a partir tanto das condições estruturais do trabalho, das formas de contratação e remuneração — tão afetadas pela reestruturação produtiva — e dos investimentos em políticas sociais, sobretudo o seu financiamento, quanto também da intensificação do neoliberalismo no contexto brasileiro. Assim, pode-se compreender, em síntese, que a intensa precarização de trabalho está diretamente associada à forma de acumulação da atual fase do capitalismo.

Referências

BRASIL. *Lei nº 13.846, de 18 de junho de 2019*. Institui o Programa Especial para Análise de Benefícios com Indícios de Irregularidade. Disponível em: https://www2.camara.leg.br/legin/fed/lei/2019/lei-13846-18-junho-2019-788404-norma-pl.html. Acesso em: 22 fev. 2020.

BRASIL. *Medida Provisória no. 905*. Institui o Contrato de Trabalho Verde e Amarelo, altera a legislação trabalhista e dá outras providências. 2016. Disponível em: https://www.legisweb.com.br/legislacao/?id=384681. Acesso em: 22 fev. 2020.

BRAVO Maria Inês. *Saúde e Serviço Social no capitalismo*: fundamentos sócio-históricos. São Paulo: Cortez, 2013.

CFESS. Conselho Federal de Serviço Social. *Assistentes Sociais no Brasil*. Elementos para o estudo do perfil profissional. Colaboradores Rosa Prédes *et al*. Brasília: CFESS, 2005. Disponível em: http://www.cfess.org.br/arquivos/perfilas_edicaovirtual2006.pdf. Acesso em: 22 fev. 2020.

HAN, Byung-Chul. *A sociedade do cansaço*. Petrópolis: Vozes, 2017.

LOURENÇO, Edvânia Ângela de Souza. *Saúde do trabalhador e da trabalhadora*: estudos da relação trabalho e saúde no capitalismo contemporâneo. Campinas: Papel Social, 2016.

LOURENÇO, Edvânia Ângela de Souza. Trabalho e saúde das assistentes sociais da área da saúde. *Temporalis*, Brasília, DF, ano 17, n. 34, p. 355-381, 2017. Disponível em: http://periodicos.ufes.br/temporalis/issue/view/798/showToc. Acesso em: 22 mar. 2019.

LOURENÇO, Edvânia Ângela de Souza; LACAZ, Francisco Antonio de Castro; GOULART, GOULART, Patrícia. Crise do capital e o desmonte da previdência social no Brasil. *Serviço Social & Sociedade*, São Paulo, n. 130, p. 467-486, 2017. Disponível em: http://www.scielo.br/scielo.php?scrip-t=sci_arttext&pi-d=S0104-12902019000100011&lng=pt&nrm=iso. Acesso em: 13 mar. 2019.

LOURENÇO, Edvânia Ângela de Souza; GOULART, Patrícia; ANUNCIAÇÃO, Luís; LACAZ, Francisco Antonio de Castro. Condições de trabalho de assistentes sociais da área da saúde e repercussões psicossociais. *Saúde Sociedade*. São Paulo, v. 28, n. 1, p. 154-168, 2019. Disponível em: https://doi.org/10.1590/s0104-12902019180675. Acesso em: 18 fev. 2019.

LOURENÇO, Edvânia Ângela de Souza; GOULART, Patrícia; ANUNCIAÇÃO, Luís; LACAZ, Francisco Antonio de Castro. Condições de trabalho de assistentes sociais da área da saúde e repercussões psicossociais. *Saúde Sociedade*. São Paulo, v.28, n.1, 2019, p.154-168. Disponível em: <*https://doi.org/10.1590/s0104-12902019180675*>.Acesso em: 18 fev. 2019.

SOUZA, Edvânia Angela de; ANUNCIAÇÃO, Luís. Narrativas de sofrimento e trabalho profissional do Serviço Social da Previdência Social em tempos de indústria 4.0. *Serviço Social & Sociedade*, n. 138, p. 215-241, ago. 2020.

SOUZA, Edvânia Ângela de; SILVA, Maria Liduína de Oliveira e Silva (org.). *Trabalho, questão social e serviço social*: a autofagia do capital. São Paulo: Cortez, 2019.

SOUZA, Edvânia Ângela de; BOIM, Vinícius Figueira; CARMO, Onilda Alves. A relação entre trabalho e saúde de assistentes sociais na região metropolitana de São Paulo. *In*: MENDES, Jussara Maria Rosa; WÜNSH, Dolores Sanches; GIONGO, Carmem Regina (org.). *A investigação no campo da Saúde do Trabalhador*: construção do conhecimento e estratégias metodológicas. Campinas: Papel Social, 2019.

CAPÍTULO 3

Pós-graduação em Serviço Social: a precarização da qualificação profissional

Moema Amélia Serpa Lopes de Souza
Sheyla Suely de Souza Silva
Wagner Araújo

Introdução

Considerando a atual conjuntura de contrarreformas nas relações de trabalho no Brasil, este capítulo analisa a dinâmica de inserção dos assistentes sociais egressos do Programa de Pós-Graduação em Serviço Social da Universidade Estadual da Paraíba (PPGSS/UEPB) no mercado de trabalho[1].

---

1. Esta análise sistematiza resultados da pesquisa "Mercado de Trabalho Profissional: a inserção dos assistentes sociais egressos da Pós-Graduação em Serviço Social da Universidade Estadual da Paraíba (PPGSS/UEPB)", a qual foi desenvolvida no Programa Institucional de Bolsas de Iniciação Científica (PIBIC/UEPB/CNPq — cota 2018/2019) como parte do Projeto de Pesquisa Serviço Social, Formação e Trabalho Profissional: as potencialidades para o desenvolvimento do estado da Paraíba (Edital Fapesq 007/2018), vinculado às atividades do Grupo

A realização desta pesquisa evidencia-se procedente, primeiro, porque na perspectiva crítica é consensual que a desregulamentação e flexibilização da legislação trabalhista têm atingido todas as profissões, requerendo a análise de seus desdobramentos; segundo, porque adensa conhecimento crítico à área do Serviço Social e busca o aprofundamento teórico das tendências que assumem o trabalho no contexto atual e do processo de inserção dos assistentes sociais egressos da pós-graduação neste mercado de trabalho, trazendo para o debate a particularidade de uma demanda de profissionais qualificados e sua incorporação numa realidade de agravamento da precarização, com fortes implicações para a vida dos trabalhadores. Enfim, as reflexões aqui apresentadas ampliam as pesquisas sobre o mercado de trabalho dos assistentes sociais, inclusive na perspectiva de fomentar a Rede de Estudos sobre o Trabalho do Assistente Social (RETAS), a qual vem articulando e apoiando os estudos sobre o trabalho profissional.

A contrarreforma trabalhista e suas expressões no mercado de trabalho dos assistentes sociais

O capitalismo tem determinado profundas transformações no mundo do trabalho, que recrudescem a precarização, flexibilização e desregulamentação dos direitos sociais e trabalhistas. Segundo Antunes (2010), a crise capitalista vem contribuindo para a deterioração da legislação trabalhista e para uma nova morfologia do trabalho, que repercutem na esfera das profissões, por meio da ampliação de contratos temporários e da subcontratação, do pluriemprego, da polivalência, da desespecialização, da informalidade etc. Essa desregulamentação do

---

de Estudos e Pesquisa sobre Trabalho e Proteção Social (GETRAPS). Trata-se de um estudo de caráter documental e bibliográfico, cujo lapso temporal compreendeu o período do último quadriênio (2015-2018), considerando que a primeira turma do Programa ingressou em 2013, obtendo sua titulação em 2015, só sendo possível acompanhar egressos a partir deste ano.

trabalho representa um processo de desagregação da proteção social, o qual se expressa nas relações, nos processos e na organização do trabalho, e concretiza-se não só pelas ações jurídico-normativas, mas pelas imposições de uma lógica mercantil e produtiva que intensifica o uso da força de trabalho, captura a subjetividade dos trabalhadores e submete-os à ameaça constante do desemprego e da desproteção social.

No caso brasileiro, a partir de 2017 a aprovação da reforma trabalhista consolida a tendência contrarreformista, na medida em que restringe e flexibiliza o acesso à proteção ao trabalho. A proposição dessa nova legislação[2] encontra-se eivada de um discurso de modernização, mas, na verdade, busca desonerar o capital dos custos de reprodução da força de trabalho e remeter ao trabalhador uma ilusão de liberdade, empregabilidade e empreendedorismo, sem efetivamente desvinculá-lo do trabalho assalariado, como produtor de mais valor, só que agora desprovido da proteção social.

Essas tendências são determinantes do mercado de trabalho dos assistentes sociais, e a flexibilização predatória se reflete no âmbito da profissão de Serviço Social, ocorrendo importantes deslocamentos nos modos de gestão e contratação desses trabalhadores, através da terceirização de serviços públicos, por meio da subcontratação de empresas intermediadoras, ampliando o exercício profissional privado autônomo, temporário e fragmentado em projetos e tarefas; como também por meio das parcerias público-privadas, em diversas modalidades e áreas das políticas sociais (Raichelis, 2018).

Uma pesquisa do Departamento Intersindical de Estatística e Estudos Socioeconômicos (Dieese, 2013) acompanhou o mercado de trabalho dos assistentes sociais e revelou que o número de assistentes

---

2. No início de 2017, foi sancionada a Lei n° 13.429, regulamentando a terceirização para as atividades fins no âmbito público e privado e alterando dispositivos da Lei n° 6.019/1974, que regulamentava o trabalho temporário nas empresas urbanas. A continuidade do projeto de desestruturação do trabalho cristaliza-se através da aprovação da Lei n° 13.467/2017, a Lei da Reforma Trabalhista, que altera a CLT, modificando cerca de 200 dispositivos e passando a rever pontos específicos de outras legislações que continham interpretações favoráveis aos/ as trabalhadores/as.

sociais inseridos no mercado profissional apresentou um crescimento significativo, passando de 96.535 para 204.747, entre 2004 e 2013, duplicando-se em dez anos, ou seja, ampliando-se "muito acima do crescimento verificado no mercado de trabalho como um todo" (Dieese, 2013, p. 4). O estudo também evidencia um expressivo crescimento dos níveis de ocupação da profissão no Nordeste, que passou de 17,4% para 29,4%, entre 2004 e 2013, apontando uma desconcentração deste mercado, que, em 2004, indicava a Região Sudeste com 48,8% dos assistentes sociais ocupados no país (Dieese, 2013). O estudo revela que foi a expansão das políticas públicas e do terceiro setor, na primeira década dos anos 2000, que mais impactou na ampliação do mercado de trabalho profissional[3].

Em que pese esse movimento de expansão no mercado de trabalho profissional, persiste a tendência ao desemprego, à redução de postos formais de trabalho, à polivalência e multifuncionalidade no trabalho, ao aumento da terceirização e do empreendedorismo, à desregulamentação dos direitos trabalhistas e à valorização do capital em detrimento dos direitos trabalhistas. Impõe-se uma nova morfologia do trabalho nos serviços públicos (Raichelis, 2018), pautada em vínculos vulneráveis e implicando uma inserção precária, por meio da expansão dos contratos flexíveis e da restrição dos direitos trabalhistas; da extensão da jornada de trabalho, da rotatividade e de uma maior requisição de seletividade e imediaticidade das ações profissionais.

Assim, o mercado de trabalho profissional vem sendo marcado pelo trabalho desprotegido, que repercute sobre as ações profissionais, as quais, segundo Raichelis (2010, p 759), "[...] passam a ser

---

3. Quanto à formação profissional, a pesquisa "Assistentes Sociais no Brasil: elementos para o estudo do perfil profissional" (CFESS, 2005) demonstra que, até 2005, o mercado de trabalho incorporava, majoritariamente, profissionais que possuíam apenas a graduação, representando 55,34%. A especialização *lato sensu* comparecia com 36,26% de profissionais e os mestres, com 6,49%, doutores, com 1,24% e pós-doutores, com 0,67%. No Nordeste, os especialistas representavam 40,64% dos profissionais inseridos no mercado, e esta qualificação via especialização comparecia de forma significativa, inclusive, para fazer frente a uma concorrência que privilegia a análise de currículos como forma de ingresso, em detrimento de concursos públicos.

subordinadas a prazos contratuais e aos recursos financeiros destinados para esse fim, implicando descontinuidades, rompimento de vínculos com usuários [...]". Guerra (2010b) enfatiza que a expansão do mercado de trabalho profissional conjuga as exigências de qualificação profissional com estratégias de flexibilização e precarização, as quais se expressam, dentre outros aspectos, em mudanças na legislação trabalhista que permitem ou impõem a "[...] subcontratação, [...] terceirização, emprego temporário, informalidade, jornadas de trabalho e salários flexíveis, multifuncionalidade ou polivalência, desespecialização, precariedade dos espaços laborais e dos salários" (Guerra, 2010a, p. 719).

A presença de um baixo padrão salarial tem sido outra marca dessa expansão precarizada, obrigando os profissionais a buscarem formas de complementação salarial e, portanto, impondo o sobretrabalho[4]. Para acirrar ainda mais este quadro, apreendem-se novas requisições, que contrariam o Código de Ética Profissional e as atribuições e competências legais da profissão, fomentando ações de caráter moral e punitivo que contrastam com o atual projeto ético-político da profissão e com as Diretrizes Curriculares[5]. Por outro lado, processos de informatização contribuem para o controle excessivo do profissional e dos usuários, por meio de uma racionalidade disciplinadora e unificadora dos processos de trabalho, os quais ficam cada vez mais burocratizados (Santos, 2010; Santos, 2018).

O movimento de contrarreforma, que investe contra o trabalho socialmente protegido, também direciona sua ofensiva para as políticas sociais, campo majoritário de inserção profissional. É nesse contexto

---

4. Estudo recente do Dieese revela que houve, por exemplo, um aumento superior a 82% na taxa de desocupação dos profissionais recém-formados no ensino superior (3,7% para 6,1%, entre 2014 e 2018) e uma queda de 16 pontos percentuais na inserção em postos de trabalho que efetivamente demandam este nível de ensino (de 51% para 35%, entre 2014 e 2018), enquanto no mesmo período se verificou uma diminuição de 20,71% do rendimento médio nesses postos. Na síntese, o estudo evidencia que é cada vez mais difícil a conquista de trabalho na área de formação e cada vez mais baixos os rendimentos dos que já se encontram inseridos (Dieese, 2019).

5. Como exemplo, compareçam as requisições para emissão de parecer social que subsidie processos investigativos e criminais.

que situamos a inserção dos egressos do PPGSS/UEPB no mercado de trabalho e problematizamos aspectos da particularidade do ensino superior brasileiro.

Desde a década de 1990, a formação de nível superior no Brasil tem sido marcada pela mercadorização, evidente nas propostas de parcerias público-privadas dos organismos internacionais, como o Banco Mundial, seguindo a tendência das privatizações[6] e corporificando a trajetória declinante do financiamento da universidade pública de qualidade. Assim, há um aumento expressivo das instituições privadas de ensino, muitas delas oferecendo modalidades a distância e semipresencial, e o Serviço Social tem sido um grande "filão" desse mercado, representando um dos cursos mais ofertados, principalmente na modalidade a distância, haja vista seu baixo custo, que beneficia o setor empresarial nacional e estrangeiro.

Esta assimilação da lógica empresarial acompanha um cenário de competitividade que afeta a qualidade dos serviços prestados e converte as instituições de ensino superior em fábricas de diplomas, através do aligeiramento do processo de ensino, em detrimento da qualidade, especialmente no que tange ao necessário exercício articulado do tripé ensino-pesquisa-extensão. Rebaixa-se a concepção da educação superior como um direito social para a condição de mercadoria e, assim, "[...] a corrida dos assistentes sociais para a sua qualificação os leva, em alguns casos, a participar de cursos sem qualidade, aligeirados ou voltados para a habilitação no domínio instrumental [...]" (Guerra, 2010b).

Cabe ressaltar que as entidades representativas da categoria profissional[7] têm implementado estratégias de resistência na defesa

---

6. Um exemplo bem emblemático é o atual projeto "FUTURE-SE", do Governo Federal, cuja minuta encontra-se disponível em: http://estaticog1.globo.com/2019/07/19/programa_futurese_consultapublica.pdf. Acesso em: 7 jul. 2019

7. A saber, a Associação Brasileira de Ensino e Pesquisa em Serviço Social (ABEPSS), o Conselho Federal de Serviço Social (CFESS) e, também, a Executiva Nacional dos Estudantes de Serviço Social (ENESSO).

de uma formação profissional alinhada ao projeto ético-político profissional, colocando-se contra, principalmente, ao ensino a distância, à implementação do mestrado e doutorado profissionais, entre outras requisições de mercantilização e aligeiramento.

A inserção dos egressos da pós-graduação em Serviço Social no mercado de trabalho

O atual cenário da educação superior e do mercado de trabalho brasileiro impõe diversos desafios ao Serviço Social, por isso a apreensão da dinâmica de inserção de assistentes sociais egressos do PPGSS/UEPB no mercado de trabalho cobra-nos a problematização de dois eixos temáticos de análise: a formação profissional e o mercado de trabalho do assistente social, os quais vivenciam, conjuntamente, os processos de expansão precarizada capitaneados pela lógica do mercado.

Iniciado em 2013, o PPGSS/UEPB emergiu num contexto de expansão do ensino superior fortemente marcado pela flexibilização e aligeiramento da formação profissional, resultado da contrarreforma do Estado, através da qual "se põe em andamento uma política de pós-graduação adequada e atrelada aos interesses mercantis" (Davi *et al.*, 2014, p. 144). Nesse contexto, entre 1996 e 2016, "[...] o crescimento percentual dos Programas de Pós-graduações nessa área foi próximo a 280% (passando de 12 para 34)" (Capes, 2019, p. 5); existindo atualmente 36 cursos de pós-graduação na área de Serviço Social, sendo todos em nível de mestrado e 20 deles em nível, também, de doutorado. No seio desta expansão, o PPGSS/UEPB propõe a formação de novos pesquisadores e docentes no Nordeste, em nível de mestrado, capacitados a desvendar e intervir com qualidade na realidade social e qualificados para contribuírem na formulação, implementação, monitoramento e avaliação das políticas sociais, em órgãos públicos e privados da região; bem como o desafio de consolidar o Serviço Social enquanto área de produção de conhecimento.

A inscrição sistemática de candidatos provenientes de diversas cidades do interior da Paraíba, bem como dos estados da Bahia, Pernambuco, Ceará, Rio Grande do Norte, entre outros, confirma a inserção do Programa na Região Nordeste e sua contribuição à interiorização do ensino da pós-graduação em Serviço Social. Em 2018, o PPGSS/UEPB completou seis anos de implantação e foi submetido à primeira Avaliação Quadrienal da Capes (2013-2016), tendo a primeira turma concluinte em 2015, momento em que iniciou o acompanhamento dos 35 egressos que se titularam no lapso temporal do último quadriênio, incluindo o ano de 2018.

As informações coletadas permitiram identificar que 87,8% dos egressos são provenientes da graduação em Serviço Social, enquanto Direito, História e Comunicação Social representam, respectivamente, os percentuais de 4,9%, 2,4% e 4,9%[8]. Acompanhando o forte traço de gênero presente no Serviço Social brasileiro, identificamos a prevalência do sexo feminino, que representa 85,4% dos discentes, enquanto os homens representam apenas 14,6%[9]. Seguindo também uma tendência nacional, o perfil dos egressos revela um universo de discentes provenientes do ensino público, sendo 78% deles egressos de instituição pública estadual[10], 19,5%, pública federal e 2,4%, instituição privada. Assim, a soma total dos egressos advindos das universidades públicas foi de 97,5% e das privadas, 2,4%, conforme ilustra o gráfico 1.

---

8. É importante destacar que, seguindo as recomendações da Capes, todas as propostas de estudo dos discentes, bem como dos conteúdos curriculares, estão em sintonia com a área de concentração e as linhas de pesquisa do Programa, contribuindo para o fortalecimento e a consolidação da agenda de pesquisa no Serviço Social.

9. Observa-se que esta composição corrobora os dados da pesquisa realizada pela ABEPSS/gestão 2017-2018, cujo perfil dos discentes da pós-graduação em Serviço Social revelou que 83% são compostos de mulheres e apenas 17%, do sexo masculino (ABEPSS, 2018).

10. Neste universo de instituições públicas, identificamos que o Programa vem incorporando um significativo percentual de discentes oriundos da própria UEPB, ainda que nem todos sejam provenientes da graduação em Serviço Social.

Gráfico 1 — Caráter das instituições em que os egressos do Programa de Pós-Graduação em Serviço Social da UEPB se graduaram

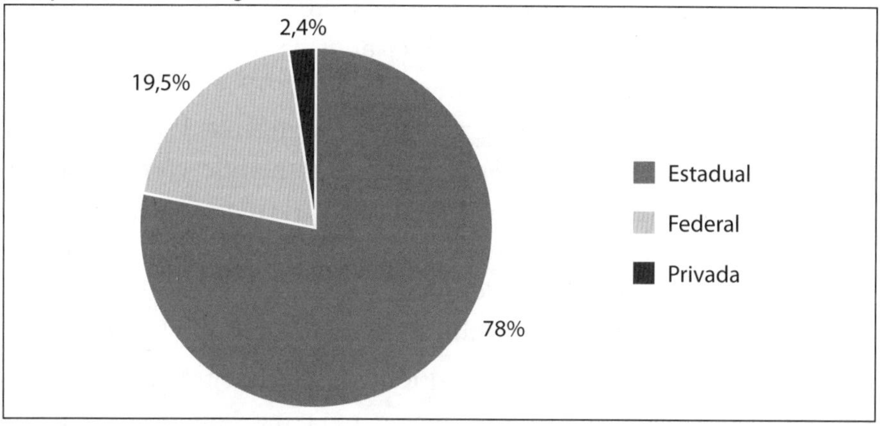

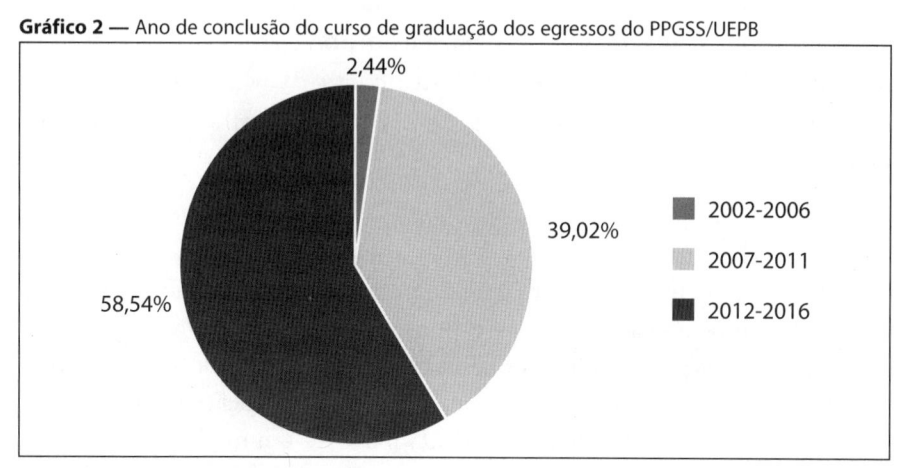

Fonte: Serpa *et. al.*, 2019

É relevante identificar a interface desse perfil de egressos com as requisições do mercado de trabalho, merecendo destaque o intervalo entre o ano de conclusão da graduação e o ingresso e a titulação na pós-graduação, que revela uma busca de inserção no mercado de trabalho com uma melhor qualificação profissional. O Gráfico 2 auxilia nessa reflexão.

Gráfico 2 — Ano de conclusão do curso de graduação dos egressos do PPGSS/UEPB

Fonte: Serpa *et. al.*, 2019

Diante dessas informações, podemos considerar que os profissionais procuram cada vez mais cedo uma qualificação profissional, pois 58,54% concluíram a graduação entre os anos de 2012 e 2016. Considerando que a primeira turma concluinte foi em 2015, é possível indicar que estamos incorporando um significativo contingente de profissionais recentemente graduados e que essa busca por qualificação pode estar relacionada à possibilidade de melhor inserção no mercado de trabalho. Nesse sentido, 77,78% dos egressos possuem vínculo empregatício e 22,22% não possuem vínculo, denotando uma relevante incorporação dos pós-graduados do PPGSS/UEPB no mercado de trabalho.

Os dados expressam, ainda, que do total de egressos, 16 estão exercendo a docência em nível superior, em cursos de graduação em Serviço Social, em instituições públicas ou privadas, na modalidade presencial. Desse total, 10 egressos estão inseridos em instituições privadas de ensino superior na região. Identificamos que desses mesmos profissionais docentes, 6 atuam também em políticas sociais públicas, ou seja, realizam uma dupla jornada de trabalho, que engloba atividades bastante diferenciadas entre si. Esse duplo vínculo empregatício caracteriza o pluriemprego, que, segundo Guerra (2010b), é marcado pela inserção socioprofissional em duas ou mais atividades, vivenciando a rotatividade no emprego, instabilidade e insegurança, a jornada de trabalho extensa e os baixos salários. É importante ressaltar, também, que a significativa participação dos egressos na atividade docente se dá, especialmente, em instituições privadas, representando mais de 50% dos inseridos nesse mercado de trabalho, as quais têm como características:

> [...] os contratos temporários, a insegurança, a instabilidade, a rotatividade, o assédio moral por parte de patrões e até de alunos, a redução de encargos trabalhistas, a desresponsabilização dos empregadores com o pagamento dos direitos trabalhistas, a exemplo do fundo de garantia pelo tempo de serviço (FGTS), ausência da contribuição previdenciária, décimo terceiro salário, férias. Ainda mais, de um modo geral, o valor da remuneração do trabalho pago aos professores não leva em conta as

titulações acadêmicas, nivelando-os por baixo, tudo com amparo legal (Guerra, 2010b, p.97).

Também identificamos que outros 16 egressos estão atuando como assistentes sociais, exclusivamente com as políticas sociais, nas áreas de assistência social, saúde, habitação, criança e adolescente, previdência social e recursos humanos, desenvolvendo ações no âmbito de planejamento, execução, monitoramento e avaliação. Registra-se também a inserção de egressos em instituição privada e ONGs, embora de forma pontual.

Enfim, as primeiras aproximações analíticas nos permitem apontar que a forte tendência contrarreformista que atinge a política educacional e a proteção ao trabalho são bem flagrantes no mercado de trabalho profissional dos egressos do PPGSS/UEPB, cujas inserções temporárias no âmbito do ensino superior privado e das políticas sociais públicas são fortemente marcadas por condições de precariedade.

Aproximações conclusivas

O material analisado permite identificar a relação existente entre a mercantilização da educação e a contrarreforma trabalhista como componentes de uma mesma racionalidade, que exige a formação de um novo perfil profissional, individualista, competitivo, desespecializado, desregulamentado, polivalente e multifuncional, capaz de se adaptar à constante flexibilização e desregulamentação do mundo do trabalho. Além disso, o setor educacional tem sido alvo de organismos internacionais e de grupos empresariais e financeiros como uma fonte de rentabilidade rápida aos investimentos do capital.

As análises apresentadas indicam que o PPGSS/UEPB vem atendendo aos requisitos de formar recursos humanos qualificados para o exercício da docência e para o exercício profissional nas diversas políticas sociais, entretanto a inserção no mercado de trabalho submete até mesmo os mais qualificados aos interesses da supressão de direitos e desvalorização da força de trabalho. Nesse sentido, os investimentos em qualificação profissional, embora favoreçam a inserção no mercado de trabalho, não distanciam os egressos das ofensivas de precarização do trabalho.

Referências

ANTUNES, R. *Adeus ao trabalho?* Ensaio sobre as metamorfoses e a centralidade do mundo do trabalho. São Paulo: Cortez, 2010.

CAPES. Coordenação de Aperfeiçoamento de Pessoal de Nível Superior. *Documento de Área do Serviço Social.* 2019.

CONSELHO FEDERAL DE SERVIÇO SOCIAL (CFESS). *Assistentes Sociais no Brasil:* elementos para o estudo do perfil profissional. Brasília: CFESS, 2005.

DAVI, J. *et al.* A Pós-Graduação em Serviço Social da Universidade Estadual da Paraíba e os desafios de sua implantação no contexto de mercantilização do Ensino Superior. *In:* FERRIZ, A. *et al. O Curso de Serviço Social da UEPB*: elementos para uma análise histórica e teórico-metodológica. João Pessoa: EDUEPB, 2014.

DIEESE. Departamento Intersindical de Estatística e Estudos Socioeconômicos. Com ensino superior, mas sem trabalho na área. *Boletim Emprego em Pauta*, n.13, ago. 2019.

DIEESE. Departamento Intersindical de Estatística e Estudos Socioeconômicos. *Quem são os assistentes sociais no Brasil.* São Paulo, 2013.

GUERRA, Y. A formação profissional frente aos desafios da intervenção e das atuais configurações do ensino público, privado e a distância. Revista *Serviço Social & Sociedade*, São Paulo, n. 104, p. 715-736, 2010a.

GUERRA, Y. Serviço Social: dilemas da precarização e estratégias de enfrentamento. *In:* COSTA, G. M. *et al.* (org.). *Crise contemporânea e Serviço Social.* Maceió: Edufal, 2010b. p. 85-110.

RAICHELIS, R. Intervenção profissional do assistente social e as condições de trabalho no SUAS. *Serviço Social & Sociedade*, São Paulo, n. 104, p. 750- 772, 2010.

RAICHELIS, R. Serviço Social: trabalho e profissão na trama do capitalismo contemporâneo. *In:* RAICHELIS, R.; VICENTE, D.; ALBUQUERQUE, V. (org.) *A nova morfologia do trabalho no Serviço Social*. São Paulo: Cortez, 2018. p 25-65.

SANTOS, J. W. *et al.* Demandas institucionais e respostas profissionais no Sistema Único de Assistência Social: novas aproximações. *Temporalis*, ano 18, n. 36, jul./dez. 2018.

SANTOS, S. M. M. O CFESS na defesa das condições de trabalho e do projeto ético-político profissional. *Serviço Social & Sociedade*, São Paulo, n. 104, p. 695-714, 2010.

SERPA, M. A. *et al. Mercado de trabalho profissional:* a inserção dos discentes assistentes sociais egressos da Pós-Graduação em Serviço Social/UEPB. Relatório de Pesquisa (PIBIC) — UEPB. Campina Grande, UEPB. 2019.

EIXO 2

Questão Social e Políticas Sociais

Quem for derrotado que se levante!

Quem está perdido lute!

Quem reconheceu sua situação, como haverá de ser detido?

Os vencidos de hoje hão de ser os vencedores de amanhã.

E do nunca se faz: ainda hoje!

BRECHT, Bertolt. Elogio da dialética. *In: Poesia*.
Tradução André Vallias. 1. ed. São Paulo: Perspectiva, 2019.

CAPÍTULO 4 ▪

Questão da habitação e "questão social": reflexões sobre situação habitacional e lutas pela moradia no estado do Pará

Joana Valente Santana
Sandra Helena Ribeiro Cruz
Rovaine Ribeiro

Introdução

O presente texto busca discutir a questão da habitação como uma expressão da "questão social", tomando como referência de análise alguns indicadores sobre a situação habitacional no Pará, e apresenta reflexões sobre as lutas dos movimentos sociais nesse estado pelo direito à moradia.

A necessidade de habitar é uma construção social humana universal. Considerando-se que no modo de produção capitalista (MPC) a reprodução social humana é mediada pelos interesses contraditórios de classe, o atendimento dessa necessidade torna-se extremamente complexa. O estudo de Engels (2008) revela a emblemática situação dos trabalhadores na Inglaterra, durante a Revolução Industrial, no século XIX, os quais viviam em moradias insalubres e com alta carência de infraestrutura. No século XXI, os relatos de Engels são atuais para a interpretação e crítica radical das condições de vida dos trabalhadores ao redor do mundo.

No momento atual em que se vive o impacto da pandemia global da covid-19 (novo coronavírus), as condições de moradia da classe trabalhadora revelam a brutal desigualdade de classe na ordem burguesa. A Organização Mundial da Saúde (OMS) orienta que *as pessoas fiquem em casa e tenham cuidados redobrados com a higiene.* Pergunta-se: Quais as condições de moradia da população, especialmente dos países periféricos? Para a relatora da ONU, Leilani Farha, "assustadoramente, existem 1,8 bilhão de pessoas em todo o mundo vivendo em condições repugnantes de moradia e sem teto, às vezes sem sequer um banheiro [...]" (ONU, 2020, s.p.), o que equivale a aproximadamente 23% da população mundial.

Ademais, os *trabalhadores que residem nas piores moradias são os que não podem ficar em casa* pela necessidade de sair para garantir o sustento da sua família, além da alta densidade domiciliar que interfere no isolamento social e higiene devido às precárias condições sanitárias das residências. Davis (2020) analisa a situação dos trabalhadores estadunidenses no contexto do surto do novo coronavírus[1], sendo esta análise adequada aos trabalhadores brasileiros:

O surto expôs instantaneamente a divisão de classes na saúde americana. Aqueles com bons planos de saúde que também podem trabalhar ou ensinar de casa estão confortavelmente isolados [...]. *Enquanto isso, milhões*

---

1. Harvey (2020, p. 21) acrescenta: "Para começar, a força de trabalho [...] é tipicamente altamente sexista, racializada e etnizada na maioria das partes do mundo. [...] Esta 'nova classe trabalhadora' está na vanguarda e suporta o peso de ser a força de trabalho que corre maior risco de contrair o vírus através de seus empregos ou de ser demitida injustamente por causa da retração econômica imposta pelo vírus. [...] o progresso da covid-19 exibe todas as características de uma pandemia de classe, de gênero e de raça".

de trabalhadores com baixos salários, trabalhadores rurais, desempregados e sem teto estão sendo jogados aos lobos (Davis, 2020, p. 09, grifos nossos).

Segundo os dados oficiais, em 2010 o Brasil possuía 13 milhões de domicílios com carência de infraestrutura. Este dado é agravado na Região Norte, pois do total de domicílios particulares permanentes, a carência de infraestrutura "representa 63,1%, sendo o maior percentual quando comparado às demais regiões [...]" (Santana, 2018, p. 99). Esse dado demonstra a importância das reflexões acerca da questão da habitação no estado do Pará e das lutas políticas em torno dessa questão.

A questão da habitação como uma expressão da questão social

Na obra *Sobre a questão da moradia*, Engels (2015), ao expor as determinações da escassez da moradia, afirma que a Revolução Industrial provocou, no caso da Alemanha, uma completa alteração no modo de vida rural, pois o preço dos produtos de horticultura e agricultura dos tecelões rurais e o salário dos trabalhadores das indústrias domésticas foram rebaixados.

> A concorrência permite que o capitalista desconte do preço da força de trabalho aquilo que a família consegue extrair de sua hortinha ou de seu terreninho; os trabalhadores são obrigados a aceitar qualquer salário por unidade produzida [...] O peso desse preço pago sobre o trabalho, que tradicionalmente é mantido muito abaixo do valor da força de trabalho, é que também puxa para baixo os salários dos trabalhadores dos centros urbanos e até das metrópoles, mantendo-os abaixo do valor da força de trabalho [...] (Engels, 2015, p. 33).

Assim, a Revolução Industrial provocou uma aglomeração de trabalhadores na metrópole, os quais, tendo baixos salários, não conseguiam pagar os altos preços dos aluguéis, configurando a escassez da moradia. Afirma o autor:

> O que se entende por escassez de moradia é o peculiar agravamento das más condições de moradia dos trabalhadores em razão da repentina afluência da população às metrópoles; é o aumento colossal dos preços do aluguel; é a aglomeração ainda maior de moradores nas casas particulares; e, para alguns, é a total impossibilidade de encontrar alojamento [...] (Engels, 2015, p. 38).

Engels (2015) realiza, em 1872, uma crítica aos defensores do socialismo pequeno-burguês e burguês, baseados nas ideias de Pierre-Joseph Proudhon. Para esses defensores, a escassez da moradia seria resolvida mediante a transformação do trabalhador em proprietário de sua moradia, através do pagamento de prestações anuais, suprimindo a moradia de aluguel. Para Engels, essa solução não resolve a escassez da moradia porque não questiona as contradições essenciais do MPC e diz que a questão central para a espoliação do trabalhador é a venda da força de trabalho para o capitalista, em que o trabalhador produz bem mais do que o valor de sua força de trabalho.

Considera-se que os questionamentos de Engels às ideias de Proudhon colocam a questão da moradia em seu terreno específico, ou seja, *a escassez da moradia está mediada pelas contradições inerentes ao modo de produção capitalist*a. Nesses termos, a análise de Engels *permite que se entreteça a questão da moradia à "questão social".*

Segundo Netto (2001), a expressão "questão social" aparece na história por volta de 1830, em função do fenômeno do pauperismo, resultante do avanço da industrialização na Europa Ocidental[2]. Nesse contexto, era possível observar que a crescente e generalizada

---

2. Netto (2008) afirma que entre os anos 30 e 50 (século XIX), a pauperização dos trabalhadores urbanos, derivada da produção capitalista, foi debatida por vários intelectuais de diversas vertentes que discutiam a denominada "questão social". A obra de Engels (2008) está situada nesse contexto.

dinâmica da pobreza era radicalmente nova. "Pela primeira vez na história registrada, a *pobreza crescia na razão direta em que aumentava a capacidade social de produzir riquezas*" (Netto, 2001, p. 42, grifos no original). Ao mesmo tempo em que se desenvolvia a potência para produzir bens e serviços, "mais aumentava o contingente de seus membros que, além de não ter acesso efetivo a tais bens e serviços, viam-se despossuídos das condições materiais de vida que dispunham anteriormente"[3] (Netto, 2001, p. 42-43).

Iamamoto (2001) afirma que a acumulação da miséria relativa à acumulação do capital está na raiz da produção e reprodução da "questão social" na sociedade burguesa. De acordo com Netto (2001, p. 45), a "'questão social' é constitutiva do desenvolvimento do capitalismo. Não se suprime a primeira conservando-se o segundo".

Conforme Netto (2001), a Revolução de 1848 altera o modo de apreensão do fenômeno do pauperismo pelos ideólogos da burguesia, os quais interditam a "compreensão da relação entre desenvolvimento capitalista e pauperização" (p. 43). Dessa forma, a "questão social" passa a ser naturalizada seja pelo pensamento conservador laico, seja pelo pensamento conservador confessional, e para esses conservadores, o enfrentamento das manifestações da "questão social"

> deve ser função de um programa de reformas que preserve, antes de tudo e mais, a *propriedade privada dos meios de produção*. [...] o cuidado com as manifestações da "questão social" é expressamente desvinculado de qualquer medida tendente a problematizar a ordem econômico-social [...]; trata-se de combater as manifestações da "questão social" sem tocar

---

3. Para Marx (2017, p. 719-20, grifos no original): "Quanto maiores forem a riqueza social, o capital em funcionamento, o volume e o vigor do seu crescimento e, portanto, também a grandeza absoluta do proletariado e a força produtiva de seu trabalho — tanto maior será o exército industrial de reserva. [...] Mas quanto maior for esse exército de reserva em relação ao exército ativo de trabalhadores, tanto maior será a massa da superpopulação consolidada, cuja miséria está na relação inversa do martírio de seu trabalho. Por fim, quanto maior forem as camadas lazarentas da classe trabalhadora e o exército industrial de reserva, tanto maior será o pauperismo oficial. *Essa é a lei geral, absoluta, da acumulação capitalista*".

nos fundamentos da sociedade burguesa. Tem-se aqui, obviamente, um reformismo para conservar (Netto, p. 2001, p. 44, grifos no original).

Não é objetivo desta reflexão aprofundar a discussão sobre a gênese e desenvolvimento da "questão social", mas, tão somente, demonstrar que a *escassez da moradia*, conforme analisada por Engels (2015), vincula-se ao quadro histórico de crescente desigualdade no acesso aos *bens e serviços produzidos na ordem burguesa, não podendo ser simplesmente identificada como questão de pobreza*[4]. E que as respostas/ soluções encontradas *para a questão da habitação* pelo Estado e pelo mercado — em diferentes momentos históricos do MPC — guardam similaridades às respostas encontradas à resolução da "questão social", respostas essas de natureza conservadora ao tratarem a *questão habitacional como problemas habitacionais e a "questão social" como problemas sociais ou questões sociais.*

Nesse sentido, a questão da habitação é uma expressão da "questão social" e suas raízes encontram-se mediadas à legalidade universal do MPC, universalidade que é diferenciada a depender das particularidades históricas, como é o caso do Brasil, da Região Norte e do estado do Pará.

Particularidades urbano-regionais e necessidades habitacionais no estado do Pará

A interpretação da questão da habitação como expressão da "questão social" e de seus desdobramentos no interior dos territórios deve considerar a existência das disparidades regionais econômicas,

---

4. Na ordem burguesa, as desigualdades sociais "decorrem de uma escassez produzida socialmente, de uma escassez que resulta necessariamente da contradição entre as forças produtivas (crescentemente socializadas) e as relações de produção (que garantem a apropriação privada do excedente e a decisão privada da sua destinação)" (Netto, 2001, p. 43).

oriundas de uma formação socioespacial específica e de uma "urbanização desigual", como tratou Santos (2010). Dessa forma, a política urbana e a habitacional devem atentar para as particularidades regionais e para as diferentes formas do habitar, a exemplo das cidades amazônicas que foram produzidas em diferentes tempos históricos, constituindo a rede urbana regional (Corrêa, 2006). Trindade Júnior (2010) denominou essa particularidade histórica do processo de urbanização regional de *urbanodiversidade*[5], em que se expressam variadas formas de habitação e, também, variadas necessidades habitacionais, a exemplo do estado do Pará, a partir de suas subunidades administrativas (Regiões de Integração (RIs).

A tabela 1 apresenta dados sobre a concentração do *déficit habitacional* nas cidades onde se concentram as principais atividades produtivas do estado do Pará (indústria mineral, agroindústria e serviços).

Outro aspecto relevante sobre as necessidades habitacionais no Pará refere-se à *inadequação habitacional*, com destaque para a "carência de infraestrutura" (ausência de abastecimento por rede de água e/ou solução de esgotamento sanitário e/ou energia elétrica e/ou coleta de lixo), especialmente concentradas na área urbana das RIs como um todo (Tabela 2).

Ademais, considera-se uma importante relação que se estabelece entre o processo diverso da urbanização regional e a questão habitacional no estado. Trata-se da inter-relação entre características das necessidades habitacionais e a renda familiar no interior das RIs (Tabela 3).

---

5. "Trata-se de formas, mas sobretudo de formações urbanas que revelam diferentes maneiras de expressar o urbano, desde aquelas que categoricamente difundem os valores da sociedade moderna, até mesmo formas híbridas do espaço que denunciam fortes conteúdos rurais entremeados de valores urbanos do passado e do presente [...]. Da mesma forma, a diversidade territorial e urbana, que considere a desigualdade e a diferença, parece se colocar como elemento que estimula ações no âmbito das políticas territoriais e urbanas [...] para se tornar efetivamente um conjunto de ações de gestão pautadas em diagnósticos e diretrizes que sejam permeáveis à realidade socioespacial, a qual, por sua vez, apresenta-se de forma plural e diversa" (Trindade Jr., 2010, p. 252-253).

Tabela 1 — Municípios com Maiores e Menores Déficit Habitacionais por Regiões de Integração — 2010

Unidade Territorial	Déficit Habitacional 2010			
	Maior		Menor	
	Município	Absoluto	Município	Absoluto
RI Araguaia	São Félix do Xingu	5.349	Babnnach	212
RI Baixo Amazonas	Santarém	14.170	Faro	340
RI Carajás	Marabá	12.717	Brejo Grande do Araguaia	451
RI Guamá	Castanhal	8.929	São João da Ponta	434
RI Lago de Tucuruí	Tucuruí	3.935	Nova Ipixuna	614
Ri Marajó	Breves	4.462	Santa Cruz do Arari	392
RI Metropolitana	Belém	22.098	Santa Bárbara do Pará	915
RI Rio Caeté	Bragança	8.314	Santarém Novo	727
RI Rio Capim	Paragominas	5.748	Abel Figueiredo	269
RI Tapajós	Itaituba	5.857	Aveiro	906
RI Tocantins	Abaetetuba	6.361	Mocajuba	1.143
RI Zingu	Altamira	5.521	Vitória do Xingu	509
Total		103.461		6.911

Fonte: IBGE, Censos 2000/2010.
Elaboração: Projetos e Assessoria Técnica Ltda. Retirado de: PARÁ, 2014.

A Tabela 3 demonstra que as inadequações são mais presentes entre famílias de menor renda, em especial dentre aquelas de até 3 salários mínimos, diminuindo à medida do crescimento da renda, contudo, nas RIs onde se concentram as principais atividades produtivas (Metropolitana, Baixo Amazonas (Santarém), Guamá (Castanhal), Rio Capim (Paragominas), Tocantins (Barcarena), Araguaia (Ourilândia do Norte, Redenção e São Félix do Xingu) e Carajás (Marabá, Parauapebas e Canaã dos Carajás), é também nelas onde se concentra a maior incidência desse tipo de inadequação na menor faixa de renda (até 3 salários mínimos), refletindo a contradição do modo de

Tabela 2 — Inadequação Habitacional segundo seus Componentes e Situação do Domicílio no Brasil, Norte, Pará e Regiões de Integração — 2010

Unidade territorial	Inadequação — Urbana				Inadequação — Rural			
	A	B	C	D	A	B	C	D
Brasil	1.655.594	14.703.840	2.897.914	1.254.448	431.196	7.902.683	113.255	2.284.483
Norte	264.231	2.167.902	72.817	357.182	147.265	967.708	7.255	503.838
Pará	119.735	989.462	26.746	189.834	90.186	534.865	3.310	292.451
RI Araguaia	3.340	76.467	1.007	10.154	1.714	46.126	385	13.994
RI Baixo Amazonas	9.082	70.484	1.055	20.911	13.112	56.811	269	40.057
RI Carajás	6.442	88.126	1.130	16.004	2.139	35.502	225	15.275
RI Guamá	8.597	86.695	1.904	14.607	7.757	57.979	171	26.916
RI Lago de Tucuruí	4.191	56.169	324	14.240	2.900	27.955	117	16.204
RI Marajó	9.210	39.279	232	14.923	19.405	50.982	82	32.935
RI Metropolitana	50.997	300.188	17.321	31.803	1.839	12.412	61	3.896
RI Rio Caeté	5.349	52.891	723	16.447	6.823	49.274	460	31.233
RI Rio Capim	5.412	76.424	1.077	16.716	8.058	62.071	530	33.436
RI Tapajós	2.129	28.723	399	4.603	1.826	21.061	158	10.788
RI Tocantins	11.764	68.960	617	18.997	21.107	78.426	485	46.414
RI Xingu	3.220	44.995	959	10.430	3.687	36.210	367	21.303

Nota: A: Adensamento Excessivo; B: Carência de Infraestrutura; C: Inadequação fundiária; D: Inexistência de Unidade Sanitária

Fonte: IBGE, Censos 2000/2010.

Elaboração: Projetos e Assessoria Técnica Ltda.

Retirado de: PARÁ, 2014.

Tabela 3 — Carência de Serviços de infraestrutura no Brasil, Norte, Pará e Regiões de Integração segundo Faixa de Renda Familiar — 2010

Unidade Territorial	Carência de serviços de infraestrutura por faixa de renda			
	Até 3 SM	Mais de 3 até 5 SM	Mais de 5 a 10 SM	Mais de 10 SM
Brasil	16.461.681	3.319.154	1.990.020	825.667
Norte	2.249.381	439.144	296.965	150.120
Pará	1.150.559	194.971	121.186	57.612
RI Araguaia	90.259	16.988	10.846	4.500
RI Baixo Amazonas	103.361	13.483	7.435	3.016
RI Carajás	88.400	18.316	11.881	5.032
RI Guamá	114.507	16.349	9.941	3.877
RI Lago de Tucuruí	65.773	10.692	5.766	1.892
RI Marajó	76.121	8.246	4.492	1.401
RI Metropolitana	198.664	51.502	37.347	25.087
RI Rio Caeté	85.320	9.730	5.245	1.870
RI Rio Capim	112.155	14.926	8.194	3.220
RI Tapajós	35.467	7.625	4.653	2.040
RI Tocantins	118.716	17.276	8.749	2.644
R Xingu	62.554	9.754	6.328	2.569

Fonte: IBGE, Censos 2000/2010.
Elaboração: Projetos e Assessoria Técnica Ltda.
Retirado de: PARÁ, 2014.

produção na questão habitacional; isto é, onde o capital se insere a partir das atividades produtivas e onde se concentra a urbanização na região, é também onde as necessidades habitacionais se apresentam em maior grau na população de menor renda[6].

---

6. Em estudo sobre a realidade de 22 municípios no estado do Pará, Santana (2012) afirma que 90% dos domicílios, nesses municípios, possuíam carência de infraestrutura, e em média 20% não possuíam banheiro.

Lutas pela moradia no estado do Pará — O direito à cidade em movimento

No Brasil, a questão da moradia ganha o cenário político nas primeiras décadas do século XX, como consequência da industrialização que tornou o território um ambiente urbano. No Pará, a questão se evidenciou no pós-Segunda Guerra Mundial, período em que a Região Amazônica passou por intenso processo de povoamento, intensificando-se as relações econômicas, sociais e culturais. A constituição do espaço urbano e o sistema de cidades passaram a representar um elemento estratégico para o incremento do dinamismo econômico, em decorrência dos programas econômicos adotados a partir dos anos 1960, sendo expulsa a população do campo em direção aos centros urbanos de grandes e pequenos municípios, o que culminou em movimentos de resistência por terra, moradia e trabalho.

A maior expressão dos Movimentos Sociais Urbanos (MSUs) pelo direito à terra urbana e à moradia ocorreu nos anos 1970, em Belém, com a emergência de diversas organizações comunitárias, mobilizadoras de melhorias no espaço urbano, reivindicando pavimentação asfáltica, energia elétrica, saneamento básico, moradia, legalidade da terra, escolas, creches, posto de saúde, entre outros, o que culminou com a organização de aproximadamente 300 entidades comunitárias, lideranças da luta por moradia e outras reivindicações de ordem urbana. Na década de 1980, os MSUs ampliaram suas pautas e unificaram a luta em âmbitos global e local, criando-se em Belém a Comissão de Bairros de Belém (CBB). Nos anos 1990, tais movimentos articularam-se nacionalmente com a criação do Fórum Metropolitano de Reforma Urbana, unificando a luta em prol do Direito à Cidade (Cruz, 1994).

A partir desse contexto, a luta pela moradia assumiu papel determinante na ampliação da política habitacional. Os MSUs, representados no Conselho Nacional das Cidades, contribuíram de maneira decisiva para a formulação do Sistema Nacional de Habitação de Interesse Social; para a ampliação do Programa de Aceleração do Crescimento

(PAC) (incorporando a este o PAC Social e Urbano) e — em alguma medida — do Programa Minha Casa, Minha Vida (PMCMV), exigindo do poder público a revisão de várias de suas medidas, atendendo a demandas de Moradia Popular, podendo ser consideradas como conquistas das classes populares, mesmo que não tenham sido alterados aspectos estruturantes da questão da moradia.

Os embates em nível nacional foram decisivos para que se reconhecesse a importância dos movimentos sociais no exercício da cidadania e da participação da sociedade civil nas elaborações e decisões de políticas públicas no Brasil. Entretanto, esses programas, embora importantes, não tocam no elemento essencial da escassez da moradia, isso porque, conforme assinala Engels:

> Está claro como a luz do sol que o Estado atual não pode nem quer remediar o flagelo da falta de moradias. O Estado nada mais é que a totalidade do poder organizado das classes possuidoras, dos proprietários de terras e dos capitalistas em confronto com as classes espoliadas, os agricultores e os trabalhadores (Engels, 2015, p. 99).

A partir de 2013[7], os MSUs no Brasil enfrentaram mais fortemente os efeitos da crise econômica de 2008[8] — aliada à crise política no Brasil[9], impondo desafios para a luta urbana. Os processos de mobilização estenderam-se também à internet, sendo um novo lugar para contestações, ampliando-se as pautas tradicionais de reivindicação. Velhas e

---

7. As movimentações da sociedade (as chamadas Jornadas de Junho) expressaram uma pauta abrangente, com os movimentos reivindicando nas redes sociais mais investimentos para a educação e saúde; redução das tarifas de transporte público; reforma política, fim da corrupção e o direito à cidade. Salienta-se, contudo, que esse movimento — por sua pauta abrangente — foi bastante complexo e expressou, inclusive, pautas de setores conservadores da sociedade.

8. Para Harvey (2009, p. 270), a denominada "crise das hipotecas subprime", ocorrida especialmente nos Estados Unidos, é, antes de mais nada, "uma crise urbana".

9. Os efeitos da crise econômica no Brasil e a crise política após a eleição da presidenta Dilma Rousseff impuseram aos MSUs novos desafios, renovando sua pauta de reivindicações e protestos, ao mesmo tempo que tornou a luta pelo direito à cidade uma luta de classe, "contra o capital" (Harvey, 2009, p. 269).

novas pautas foram se articulando ao Direito à Cidade, reconfigurando-se as bandeiras de luta, em que o direito à cidade necessariamente abriu espaço para as pautas étnico-raciais e de gênero, aprofundando ainda mais a contradição social inerente à cidade do Capital. A luta continuou sendo por infraestrutura urbana, por moradia popular, mas, também, pelo reconhecimento do lugar da mulher, de negros e negras na cidade. A ferramenta da luta se ampliou, é a rua, a casa, o apartamento (o bate-panelas) e a internet, tornando a rede social *on-line* importante estratégia para a luta urbana. Impossível pensar o direito à cidade nos dias atuais que não seja para homens, mulheres, jovens, negros e negras, pessoas LGBTs, indígenas, quilombolas, dentre outras expressões da diversidade socioeconômica e cultural.

No Pará e na Amazônia, a luta pelo direito à moradia incorpora os/as trabalhadores/as do campo e da cidade por um projeto de nação soberana e independente, que garanta a indígenas, ribeirinhos, quilombolas, negros e negras a possibilidade histórica de ter um país com todas as potencialidades e riquezas acumuladas (Sá; Nascimento; Cruz; Cardoso, 2014). Os movimentos sociais organizados lutam diariamente para (re)construir as cidades tal qual elas se apresentam, pois, como ressalta Harvey (2009), se o mundo urbano que existe foi imaginado e feito, então ele pode ser reimaginado e refeito.

Considerações finais

O Serviço Social brasileiro tem dedicado parte importante de seus estudos à "análise crítica sobre os fundamentos da 'questão social', bem como das particularidades que suas expressões assumem, nos diversos contextos nacionais" (Guerra; Ortiz; Santana; Nascimento, 2007, p. 252). Na atual conjuntura de crise econômica, política e de saúde mundial, a busca aos fundamentos da "questão social" e suas expressões é imperiosa porque expõe as raízes (ou determinações) das contradições sociais e econômicas. A interpretação crítica dessas determinações deve articular-se profundamente à busca de encaminhamentos para as lutas gerais e para as lutas particulares, como é o caso da luta pela moradia em países periféricos, como o Brasil, e em regiões periféricas, como a Região Norte, onde se situa o estado do Pará. Nesse estado, conforme dados apresentados, há uma importante relação entre baixo rendimento dos trabalhadores e a inadequação habitacional, expressa pela alta carência de infraestrutura.

Dessa forma, mesmo que se considere que as respostas do Estado tenham sido, historicamente, voltadas às manifestações da "questão social", de forma a conservar os interesses da classe dominante, ela (a "questão social") carrega — em suas determinações e em termos dialéticos — a potência de sua transformação, porque é a viva expressão da luta de classes. A interpretação particular da questão da habitação expõe a necessária luta pelas políticas públicas de moradia e, fundamentalmente, a luta política pelo fim da propriedade privada dos meios de produção (que inclui a terra) para viver e trabalhar. A luta pela moradia ocorre por diversas mediações, mas sustenta-se, aqui, que ela deve estar articulada à luta pela superação da ordem burguesa, isto é, a luta pela eliminação da exploração do trabalho pelo capital com a necessária supressão de qualquer tipo de desigualdade racial, de gênero, étnica e preconceito às pessoas LGBTs e com deficiência.

Referências

CORRÊA, Roberto Lobato. A periodização da rede urbana na Amazônia. *In:* CORRÊA, R. L. *Estudos sobre a rede urbana.* Rio de Janeiro: Bertrand Brasil, 2006.

CRUZ, Sandra Helena Ribeiro. *Movimentos sociais e construção do espaço urbano em Belém:* o bairro da Sacramenta. 1994, 180f. Dissertação (Mestrado em Planejamento do Desenvolvimento) — Núcleo de Altos Estudos Amazônicos. Universidade Federal do Pará, Belém, 1994.

DAVIS, Mike. A crise do coronavírus é um monstro alimentado pelo capitalismo. *In:* DAVIS, Mike *et al. Coronavírus e a luta de classes.* Terra sem Amos: Brasil, 2020.

ENGELS, Friedrich. *A situação da classe trabalhadora na Inglaterra*. Tradução B. A. Schumann; edição José Paulo Netto. São Paulo: Boitempo, 2008.

ENGELS, Friedrich. *Sobre a questão da moradia*. Tradução Nélio Schneider. 1. ed. São Paulo: Boitempo, 2015.

GUERRA, Yolanda; ORTIZ, Fátima Grave; SANTANA, Joana Valente; NASCIMENTO, Nádia Socorro Fialho. Elementos para o debate contemporâneo da "questão social": a importância de seus fundamentos. *R. Pol. públ.*, v. 11, n. 2, p. 237-255, jul./dez. 2007.

HARVEY, David. Alternativas ao neoliberalismo e o direito à cidade. *Novos Cadernos*, NAEA, Belém, v. 12, n. 2, p. 269-274, dez. 2009.

HARVEY, David. Política anticapitalista em tempos de COVID-19. *In:* DAVIS, Mike *et al*. *Coronavírus e a luta de classes*. Terra sem Amos: Brasil, 2020.

IAMAMOTO, Marilda Villela. A questão social no capitalismo. *Temporalis*, Brasília, ABEPSS, n. 3, p. 9-32, 2001.

MARX. Karl. *O capital*. Crítica da economia política. Livro 1 (O processo de produção do capital). Tradução Rubens Enderle. 2. ed. São Paulo: Boitempo, 2017.

NETTO, José Paulo. Cinco notas a propósito da "Questão Social". *Temporalis*, Brasília, ABEPSS, n. 3, p. 41-49, 2001.

NETTO, José Paulo. Apresentação. *In:* ENGELS, Friedrich. *A situação da classe trabalhadora na Inglaterra*. Tradução B. A. Schumann; edição José Paulo Netto. São Paulo: Boitempo, 2008.

ONU. Organizações das Nações Unidas. *Crise mundial de moradia provoca violações massivas de direitos humanos, diz relatora da ONU*. Publicado em 12/03/2020. Disponível em: https://nacoesunidas.org/crise-mundial-de-moradia-provoca-violacoes-massivas-de-direitos-humanos-diz-relatora-da-onu/. Acesso em: 25 mar. 2020.

PARÁ. Governo do Estado. Companhia de Habitação do Estado do Pará. *Síntese e atualização do Plano Estadual de Habitação de Interesse Social*. Belém, 2014.

SÁ, Maria Elvira Rocha de; NASCIMENTO, Nádia do Socorro Fialho; CRUZ, Sandra Helena Ribeiro; CARDOSO, Welson de Sousa. Desenvolvimento e desigualdade na Amazônia contemporânea. *In:* CASTRO, Edna Maria Ramos de; FIGUEIREDO, Silvio Lima. (org.). *Sociedade, campo social e espaço público*. Belém: NAEA, 2014.

SANTANA, Joana Valente. Habitação. *Brasil em números*. Rio de Janeiro, IBGE, v. 26, p. 93-108, 2018.

SANTANA, Joana Valente. Pequenas cidades na Amazônia: desigualdade e seletividade no investimento da infraestrutura habitacional. *In:* SANTANA, Joana Valente; HOLANDA, Anna Carolina Gomes; MOURA, Aldebaran do Socorro Farias de. (org.). *A questão da habitação em municípios periurbanos na Amazônia*. 1. ed. Belém: Edufpa, 2012.

SANTOS, Milton. *A urbanização desigual*. 3. ed. São Paulo: Edusp, 2010. (Coleção Milton Santos; 18)

TRINDADE JR., Saint Clair Cordeiro da. Diferenciação territorial e urbanodiversidade: elementos para pensar uma agenda urbana em nível nacional. Revista *Cidades*, v. 7, n. 12, p. 227-255, 2010.

CAPÍTULO 5 ▮

Serviço Social e políticas sociais para as mulheres em Sergipe: elementos para debate

Nelmires Ferreira da Silva
Rosangela Marques dos Santos
Vânia Carvalho Santos

Introdução

A sociedade brasileira, historicamente marcada por desigualdades sociais e pela cultura patrimonialista e patriarcal, vive na atualidade tempos de uma ofensiva neoliberal. Nesse contexto, tem-se um agravamento das expressões da questão social nos diversos setores da vida social, particularmente a problemática relacionada à condição da mulher na sociedade capitalista, permeada pelo machismo e sexismo.

As expressões da questão social se agudizam principalmente com relação à mulher pobre, negra e da periferia, na qual se encontram os indicadores tendencialmente crescentes. Entre os estados do Brasil, os da Região Nordeste lideram as estatísticas da violência, do desemprego e aumento das desigualdades. Em Sergipe, dados do 13º Anuário de

Segurança Pública, divulgados pelo Fórum Brasileiro de Segurança Pública, apresentam maior crescimento da taxa de feminicídios por 100 mil mulheres no comparativo de 2017/ 2018. Segundo levantamento do Instituto de Pesquisa Econômica Aplicada (Ipea), a taxa subiu de 0,5 para 1,4, um aumento de 163,9%. No ano de 2017, foram 6 casos e 16 em 2018. Já em 2019, foram registrados 12 crimes, iniciando o mês de janeiro de 2020 com 5 registros de casos de assassinatos de mulheres na capital e municípios sergipanos.

A partir do exposto, objetiva-se refletir sobre os debates realizados entre os assistentes sociais acerca da criação de uma rede de atendimento por meio de coordenadorias e conselhos locais de defesa dos direitos da mulher, da Patrulha Maria da Penha e a crescente demanda por reativação e/ou implantação de Conselhos de Direitos da Mulher e Coordenadoria de Políticas Públicas para a Mulher em Sergipe. Trata-se de um evento organizado pelo Centro de Apoio Operacional das Promotorias de Justiça dos Direitos Humanos (CAOP) do Ministério Público de Sergipe, realizado em janeiro de 2020, que contou com a participação da Comissão dos Direitos da Mulher da Ordem dos Advogados do Brasil — Seção Sergipe (OAB/SE), Conselho Estadual de Mulher (CEDM) e 49 municípios, por meio das secretarias municipais de assistência social.

Assim, em tempos de retrocessos às forças democráticas e crescimento da barbárie, o Serviço Social reafirma, ainda que não homogêneo, o seu projeto ético-político de classes, anticapitalista, de caráter emancipatório, o que nos capacita a apreensão do real para além da aparência numa perspectiva de totalidade (Barroco, 2011).

Desse modo, propomo-nos a desenvolver este capítulo em dois momentos: situaremos o Estado, as políticas sociais públicas em sua lógica funcional ao capital e regulador das classes sociais, no contexto mundial da ofensiva neoliberal. Em seguida, apresentaremos os resultados do debate entre gestores municipais, acerca da crescente demanda por reativação e/ou implantação de Conselhos de Direitos da Mulher e Coordenadoria de Políticas Públicas para a Mulher nos municípios sergipanos, com ênfase na ação dos/as assistentes sociais na rede de proteção da mulher, o que contribuirá para uma apreensão mais ampla com relação ao objeto de estudo.

Políticas Sociais e o Serviço Social: a rede de enfrentamento à violência doméstica e sexual no Brasil

Cabe ressaltar que, para fins das reflexões aqui propostas, vamos nos embasar na concepção gramsciana, de tradição marxista, que amplia a concepção de Estado ao incorporar novas funções e capturar os processos antagônicos do movimento das lutas de classes (Simionatto, 1997). O caráter contraditório das políticas sociais e públicas gera um debate tenso entre os avanços e os retrocessos no cenário de crise estrutural do capital.

Portanto, neste trabalho, tomamos as políticas públicas e sociais como resultantes das relações contraditórias entre Estado e sociedade civil, o que representa, por um lado, conquistas na vida dos trabalhadores e, por outro, uma limitada imposição ao capital, promovendo uma sistemática funcionalização ao seu processo de acumulação (Behring; Boschetti, 2006).

Isto posto, cabe ressaltar que os traços das raízes da formação sócio-histórica brasileira, marcada pela monocultura, latifúndio e escravidão, são constitutivos da base material do Estado de classes que hegemonicamente reproduzem as velhas relações patriarcais e repressoras. O quadro panorâmico desenhado nas estatísticas da crise estrutural do mundo do trabalho, com avanços nos índices de desemprego, precarização, supressão dos direitos conquistados, traduz os indicadores da pobreza e violência, revigorados em novas refrações da questão social, daí os altos índices de violência contra a mulher, com destaque para a mulher negra e demais minorias LGBT. Diante dessa situação, o Ministério da Saúde, em 2006, determinou a notificação de violências na Lista Nacional de Notificação Compulsória de Doenças, a qual constitui importante dispositivo para dar visibilidade aos casos de violência, além de promover os cuidados necessários às vítimas e encaminhamentos para a rede de atendimentos.

O Observatório de Igualdade de Gênero da Comissão Econômica para a América Latina e o Caribe (Cepal) identificou que as iniciativas voltadas para a redução da pobreza na região não foram capazes de beneficiar homens e mulheres de forma igualitária. Os estudos apontaram que no ano de 2017 a porcentagem de mulheres pobres de 20 a 59 anos era de 113, em contraposição a 100, dos homens pobres de igual faixa etária (Cepal, 2017).

No Brasil, a construção de uma agenda de lutas das mulheres tem o seu auge no processo dos embates políticos quando da elaboração da Carta Magna de 1988. Na década de 1990, a luta política das mulheres foi intensificada com a realização de conferências internacionais convocadas pela Organização das Nações Unidas (ONU) e teve a participação de mulheres brasileiras, tornando o Brasil signatário das resoluções aprovadas.

No ano de 2003, o governo federal criou a Secretaria de Políticas para as Mulheres (SPM) e a Secretaria de Políticas de Promoção da Igualdade Racial (SEPPIR), duas secretarias que funcionavam com *status* de ministérios e tinham como objetivo promover e articular ações e programas com a transversalidade de igualdade de gênero e raça nas políticas públicas. Nesses termos, abordamos de que maneira algumas iniciativas advindas das políticas sociais públicas, ao se apresentarem benéficas, correm o risco de reforçar a condição de mulher a alguns estereótipos, ou seja, o "lugar" da mulher na responsabilização da esfera doméstica e a desresponsabilização dos homens com o cuidado familiar, o que reforça o seu protagonismo na esfera pública (Teixeira, 2009). Tomemos como referência a Política Nacional de Assistência Social (PNAS) de 2004, que, ao destinar centralidade às famílias em sua operacionalização, atribuiu à mulher-mãe a figura protetora no cumprimento das condicionalidades dos programas socioassistenciais.

Costa e Aquino (2000) pontuam que até a década de 1970 as ações da política de saúde voltadas para as mulheres incidiam sobre o ciclo gravídico-puerperal. No entanto, apesar da criação da Política de Atenção Integral à Saúde da Mulher (PAISM) em 1983, com temas sobre sexualidade, métodos contraceptivos, violência, aborto, não se rompeu com as práticas centradas na doença e com foco na mulher-mãe; a exemplo do Programa de Humanização ao Pré-natal e Nascimento (PHPN), criado no ano 2000, o qual não eliminou as ocorrências da violência obstétrica. Essa situação se agrava quando a "dor tem cor", como revela estudo de pesquisadores/as da Fundação Oswaldo Cruz sobre as iniquidades raciais na atenção ao pré-natal e ao parto no país (Leal *et al.*, 2017).

Apesar das lutas dos movimentos sociais e feministas e iniciativas do Estado mediante as políticas públicas, o reconhecimento e o debate sobre a violência contra a mulher ainda se encontram distantes da realidade, não obstante a criação de duas legislações importantes, a exemplo da Lei Maria da Penha (Lei nº 11.340/06), que apresentou medidas protetivas antes inexistentes no Direito Penal, e da Lei do Feminicídio (Lei nº 13.104/15), que alterou o Código Penal brasileiro, ao tipificar o homicídio baseado em gênero como crime hediondo.

No estado de Sergipe, de acordo com Lamenha e Silva (2011 *apud* Silva; Oliveira, 2012), as políticas públicas para as mulheres tiveram o seu marco inicial com a criação da Coordenadoria de Políticas Públicas para as Mulheres (CPPM), criada em 13 de março de 2007, através de decreto nº 24.277, vinculada à Secretaria de Estado da Inclusão, Assistência e Desenvolvimento Social (Seides). A Secretaria Especial de Políticas para as Mulheres (SEPM) no estado de Sergipe foi criada com a Lei nº 7.116, de 25 de março de 2011.

No movimento tenso e contraditório entre o Estado e as Políticas Sociais, o/a profissional de Serviço Social no Brasil é demandado/a

a atuar majoritariamente nos campos sócio-ocupacionais governamentais, orientado/a por um projeto político de sociedade que tem
um compromisso com a competência, cuja base está no contínuo
aperfeiçoamento intelectual. Daí a ênfase na formação acadêmica
qualificada, fundada em concepções teórico-metodológicas críticas
e capaz de viabilizar uma análise concreta da realidade social —
"formação que deve abrir a via à preocupação com a (auto)formação
permanente e estimular uma constante preocupação investigativa"
(Netto, 2006, p.16).

O Serviço Social e os desafios para o enfrentamento da violência contra a mulher na rede de atendimento em Sergipe

Este item foi desenvolvido com base nos debates e reflexões
ocorridos durante a reunião de trabalho com os/as profissionais
agentes de operacionalização das políticas públicas e sociais do estado de Sergipe, em Aracaju, no mês de janeiro de 2020, a partir das
observações acerca das experiências de enfrentamento às expressões
da questão social, em particular sobre a violência contra a mulher.
Dentre os participantes, estão: a Comissão de Defesa dos Direitos da
Mulher da OAB/SE, o Conselho Estadual dos Direitos da Mulher e
a Secretaria Municipal de Assistência Social.

Na ocasião, a questão das expressões da violência contra a mulher
marcou o tom do debate, tendo como ponto comum a insuficiência de
investimentos em políticas públicas e sociais, a participação social, a
reativação e implantação de conselhos e coordenadorias de políticas
para as mulheres, processo esse no qual o Estado e a sociedade civil
ampliam-se na busca de pactuação, o que não se configura de forma
consistente, pois o Estado repressor é o mesmo que dialoga com os
sujeitos numa tênue linha de antagonismos e contradições.

Visto isso, tem-se na atualidade a necessidade de instalação da rede de atendimento e abrigamento, a exemplo da Casa da Mulher Brasileira, considerada um dos eixos do programa "Mulher, Viver sem Violência", coordenado pela SPM. A Casa da Mulher Brasileira tem por objetivo a disponibilização de um atendimento mais efetivo e humanizado às mulheres vítimas de violência, com a diretriz de ser um espaço que disponibilize diversos serviços: atendimento e apoio psicossocial; alojamento de passagem; delegacias especializadas; juizados próprios; promotoria e defensoria especializadas; central de transporte. Desse modo, o programa, além da efetivação e humanização, pretende propiciar às vítimas a retirada do contexto de peregrinação para o atendimento, no qual geralmente se reproduz violência e expõe a vítima a situações de perigo.

As discussões apontaram para a questão de que apenas 1/3 dos Conselhos Municipais de Defesa da Mulher em Sergipe estão em funcionamento. Nessa direção, faz-se mister que haja encaminhamento de projetos de lei por parte dos prefeitos às Câmaras Municipais para a criação dos conselhos, com o entendimento de que a criação do referido espaço de participação não onera o município, uma vez que os conselheiros não são remunerados. Ressaltou-se a urgência na criação em cada município de uma coordenadoria voltada para a defesa dos direitos da mulher, na linha de que as ações não devem restringir-se à Secretaria de Assistência Social, mas a uma articulação sistemática entre as Secretarias de Educação, de Saúde e demais Secretarias na perspectiva de construção de um trabalho em rede.

Desse modo, a reunião centrou-se na finalidade de promover uma mobilização dos 75 municípios sergipanos ao ouvir os/as profissionais que atuam nos programas, coordenadorias de políticas e conselhos de direitos da mulher, o que culminou com os encaminhamentos para a construção das conferências municipais da mulher, com o objetivo, dentre outros, de fomentar a criação desses conselhos, coordenadorias, ou mesmo reativá-los. Para tanto, estabeleceu-se um calendário para realização das conferências municipais, antecessoras da Conferência Nacional de Políticas para Mulheres. Frisa-se que essa iniciativa é considerada pelos presentes ao debate um ato de resistência no âmbito da democracia participativa, uma vez que a conjuntura é marcada por retrocessos e agressão às conquistas do Estado Democrático de Direito.

Em termos de equipamentos de gestão de políticas públicas para as mulheres, os Centros de Referência de Assistência Social (CRAS) e os Centros de Referência Especializados de Assistência Social (CREAS) têm desenvolvido ações de enfrentamento à violência contra as mulheres. Além disso, os representantes dos 80% dos municípios presentes à reunião de trabalho afirmaram que tanto a Coordenadoria de Políticas Públicas para Mulheres quanto o Conselho de Direito da Mulher não foram instalados.

Com relação às parcerias, citaram-se o Centro de Reabilitação de Violência, a Procuradoria da Mulher, além de organizações da sociedade civil. O debate que se seguiu por aproximadamente quatro horas ocorreu no tom de preocupação com a atual conjuntura de ofensiva aos direitos sociais, porém com a esperança de que é possível caminhar na direção do fortalecimento das políticas democráticas e protetivas, trabalhando-se não somente com o encaminhamento das mulheres às delegacias, mas primordialmente com agendas significativas para os processos de emancipação humana, as quais, de acordo com Karl Marx (2004), perpassam a superação da propriedade privada, constituindo-se na condição da emancipação total em todos os sentidos e qualidades humanas.

A partir dessas discussões, os/as participantes pontuaram a necessidade da realização de capacitações das equipes de profissionais nos municípios, apesar das tensões encontradas nesse processo, uma vez que a não realização de concursos públicos tem gerado contratações temporárias, as quais no marco de dois anos são renovadas. Por outro lado, os profissionais efetivos que já estão há mais tempo nos equipamentos e que por longos períodos vivenciam a precarização dos serviços, o desinvestimento nas políticas sociais, o não reconhecimento profissional, se desmotivam para a participação nas referidas capacitações.

Os/as participantes registraram outra questão que se põe como desafio no sentido da perspectiva dos direitos humanos. Ou seja, devido à ausência de equipamentos sociais nos municípios, a polícia militar — por intermédio da Patrulha Maria da Penha — assume o protagonismo da promoção de capacitações e debates acerca da violência contra a mulher. Em linhas gerais, discute-se a Lei Maria da Penha no interior das escolas públicas municipais com a presença militar mediando palestras e espaços de oficinas com uso de vídeos curtos para debates e reflexões. Os/as gestores/as observaram que existem algumas dificuldades de entendimento desse efetivo sobre as ações de proteção social aos cidadãos/cidadãs que vivem à margem da sociedade. Nesse sentido, aponta-se como imperativo a necessidade de investimentos em conhecimento para que o Estado possa desenvolver suas práticas em parceria com os equipamentos sociais, na direção dos direitos humanos e sociais e na perspectiva de reversão do modelo penal e criminal.

Outra luta tem sido travada, conforme os destaques dos/as assistentes sociais que atuam com as mulheres trans, pois, apesar da intensificação das reivindicações e dos trabalhos socioeducativos realizados na sociedade e a elaboração de leis mais rigorosas, os abusos em relação aos direitos humanos continuam crescentes. A ausência de políticas públicas direcionadas à população trans demonstra a deficitária presença do Estado de Direito, conforme se pode visualizar pelas estatísticas de assassinatos da população LBGTi+. Uma das conselheiras presentes na reunião afirma que, em Sergipe, "[...] somos mortas todos os dias, não entendem a outra enquanto mulher, continuamos ameaçadas, onde está a igualdade de gênero?" (representante do Conselho Municipal de Direito da Mulher de Sergipe, 2020).

Considerações finais

No Brasil, e em particular no Estado de Sergipe, em meio a uma conjuntura complexa para a classe trabalhadora, a pauta das mulheres é parte da luta mais geral da população. Perpassa o debate das eleições, da economia, das condições de vida da população brasileira.

Os governos revestidos de política de austeridade seguem retirando direitos históricos e vitais para a classe trabalhadora, em especial para as trabalhadoras. As contrarreformas, a exemplo da trabalhista e a da previdência social, ambas aprovadas, atingem com maior impacto e de forma imediata as mulheres, negras e pobres, parcela da classe trabalhadora que ocupa os cargos mais baixos, com menores salários e precárias condições de trabalho. Os cortes orçamentários em políticas sociais públicas, como saúde, educação e assistência social, entre outras medidas, refletem com maior intensidade na vida de mulheres chefes de família.

Na atualidade, um dos desafios que se impõem tem relação com a estruturação de uma rede de enfrentamento, como forma de prevenção de novos casos de violência contra a mulher, bem como na proteção das vítimas, sejam elas diretas ou indiretas, nos municípios sergipanos. Também infere-se a necessidade de instalação da Casa da Mulher Brasileira, dos Conselhos de Direitos da Mulher e das Coordenadorias de Políticas Públicas para a Mulher nos municípios de Sergipe que ainda não foram implantadas, além da necessidade de reativar e/ou reestruturar aqueles que se encontram em funcionamento.

Finalmente, os debates travados no âmbito da categoria de Serviço Social têm como suporte o acúmulo histórico do atual Código de Ética do/da Assistente Social, que se expressa contrário às práticas do racismo e do patriarcado e em defesa da radicalização da democracia (CFESS, 2016). Diante das hierarquias, desigualdades e discriminações, a isto se impõem os desafios de capturar a realidade social na sua dinâmica contraditória e desvelar a essência da sociabilidade capitalista, com vistas ao não distanciamento do que declarou Rosa Luxemburgo (*apud* Feijó, 2018, p. 21): "Por um mundo que sejamos socialmente iguais, humanamente diferentes e totalmente livres!".

Referências

BARROCO, Maria Lúcia S. Barbárie e neoconservadorismo: os desafios do projeto ético-político *Serv. Soc. Soc.* [online], São Paulo, n. 106, p. 205-218, 2011. Disponível em: http://www.scielo.br/pdf/sssoc/n106/n106a02.pdf. Acesso em: 4 fev. 2020.

BEHRING, Elaine Rossetti; BOSCHETTI, Ivanete. *Política social*: fundamentos e história. São Paulo: Cortez, 2006.

CEFESS. CONSELHO FEDERAL DE SERVIÇO SOCIAL. *Assistente social no combate ao preconceito*: transfobia. Caderno 4. 2016. Disponível em: http://www.cfess. org.br/arquivos/CFESS-Caderno04-Transfobia-Site.pdf. Acesso em: 15 jan. 2018.

CEPAL. *Observatório de Igualdade de Gênero de América Latina e Caribe*, 2017. Disponível em: https://oig.cepal.org/pt. Acesso em: 12 fev. 2020.

CMDM. Conselho Municipal de Direito da Mulher de Sergipe, 2020-2022.

COSTA, Ana; AQUINO, Estela. Saúde da mulher na reforma sanitária brasileira. *In:* COSTA, Ana Maria; MERCHAN-HAMANN, Edgar; TAJEK, Débora (org.). *Saúde, equidade e gênero*: um desafio para as políticas públicas. Brasília: Ed. UnB, 2000.

FEIJÓ, Cecília. *Rosa Luxemburgo*: conselhos e partido na Revolução Alemã de 1918. São Paulo, 2018.

IPEA. *Atlas da violência 2019.* Organizadores: Instituto de Pesquisa Econômica Aplicada; Fórum Brasileiro de Segurança Pública. Brasília, Rio de Janeiro, São Paulo: Instituto de Pesquisa Econômica Aplicada, Fórum Brasileiro de Segurança Pública. Disponível em: https://www.ipea.gov.br/portal/images/stories/ PDFs/relatorio_institucional/190605_atlas_da_violencia_2019.pdf. Acesso em: 30 jan. 2020.

LAMENHA, Silvânia Hora dos Santos; SILVA, Suziany Vieira da. *Relatório de Estágio Supervisionado em Serviço Social.* Universidade Federal de Sergipe, Curso de Serviço Social, 2011 (mimeo).

LEAL, Maria do Carmo *et al.* A cor da dor: iniquidades raciais na atenção pré-natal e ao parto no Brasil. *Cad. Saúde Pública* [online], 33 Sup. 1, 2017. Disponível em: http://www.scielo.br/pdf/csp/v33s1/1678-4464-csp-33-s1-e00078816.pdf. Acesso em: 15 fev. 2020.

MARX, Karl. *Manuscritos econômico-filosóficos*. Tradução de Jesus Ranieri. São Paulo: Boitempo, 2004

MARX, Karl. *Contribuição à crítica da economia política*. São Paulo: Expressão Popular, 2009.

NETTO, José Paulo. A construção do Projeto Ético-Político do Serviço Social. *Serviço Social e Saúde:* formação e trabalho profissional [*on-line*], 2006. Disponível em: http://www.ssrede.pro.br/wp-content/uploads/2017/07/projeto_etico_politico-j-p-netto_.pdf. Acesso em: 23 fev. 2020.

SILVA, Suziany Vieira da; OLIVEIRA, Catarina Nascimento de. *Participação política como ferramenta de empoderamento feminino*: a experiência de estágio no município de Areia Branca/Sergipe. Relato de ExperiênciaUFPB, 2012. Disponível em: file:///C:/Users/Notebook/Downloads/174-1170-1-PB%20(2).pdf. Acesso em: 3 mar. 2020.

SIMIONATO, Ivete. *O social e o político no pensamento de Gramsci*. 1997. Disponível em: https://www.acessa.com/gramsci/?id=294&page=visualizar. Acesso em: 28 fev. 2020.

TEIXEIRA, Maria Solange. Família na Política de Assistência Social: avanços e retrocessos com a matricialidade sociofamiliar. *Revista de Políticas Públicas*, São Luís, v. 13, n.2, p. 255-264, jul./dez. 2009. Disponível em: https://www.redalyc.org/pdf/3211/321127276011.pdf. Acesso em: 11 mar. 2020.

CAPÍTULO 6 ▪

Identidade negra e cotas étnico/raciais na Universidade do Estado do Rio Grande do Norte

Maria Ivonete Soares Coelho
Fernanda Marques de Queiroz
Suzaneide Ferreira da Silva

Introdução

Tratar das relações étnico-raciais tais como se manifestam na sociedade brasileira exige que possamos compreender como foram construídas as relações de poder que permearam e permeiam nossa realidade. O Brasil foi erigido sobre uma grande mistura de povos, ou como aqueles que comungam do mito da democracia racial, nossa formação social aconteceu por meio de uma grande miscigenação entre povos indígenas, africanos e europeus colonizadores. A grande verdade apresentada pela história é que essa miscigenação ocorreu à custa de violência, genocídio e dominação marcada pela escravização de povos indígenas e negros.

O Brasil, um dos últimos países do mundo a abolir[1] a escravidão, ainda traz como marca os resquícios de sociedade escravocrata, desigual e excludente, principalmente no que se refere aos negros, maioria da população brasileira na atualidade, ou seja, 55,4% de negros/as (pretos e pardos), de acordo com dados do Instituto Brasileiro de Geografia e Estatística (IBGE, 2018). Muitos são os estudos teóricos e demográficos que demonstram a disparidade de acesso às condições mínimas de vida entre indivíduos brancos e negros. Negros e negras no Brasil ocupam os piores lugares nos índices de desenvolvimento e os piores cargos e remunerações no mercado de trabalho

Na perspectiva de mudança dessa realidade/*status*, trazemos para o centro da discussão a necessidade da adoção de políticas de ação afirmativa, sublinhando a materialização da Lei n. 12.711/2012, ou como é popularmente conhecida Lei de Cotas, uma vez que a concebemos como uma conquista para a população negra brasileira, viabilizando o acesso ao ensino superior, o que representa um passo inicial para a ascensão e mobilidade social pela via da educação. Nesse diapasão, tratamos de discutir a realidade da identidade negra, a percepção e materialização acerca das cotas raciais no âmbito da Universidade do Estado do Rio Grande do Norte (UERN) a partir dos dados construídos na pesquisa "Quem são, onde estão e o que dizem de si os estudantes do Campus Central da UERN[2] e das ações decorrentes de tal estudo, como a formatação legal e operacional das cotas étnico-raciais no âmbito dessa Universidade.

---

1. A abolição da escravidão no Brasil ocorreu em 13 de maio de 1888, com a instituição da Lei Áurea. Ainda nos dias de hoje, questiona-se, principalmente por estudiosos e militantes do movimento negro organizado, o sentido desta abolição, entendida como "inacabada", uma vez que deixou negras e negros à mercê de uma liberdade parcial, sem garantias mínimas de vida digna em sociedade.

2. Pesquisa realizada nos anos de 2017/2018, vinculada ao grupo de Estudos e Pesquisas em Políticas Públicas e ao Programa Institucional de Iniciação Científica (PIBIC/UERN/CNPq), realizada pela aluna de graduação em Comunicação Social Thaysa Lopo Pegado, em conjunto com a aluna do PPGSSDS Gabriela Soares da Silva, sob a orientação da Profa. Dra. Maria Ivonete Soares Coelho, envolvendo, assim, docente e discentes de graduação e pós-graduação.

Nessa direção, ressaltamos ainda que a citada pesquisa se constituiu em uma das múltiplas ações de pesquisa, extensão e ensino ancoradas na temática étnico-racial que norteia a busca da consolidação da UERN como uma universidade pública, democrática, plural e socialmente referenciada, bem como no âmbito da Faculdade de Serviço Social desta Instituição de Ensino Superior — IES materializar as diretrizes da Associação Brasileira de Ensino e Pesquisa em Serviço Social — ABEPSS no desafio de introduzir o debate étnico-racial na formação acadêmica dos/as discentes universitários[3], tanto em nível de graduação quanto de pós-graduação[4].

O presente capítulo tem como objetivo discutir a opinião do corpo discente (graduação e pós-graduação) da UERN sobre a questão étnico-racial, notadamente sobre sua autodeclaração, construção de identidade e opinião sobre a política de cotas raciais, bem como registrar seu processo de implementação no âmbito da referida universidade.

Relações sociais de desigualdade de raça/etnia e as políticas de ação afirmativa na universidade

É indispensável para a compreensão das relações de raça/etnia na sociedade brasileira que entendamos que estas têm total vinculação com a desigualdade de classe manifestada pelo capitalismo, devendo ser tratada de forma estrutural e histórica. Nesse sentido, é importante compreender a trajetória do povo negro escravizado e sua contribuição

---

3. A Associação Brasileira de Ensino e Pesquisa em Serviço Social — ABEPSS aprovou em 2018, durante o Encontro Nacional de Pesquisa em Serviço Social — ENPESS, realizado em Vitória (ES), um documento intitulado *Subsídios para o debate sobre a questão étnico-racial na formação em Serviço Social*, que busca contribuir e direcionar o debate sobre a questão étnico-racial na formação e no trabalho profissional das/os assistentes sociais (ABEPSS, 2018).

4. Na Faculdade de Serviço Social da Universidade do Estado do Rio Grande do Norte funcionam um curso de graduação em Serviço Social desde 1968 e um Programa de Pós-Graduação em Serviço Social e Direitos Sociais, com curso em nível de mestrado desde 2014.

à formação sócio-histórica do Brasil, bem como os dados atuais acerca da população negra e as estruturas de desigualdades.

Conforme afirma Chiavenato (2012), a economia brasileira durante o período colonial centrou-se na escravidão, o que significa dizer que foi o povo negro escravizado o principal responsável pela construção do Brasil. Se, na condição de escravizado, o povo negro era tratado como coisa, como objeto dos senhores de escravos, no pós-abolição não houve alteração significativa dessa condição, o que determina que, na atualidade, os negros figurem entre os piores indicadores econômicos e sociais do país. Registramos ainda que, a partir da autodeclaração, conforme dados do Instituto Brasileiro de Geografia e Estatísticas, 54% da população brasileira é formada por negros, somatório de pretos e pardos (IBGE, 2017), expressando, assim, que na estrutura de desigualdades a pobreza e a exclusão têm cor. Nessa direção, é importante destacar, no que diz respeito à ocupação, a Síntese de Indicadores Sociais (SIS) de 2017, que aponta que, dentre a população brasileira desocupada, negros/as representam 62,6%, enquanto brancos/as representam 36,7%, uma diferença que persiste, ainda que sejam levados em consideração os níveis de escolaridade.

Levando em conta os critérios que configuram a pobreza multidimensional[5] da população brasileira, temos: referente à educação, observou-se que 23,9% dos homens brancos e 23,5% das mulheres brancas têm restrição ao acesso contra 34% dos homens pretos ou pardos e 31,5% das mulheres pretas ou pardas; sobre o acesso à proteção social, tem-se 8,4% entre os homens brancos e 8,7% entre as mulheres brancas contra 20,6% entre os homens pretos e pardos e 21,1% entre as mulheres pretas e pardas (IBGE, 2017).

Os dados apresentados nos levam a afirmar que as desigualdades raciais caminham alinhadas às desigualdades de gênero, uma vez que os piores índices apontam para as mulheres negras. Somada a essa realidade, negros e negras figuram entre as maiores vítimas nos

---

5. A SIS trabalha com este conceito como forma de fazer referência à combinação de restrições, considerando cinco elementos: educação, proteção social, moradia adequada, serviços de saneamento básico e acesso à comunicação.

indicadores sociais, no que diz respeito ao menor acesso a condições básicas de vida e também no que se refere às mortes de forma violenta. Os dados sobre homicídios por arma de fogo no Brasil, de acordo com o Mapa de Violência 2016 (Waiselfisz, 2016), demonstram que, no período de 2003 a 2014, a vitimização por arma de fogo entre a população branca teve uma queda de 26,1%, enquanto na população negra houve um aumento de 46,9%. Portanto, no Brasil, a violência tem cor e necessita ser confrontada, como nos afirma Angela Davis[6]:

> Tanto no Brasil quanto nos Estados Unidos, reconhecemos a importância de confrontar a violência do Estado. Enquanto o racismo está saturando todas as instituições — nas questões da moradia, do emprego, da saúde e da educação — e pode ser mais dramaticamente reconhecido nos sistemas policiais e punitivos, as mulheres negras têm liderado ações contra a violência do Estado, a violência policial e o racismo dentro do sistema carcerário, tanto nos Estados Unidos quanto no Brasil (Davis, 2019).

A realidade brasileira ainda apresenta outros agravantes em termos das relações étnico-raciais, entre eles o mito da democracia racial, que nega a existência do racismo no Brasil.

Nas palavras de Abdias Nascimento (2017, p. 98):

> O "mito da democracia racial", tão corajosamente analisado e desmascarado por Florestan Fernandes, orgulha-se com a proclamação de que o "Brasil tem atingido um alto grau de assimilação da população de cor dentro do padrão de uma sociedade próspera". Muito pelo contrário, a realidade dos afro-brasileiros é aquela de suportar uma tão efetiva discriminação que, mesmo onde constituem a maioria da população, existem como minoria econômica, cultural e nos negócios políticos.

Nesse contexto, identificamos que as políticas de promoção da igualdade racial, nas quais se incluem as políticas de ação afirmativa, se

---

6. Filósofa, ativista feminista e antirracista estadunidense.

configuram como alternativas de construção de cidadania e conquista de direitos para a população negra. Nessa perspectiva, discutimos a Lei n. 12.711/2012, de 29 de agosto de 2012, mais conhecida como Lei de Cotas Raciais, que estabelece a reserva de 50% das vagas oferecidas nas instituições federais de ensino superior a candidatos oriundos das escolas públicas, que se autodeclarem pretos, pardos, indígenas e/ou que sejam portadoras/es de deficiência.

A implementação das cotas étnico-raciais nas universidades é legitimada pela visível desigualdade no acesso ao ensino superior pela população negra, em virtude de um processo de marginalização, discriminação e preconceito vindo desde os tempos da escravidão. Segato (2006) entende que as cotas raciais denunciam a existência do racismo e demonstram a necessidade de combatê-lo.

Nessa direção, a implantação/implementação das cotas étnico-raciais e a demais ações dela decorrentes, tendo em vista a permanência e êxito dos alunos cotistas na UERN, constituem-se em uma contribuição para a superação de todas as formas de opressão/discriminação, e no âmbito da Faculdade de Serviço Social — FASSO, materialização do compromisso ético-político e acadêmico-histórico da ABEPSS e do conjunto CFESS/CRESS, marcado pela compreensão de que a questão étnico-racial não pode ser percebida e tratada de forma desvinculada dos processos de produção e reprodução da vida social, pois "o racismo não é apenas um problema ético, uma categoria jurídica ou um dado psicológico. O racismo é uma relação social, que se estrutura política e economicamente" (Almeida, 2016, p. 23) e que precisa de todas as formas ser enfrentado.

UERN: identidade negra e cotas étnico-raciais

A pesquisa intitulada "Quem são, onde estão e o que dizem de si os estudantes negros do Campus Central da UERN", norteadora do presente capítulo, inseriu-se no campo temático que envolve as questões étnico-raciais, de autodeclaração e de identidade com foco na população negra, e parte de questões empíricas colocadas no cotidiano profissional e formativo de docentes e discentes da UERN, no que concerne a pensar em como nesse ambiente tomam forma as questões étnico-raciais, sejam de expressões de racismos e exclusão à autodeclaração e afirmação de identidade negra. Investigar quem são, onde estão e o que pensam de si os estudantes que se autodeclaram significou adentrar em um fenômeno incipientemente estudado e desvelar a real presença desse grupo humano, buscando contribuir para romper com a visão do senso comum e do registro em documentos oficiais de que não há negros na UERN ou de que é insignificante a sua presença.

Construindo um perfil geral dos/as 202 estudantes participantes da pesquisa, temos que 178 encontravam-se na faixa etária de 17 a 29 anos (85%), e 24 estudantes na faixa etária de 30 a 46 anos (15%), sendo em sua maioria do sexo feminino (71%), provenientes de cinco (5) estados brasileiros e de quatro (4) regiões diferentes do país — Nordeste (Ceará e Rio Grande do Norte), Norte (Roraima), Centro-Oeste (Goiás) e Sudeste (São Paulo). Sendo em sua maioria (86%) provenientes do Estado do Rio Grande do Norte. 90% dos/ as participantes constituem-se de estudantes de graduação. 58% não cotistas; 37% cotistas de cota social e 5% dividiram-se entre quem ingressou por cotas para pessoa com deficiência ou não declarou a forma de ingresso.

No que se refere à autodeclaração, identidade e opinião sobre as cotas raciais, 57% dos/as participantes se afirmaram pretos/as ou pardos/as, 38% se autodeclararam brancos/as e o restante (5%) distribuiu-se entre amarelos, indígenas e aqueles que não responderam.

Importante ressaltar que pertença étnico-racial diz respeito ao processo de construção de uma identidade coletiva, e não apenas de uma classificação censitária. Isso faz com que a autodeclaração seja tão significativa, o que nos fez frente a essa compreensão, observar a disparidade entre a autodeclaração da pertença como preto/a e pardo/a e a identidade negra, na qual apenas 57,5% das/os discentes que afirmaram ser pretos/as ou pardos/as se consideram negros/as.

Nesse sentido, concordando com Lima (2008), compreendemos que a formação da identidade se relaciona com o conhecer-se a si e identificar-se com outros, sendo parte fundamental das relações sociais e por elas determinada. Dessa forma, "as identidades têm um caráter histórico e cultural, caráter este que demarca os conceitos de afrodescendência e etnia" (Lima, 2008, p. 39), na vida da população negra e na interação desta com outros grupos sociais.

Referente à discussão sobre a política de cotas raciais nas universidades e sobre a adoção desta pela UERN, muitos estudantes fizeram questionamentos e confundiram as cotas que a UERN já possui (Cota Social e para Pessoa com Deficiência) e as cotas raciais. No entanto, 73% dos/as estudantes foram favoráveis à política de cotas raciais nas universidades como um todo e na UERN em particular[7].

Nesse ambiente favorável às discussões étnico-raciais e à implementação das cotas raciais na UERN, norteadas pelas discussões fomentada pela ABEPSS[8], destacamos, no âmbito da FASSO, a iniciativa do Programa de Pós-Graduação em Serviço Social e Direitos Sociais — PPGSSDS/UERN, ao adotar uma política de cotas raciais na seleção para ingresso de discentes na turma de 2018, ofertando 2 (duas) vagas, num total de 15 para candidatos/as que se autodeclararam negros/as ou pardos/as, ampliando, dessa forma, as iniciativas adotadas pela UERN, representando o reconhecimento da histórica e estrutural desigualdade de acesso de negros/as à educação superior, em especial na pós-graduação.

---

7. A UERN conta com cotas para estudantes provenientes de escolas públicas desde 2002 (Lei Estadual n. 8.258, de 27 de dezembro de 2002); cotas para pessoa com deficiência desde 2013 (Lei Estadual n. 9.696, de 25 de fevereiro de 2013); cotas étnico-raciais e argumento de inclusão regional desde janeiro de 2019 (Lei n. 10.480/2019, de 30 de janeiro de 2019.

8. Nas últimas décadas, o Serviço Social brasileiro vem construindo um projeto de profissão fundamentado por um arcabouço teórico-metodológico marxista, bem como uma direção ético-política vinculada às lutas da classe trabalhadora, deixando importante legado de amadurecimento teórico-político e o importante desafio, sobretudo às entidades da profissão, de construir táticas e estratégias de consolidação do projeto profissional que revelem o quanto de exploração/opressão de raça/etnia/gênero vem sendo efetivado contra os/as trabalhadores/as negros/as.

A iniciativa do PPGSSDS/UERN em adotar reserva de vagas para discentes negros/as visa desconstruir práticas que por séculos reproduzem o racismo institucional, e no caso particular da pós-graduação, coadunando com a orientação da ABEPSS, "que assume a posição de orientação às unidades formadoras em relação às cotas na Pós-Graduação em Serviço Social" (2017, s/p)[9].

Nesse contexto, pesquisas e atividades de extensão e inserção social[10] articulando graduação e pós-graduação na FASSO/PPGSSDS contribuíram significativamente para a conquista no âmbito da UERN das cotas étnico-raciais proporcionada pela promulgação da Lei Estadual n. 10.480/2019, de 30 de janeiro de 2019, e sua aplicabilidade no processo seletivo de vagas não iniciais do Enem/Sisu 2020, através de edital específico da UERN[11], criação de comissão especial[12] de estudos para implementação do processo heteroidentificação complementar à autodeclaração dos candidatos pretos, pardos ou indígenas[13], bem com publicação da Resolução n. 005/2020-CONSEPE/UERN[14] e nomeação pelo Reitor da Comissão de Heteroidenticação, que avaliou a autodeclaração de 315 candidatos às vagas não iniciais para o semestre letivo 2020/1.

---

9. Aprovado na Executiva Nacional da ABEPSS em julho de 2017.

10. Destacamos as Sessões Temáticas Luiza Mahin do Grupo de Estudos e Pesquisas em Políticas Públicas, a articulação com o Núcleo de Estudos Afro-Brasileiros da UERN (NEAB) e com o Diretório Central de Estudantes (DCE).

11. Edital 089/2019-proeg dispõe sobre as normas para ocupação de vagas iniciais dos cursos regulares de graduação, na modalidade presencial, da Universidade do Estado do Rio Grande do Norte — UERN.

12. Dessa Comissão e processo participaram duas docentes da Faculdade de Serviço Social e do Programa de Pós-Graduação em Serviço Social e Direitos Sociais da UERN, as Professoras Maria Ivonete Soares Coelho e Mirla Cisne Alvaro.

13. Portaria GR — UERN n° 266/2019 institui Comissão especial de estudos para implementação do processo heteroidentificação complementar à autodeclaração dos candidatos pretos, pardos ou indígenas, para fins de preenchimento das vagas reservadas para Cota Social no Processo Seletivo de Vagas Iniciais (PSVI) da UERN. (Portaria GR n° 266/2019)

14. Regulamenta o procedimento de heteroidentificação complementar à autodeclaração dos candidatos pretos, pardos e indígenas, para fins de preenchimento das vagas reservadas para Cota Social nos Processos Seletivos de Vagas Iniciais (PSVI) da Universidade do Estado do Rio Grande do Norte — UERN.

Ressaltamos a contribuição originária da FASSO/PPGSSDS, junto com outros sujeitos institucionais, dentre estes o Núcleo de Estudos Afro-Brasileiros — NEAB e o Diretório Central de Estudantes — DCE, em pautar a temática étnico-racial e a materialização das cotas para garantir o acesso de pretos, pardos e indígenas à UERN.

Conclusão

O debate acerca das relações étnico-raciais na sociedade brasileira contemporânea deve ser compreendido de forma estrutural e histórica, buscando ir além da identificação das situações de opressão/dominação a que negras e negros estão submetidos, apontando as possibilidades de enfrentamento dessa condição.

Nesse sentido, as políticas de ação afirmativa, notadamente as cotas raciais, se apresentam como uma forma de garantir à população negra maior acesso ao ensino superior, modificando o *status* das relações sociais de raça/etnia e classe.

A política de cotas raciais surge como uma alternativa de reparação, no intuito de buscar minimamente a recuperação de séculos de negação do direito à qualificação e formação profissional no ensino superior, sendo o acesso à educação e às universidades por nós entendido como um dos meios de ascensão e mobilidade social.

Evidenciamos que a pesquisa demonstrou o quanto ainda é incipiente a afirmação da identidade de estudantes negros na UERN e, ao mesmo tempo, contribuiu com dados e publicização de discussões entre estudantes e gestão da UERN, que possibilitaram a construção da atual realidade de implantação das cotas étnico-raciais, apontando novos desafios, a saber: políticas de permanência dos/as alunos/as cotistas étnico-raciais no ambiente acadêmico, valorização da cultura e história afro-brasileira nos processos formativos no âmbito da UERN, além da afirmação da necessidade de novas pesquisas e estudos sobre essa realidade emergente para contribuir com a formação de uma consciência e identidade negra e na consolidação de uma UERN cada vez mais includente e socialmente referenciada.

Referências

ALMEIDA, Silvio Luiz de. Marxismo e a questão racial. *Margem esquerda*, São Paulo, n. 27, outubro de 2016.

ABEPSS. *Documento que orienta a adoção de cotas nos cursos de mestrado e doutorado em Serviço Social*. Brasília, 2017.

ABEPSS. *Subsídios para o debate sobre a questão étnico-racial na formação em Serviço Social*. Vitória, 2018.

BRASIL. *Lei n. 12.711, de 29 de agosto de 2012*. Dispõe sobre o ingresso nas universidades federais e nas instituições federais de ensino técnico de nível médio e dá outras providências. Disponível em: http://www.planalto.gov.br. Acesso em: 10 ago. 2020.

BRASIL. *Portaria normativa n° 4, de 6 de abril de 2018*, do Ministério do Planejamento, Desenvolvimento e Gestão, Secretaria de Gestão de Pessoas. Disponível em: http://www.planalto.gov.br. Acesso em: 10 ago. 2020.

CHIAVENATO, Júlio José. *O negro no Brasil*. São Paulo: Cortez, 2012.

DAVIS, Angela. *Atravessando o tempo e construindo o futuro da luta contra o racismo*. Palestra proferida na Universidade Federal da Bahia. Salvador, 2019.

IBGE. Instituto Brasileiro de Geografia e Estatística. *Síntese de indicadores sociais:* uma análise das condições de vida da população brasileira. Rio de Janeiro: IBGE, 2017.

IBGE. Instituto Brasileiro de Geografia e Estatística. *Pesquisa Nacional por Amostra de Domicílios Contínua — PNAD Contínua*. 2018. Disponível em: https://www.ibge.gov.br/estatisticas-novoportal/sociais/populacao/9173-pesquisa-nacional--por-amostra-de-domicilios-continua-trimestral.html?edicao=20653&t=o-que-e. Acesso em: 3 jul. 2018.

LIMA, Maria Batista. Identidade étnico/racial no Brasil: uma reflexão teórico-metodológica. Revista *Fórum Identidades*, ano 2, v. 3, p. 33-46, jan./jun. 2008.

NASCIMENTO, Abdias. *O genocídio do negro brasileiro*: processo de um racismo mascarado. 1 reimpr. da 2. ed. São Paulo: Perspectiva, 2017.

RIO GRANDE DO NORTE. *Lei n. 10.480/2019, de 30 de janeiro de 2019*, que dispõe sobre a instituição de cotas e sobre o argumento de inclusão regional nos processos seletivos de vagas iniciais da Universidade do Estado do Rio Grande do Norte — UERN, para alunos egressos da Rede Pública de Ensino, e revoga a Lei n. 8.258/2002 e a Lei n. 9.696/2013, fixando outras providências. Disponível em: http://diariooficial.rn.gov.br. Acesso em: 10 ago. 2020.

SEGATO, Rita Laura. Cotas: por que reagimos? Revista *USP*, São Paulo, n. 68, p. 76-87, dez./fev., 2005-2006.

UNIVERSIDADE DO ESTADO DO RIO GRANDE DO NORTE. *Edital 089/2019-PROEG*, dispõe sobre as normas para ocupação de vagas iniciais dos cursos regulares de graduação, na modalidade presencial, da Universidade do Estado do Rio Grande do Norte — UERN. Disponível em: http://portal.uern.br. Acesso em: 10 ago. 2020.

UNIVERSIDADE DO ESTADO DO RIO GRANDE DO NORTE. *Portaria GR — UERN n. 266/2019*, institui Comissão especial de estudos para implementação do processo heteroidentificação complementar à autodeclaração dos candidatos pretos, pardos ou indígenas, para fins de preenchimento das vagas reservadas para Cota Social nos Processos Seletivos de Vagas Iniciais (PSVI) da UERN. Disponível em: http://portal.uern.br. Acesso em: 10 ago. 2020.

UNIVERSIDADE DO ESTADO DO RIO GRANDE DO NORTE. *Resolução n. 005/2020 — CONSEPE*, regulamenta o procedimento de heteroidentificação complementar à autodeclaração dos candidatos pretos, pardos e indígenas para fins de preenchimento das vagas reservadas para Cota Social nos Processos Seletivos de Vagas Iniciais (PSVI) da Universidade do Estado do Rio Grande do Norte — UERN. Disponível em: http://www.uern.br/controledepaginas/documentos-legislacao-. Acesso em: 10 ago. 2020.

WAISELFISZ, Julio Jacobo. *Mapa da Violência 2016*: homicídios por armas de fogo no Brasil. Rio de Janeiro: FLACSO/CEBELA, 2016.

CAPÍTULO 7

Reflexões sobre a violência na sociedade brasileira em tempos da covid-19

Raiane Patrícia Severino Assumpção
Luzia Fátima Baierl

Introdução

O presente capítulo aborda a temática da violência na sociedade brasileira, problematizando a relação dialética e tênue entre a sua naturalização e as suas múltiplas manifestações. Na análise desenvolvida, a violência é apreendida como estrutural, como elemento estruturador do processo histórico que configurou a sociedade brasileira — marcada pelo colonialismo, patriarcalismo, racismo e conflito de classes.

Dessa forma, sustenta-se o argumento de que a desigualdade socioeconômica e a violência velada configuraram a sociabilidade no Brasil, fazendo com que, historicamente, determinadas vidas fossem vistas com menor valor frente às outras. Esta questão é aprofundada a partir de reflexões sobre as expressões concretas da violência vivenciadas pelos sujeitos no contexto atual; portanto, são apresentadas reflexões que contribuem com a compreensão acerca das consequências desiguais da pandemia decorrente da doença covid-19[1] na sociedade brasileira.

A violência enquanto elemento da sociabilidade

A reflexão sobre a temática exigiu, tal como aponta Zaluar (1999), reconhecer as diversas formas que a violência assume na sociedade brasileira. Nesse sentido, fez-se necessário compreender a violência no Brasil como resultado de um processo sócio-histórico —como intrínseca à construção da estrutura, cultura e dinâmica social — que se materializa na vida concreta dos sujeitos em sociedade[2].

No entanto, há dificuldade em reconhecer a "violência" na sociedade brasileira; o que advém, no nosso entender, de um processo de naturalização da violência. O processo de construção social e cultural da identidade do "ser brasileiro" impôs uma narrativa que ocultou os conflitos, as opressões e as desigualdades socioeconômicas,

---

1. A Organização Mundial da Saúde (OMS) decretou no dia 11 de março de 2020 que havia uma pandemia no mundo causada pelo novo coronavírus, chamado Sars-Cov-2, que causa a doença covid-19.

2. Segundo Ianni (1996), a interpretação do Brasil formulada por Florestan Fernandes revela a formação, os desenvolvimentos, as lutas e as perspectivas do povo brasileiro — formado por populações indígenas, conquistadores portugueses, africanos trazidos como escravos, imigrantes europeus, árabes e asiáticos incorporados como trabalhadores livres. Uma história baseada no escambo e escravidão, no colonialismo e imperialismo, na urbanização e industrialização, por meio da qual se dá, inicialmente, a formação da sociedade de castas, e, posteriormente, da sociedade de classes. Uma história atravessada por lutas sociais da maior importância, desde as revoltas de comunidades indígenas contra os colonizadores às lutas contra o regime de trabalho escravo. História essa que, no século XX, desenvolve-se com as lutas de trabalhadores do campo e da cidade pela conquista de direitos sociais ou pela transformação das estruturas sociais. Uma parte importante dessa contribuição encontra-se em livros como estes: *A organização social dos Tupinambá*, *A integração do negro na sociedade de classes*, *O negro no mundo dos brancos*, *Mudanças sociais no Brasil* e *A revolução burguesa no Brasil*. IANNI, Octavio. A sociologia de Florestan Fernandes. *Estudos Avançados*, São Paulo, v. 10, n. 26, p. 25-33, abril 1996. Disponível em: http://www.scielo.br/scielo.php?script=sci_arttext&pid=S0103-40141996000100006&lng=en&nrm=iso. Acesso em: 15 mar. 2020.

vividas cotidianamente pelos sujeitos. Foi construído um processo por meio do qual a sociedade construiu compreensões sobre si: criou-se a imagem do homem cordial[3], do povo brasileiro[4], da democracia racial[5] e da importância do patrimonialismo[6] para edificar a "esfera pública", maquiando a violência como elemento estrutural (Minayo; Souza, 1998, p. 8).

Assim, buscou-se ocultar a construção sócio-histórica brasileira como resultado de um processo de dominação e exploração: uma sociedade marcada pela colonização e escravidão, pelo legado da dita-dura militar e pelas continuidades no âmbito das relações de poder na construção da democracia — um regime que não incorporou todos os segmentos sociais à plena cidadania e manteve formas de dominação geradoras das contradições entre os que querem manter privilégios e os que se rebelam contra a opressão (Assumpção *et al.*, 2018).

A violência estrutural é um componente permanente da política, afir-mação que pode ser entendida de três formas complementares. Em pri-meiro lugar, os constrangimentos que ela impõe afetam diferentemente

3. Sérgio Buarque de Holanda, em seu livro *Raízes do Brasil* (1936), lançou o conceito de "Homem Cordial"; um retrato do brasileiro: patriarcal (o pai como detentor de direito de vida e morte sobre todos), de herança rural; um homem dominado pelo coração (afável por um lado, mas por outro muito impulsivo e por vezes até violento), que não faz distinção entre o público e o privado; as relações sociais não consideram fronteiras entre o seio familiar e a rua.

4. RIBEIRO, D. *O povo brasileiro: a formação e o sentido do Brasil*. São Paulo: Companhia das Letras, 1995; 480 p. "O surgimento de uma etnia brasileira, inclusiva, que possa envolver e acolher a gente variada que aqui se juntou, passa tanto pela anulação das identificações étnicas de índios, africanos e europeus, como pela indiferenciação entre as várias formas de mestiçagem, como os mulatos (negros com brancos), caboclos (brancos com índios) ou curibocas (negros com índios)."

5. Segundo Clóvis Moura (1986), Gilberto Freyre caracterizou a escravidão no Brasil como composta por senhores maleáveis e escravos conformados. O mito do "bom senhor" de Freyre (1933) é uma tentativa no sentido de interpretar as contradições do escravismo como episódio na-tural, algo extremamente condenável, porém que resultou na construção de uma identidade racial notável. FREYRE, Gilberto. *Casa-Grande e Senzala*. Rio de Janeiro: Schmidt Editor, 1933. MOURA, Clóvis. *Rebeliões da senzala*. Os quilombos e a rebelião negra. 5. ed. São Paulo: Brasiliense, 1986.

6. Faoro (1998) busca explicações para uma sociedade em que o poder público é exercido, e usado, como se fosse privado. Faoro, Raimundo. *Os donos do poder: formação do patronato político brasileiro*. Porto Alegre: Globo, 1998. V. 2.

os diferentes grupos sociais, distribuindo de forma muito desigual os recursos necessários para a ação política. Em segundo lugar, é o poder político que mobiliza as forças da ordem, que simultaneamente buscam impedir a violência aberta e evitar a oposição à violência estrutural. Por fim, os mecanismos que geram tal violência são [...] uma das questões centrais da luta política (Miguel, 2015, p. 33).

A violência configurou-se como parte da própria sociabilidade brasileira: é traduzida nos elementos políticos, institucionais, econômicos, culturais que a sustentam, como também é reiterada no cotidiano pelas relações sociais. Essa dinâmica, pautada na violência, passou a ser concebida e percebida como naturalmente vigente.

Evidencia-se nesse processo que o Estado, que deveria ser o organizador da vida social e política, fica responsável por criar e sustentar mecanismos de dominação e controle, que restringe e/ou permite acesso à dignidade humana, como também mantém o silenciamento de grupos que questionam ou transgridam as leis colocadas, legitimando a violência institucional e estrutural. Portanto, o Estado reafirma o seu papel de instituição fundamental para a mediação entre as classes, silenciando ou controlando o conflito que estrutura as relações sociais.

Segundo Miguel (2018), a instituição Estado exercita a escolha sobre a vida e a morte sem, necessariamente, fazer o uso da força física. A vida e a morte são operacionalizados em um plano simbólico e em plano concreto de possibilidades e/ou limites de acessos, nos quais os custos sempre serão mais altos para quem se encontra em uma situação de precariedade.

Os argumentos aqui postos acerca da violência estrutural, produzida a partir da violência de Estado — seja pelo uso da força policial ou pela "mediação" feita pelas instituições por meio da burocracia, para a manutenção do funcionamento da estrutura e dinâmica social brasileira —, ganham vida e materialidade nas experiências dos sujeitos. Portanto, a compreensão da violência evoca uma análise que apreenda a relação dialética entre os elementos estruturantes da dinâmica social e as suas múltiplas expressões vivenciadas, mas naturalizada cotidianamente pelos sujeitos — racismo, misoginia, homofobia, espoliação, gentrificação ou até mesmo o extermínio.

A violência estrutural e as suas múltiplas expressões subjetivas

As faces visíveis da violência, o crime, as guerras, os conflitos urbanos entre policiais, gangues, grupos do tráfico que têm autoria em "sujeitos identificáveis" são entendidos por Zizek (2014) como violência subjetiva. Importa entender e explicar como ela é produzida concretamente, os cenários e contornos dessa violência identificando "uma violência que subjaz aos nossos próprios esforços que visam combater a violência e promover a tolerância" (Zizek, 2014, p.17). O autor aponta que, para avançarmos na análise, é necessário compreender que a violência "subjetiva" engloba outros dois tipos de violência: a simbólica, "que pertence à linguagem enquanto tal, a imposição de um certo sentido [...] e a violência sistêmica que consiste nas consequências muitas vezes catastróficas do funcionamento regular de nossos sistemas econômico e político" (Zizek, 2014, p. 17). Não se trata somente da violência física, mas se expressa em formas sutis de coerção, de dominação e exploração. Enquanto a violência subjetiva se manifesta de forma visível — a partir da ação do sujeito —, a violência objetiva é aquela que não se faz visível, está presente na nossa própria sociabilidade — nas relações e instituições que estruturam o nosso modo de viver em sociedade.

A questão é que a violência subjetiva e a objetiva não são percebidas como imbricadas: a violência subjetiva é experimentada e percebida como uma perturbação do estado de coisas "normal" e pacífico. Contudo, a violência objetiva é precisamente aquela inerente a esse estado "normal" de coisas. A violência objetiva é invisível, uma vez que é precisamente ela que sustenta a normalidade, fazendo com que percebamos algo como subjetivamente violento. No entanto, como afirma Zizek (2014, p. 17), é preciso levar a violência objetiva em consideração se quisermos elucidar o que parecerá de outra forma explosões "irracionais" de violência subjetiva.

Assim, é necessário compreender como a violência objetiva, conforme definida por Zizek (2014), assume, histórica e concretamente, novas formas e contornos. Entender a violência não só como uso da força física de uma pessoa contra outra, mas também como decorrente da intimidação, da coerção e da pressão de pessoas, grupos econômicos, políticos e de classes, que nem sempre se revela de forma explícita e visível. Opera sempre nas relações interpessoais e de poder — daqueles que detêm força sobre aqueles que se encontram mais fragilizados e subalternizados. Força essa que pode ser física (o lado visível da violência), psicológica, das armas, do dinheiro, dos meios de produção, do saber, enfim, das relações de poder na sociedade, ou seja, a violência tem como instrumento fundamental o medo social (Baierl, 2004). O medo social entendido como instrumento de coerção, que subjuga pessoas, segmentos da população, classes inteiras, a seus interesses e a suas lógicas, através das armas, do poder econômico, da mídia, dos meios de produção, entre outros. Medo como produto de uma sociedade violenta e das formas como se constroem as relações de poder e a sociabilidade capitalista (Engels, 2020; Chaui, 1998; Arendt, 1994).

As diferentes manifestações da violência, fruto e produto da sociedade constituída pelo conflito de classes e processos de opressão, se espraiam de forma desigual por todo o tecido social, expressando as profundas desigualdades sociais.

A covid-19 e a desnaturalização da violência na sociedade brasileira

O espaço urbano, como expressão da produção social, materializa e evidencia a violência intrínseca à sociedade brasileira[7]. É cenário

---

7. Reveladora do conservadorismo, patriarcalismo, autoritarismo, colonização e exploração.

das contradições, das desigualdades, dos conflitos, das tensões e das segregações de forma exacerbada. O trânsito caótico, a poluição ambiental (inclusive sonora e visual), a escassez de serviços públicos, o apelo ao consumo, as milícias, a violência policial, a guerra contra o tráfico, as diversas discriminações, as manifestações de preconceito, o desemprego, a insegurança alimentar, a falta de moradia, a segregação étnico-racial, a violência de gênero e o confinamento urbano são reforçados.

Caldeira (2000) afirma que na sociedade brasileira a violência e o medo combinam processos que têm alterado, inclusive, a arquitetura urbana, segregando e discriminando grupos sociais em enclaves fortificados: pessoas em situação de rua, moradores de morros, favelas, palafitas e cortiços, de um lado, e de outro, os grandes condomínios e os bairros nobres. Tais processos reconfiguram a trama das relações tecidas na produção do espaço urbano, criando, recriando e demarcando sociabilidades potencializadas pelo medo — por aqueles que possuem bens materiais, há o medo de assalto, roubos e furtos; e os que nada possuem são violentamente humilhados por uma sociedade de consumo, já que não podem ter nada daquilo que é vendido como necessidade, somadas as ações truculentas e intimidações tanto do Estado, através das forças policiais, como de gangues e milícias — o que dificulta ou limita as ações coletivas para enfrentamento das diferentes manifestações de violação de direitos. Nas cidades, o visível e o invisível da sociabilidade se revelam através de inúmeras manifestações da violência "fermentando agressões e destruições, atingindo pessoas, coisas e ideias, sentimentos, atividades e ilusões" (Ianni, 2004, p. 145).

No momento atual em que se vive uma experiência atípica, gerada pela pandemia da doença covid-19[8], os elementos, que historicamente configuraram a estrutura e a sociabilidade brasileira, são explicitados

---

8. O estado de pandemia do novo coronavírus foi declarado pela Organização Mundial da Saúde (OMS) em 11 de março de 2020. É uma pandemia em curso de covid-19, uma doença respiratória aguda causada pelo coronavírus da síndrome respiratória aguda grave 2 (SARS-CoV-2).

na concretude da vida da população em situação de maior fragilidade socioeconômica — os que vivem em situação de extrema pobreza, com maior incidência para os negros, os indígenas, as mulheres, a população LGBTQI+, os jovens, os moradores dos morros, das palafitas, dos cortiços e da rua.

Nesse atual contexto, as expressões da desigualdade e da contradição são escancaradas no acesso aos bens para o simples cumprimento das recomendações[9] para frear a capacidade de contágio do vírus, que se resumem em medidas de higiene e isolamento social. Essas recomendações, entretanto, não são simples para moradores de assentamentos informais, como as favelas e as palafitas, para a população que vive na rua, para os pobres que vivem do trabalho informal, para os que vivem em abrigos e para os que vivem em aldeias[10].

A pandemia em curso agudiza e coloca em evidência as contradições do capitalismo e as características estruturadoras da sociedade brasileira. No entanto, vale reiterar que o Brasil, historicamente, "naturalizou" a violência e invisibilizou a desigualdade. Foi composta uma narrativa que desresponsabiliza a coletividade e, de modo especial, o próprio Estado, pela reprodução da iniquidade e culpabiliza as próprias vítimas pelo seu infortúnio — aquelas que materializam por meio de suas vidas o racismo, o patriarcalismo e a exploração presente nas relações e estruturas sociais.

Dessa forma, torna-se importante refletir a dimensão social e política que a pandemia do novo coronavírus exacerba: a lógica que tem sido reiterada na sociabilidade brasileira e assumida pelo Estado (ao demonstrar o seu papel como garantidor na dinâmica social tida como "normal", mas naturalmente desigual), que estabelece que alguns possuem mais chances de sobreviver e outros são deixados à própria

---

9. Pelas autoridades sanitárias, de saúde e de infectologia.

10. Atualmente, no Brasil, quase 35 milhões de pessoas vivem sem acesso à água tratada, e 100 milhões não têm esgoto tratado (dados do Sistema Nacional de Informações sobre Saneamento, 2018).

sorte (conforme conceito de "biopolítica"[11] e de "necropolítica"[12]), ou seja, algumas vidas são definidas como descartáveis.

O avanço da pandemia da covid-19 denuncia a superficialidade e o mito do argumento "todos estamos juntos, pois o vírus é democrático e atinge todas as classes sociais" (Harvey, 2020), ao evidenciar as condições objetivas de vida na sociedade brasileira, desvelando facetas da violência estrutural. Portanto, impera desnaturalizar a violência para buscarmos formas de sociabilidade e de organização política e econômica em que todas as vidas humanas possam importar.

Referências

ADORNO, Sérgio. A criminalidade urbana violenta no Brasil: um recorte temático. *BIB. Boletim Informativo e Bibliográfico de Ciências Sociais*, Rio de Janeiro, n. 35, p. 3-24, jan./jun. 1993.

ARENDT, Hannah. *Sobre a violência*. Rio de Janeiro: Relume Dumará, 1994.

ASSUMPÇÃO, R. P. S. *et al*. A violência de Estado e a busca pelo acesso à justiça. *Sur*. Revista *Internacional de Direitos Humanos*. São Paulo, v. 15, n. 27, p. 135-152, julho, 2018.

BAIERL, Luzia Fátima. *Medo social*: da violência visível ao invisível da violência. São Paulo: Cortez, 2004.

---

11. Biopolítica é o termo utilizado por Foucault para designar a forma na qual o poder tende a se modificar no final do século XIX e início do século XX. No biopoder, a população é tanto alvo como instrumento em uma relação de poder. "Os instrumentos que o governo se dará para obter esses fins [*atendimento as necessidades e desejos da população*] que são, de algum modo, imanentes ao campo da população, serão essencialmente a população sobre o qual ele age" (Foucault, 1978, p. 40).

12. A necropolítica é a política da morte adaptada pelo Estado. Ela não é um episódio, não é um fenômeno que foge a uma regra. Ela é a regra. MBEMBE, A. *Crítica da razão negra*. São Paulo: n-1 edições, 2018.

BAIERL, Luzia Fátima. Vidas desperdiçadas: mortes por causas externas na Região Metropolitana da Baixada Santista *In:* ANDRADE, Luciana; SOUZA, Dalva; FREIRE, Flávio; MARINHO, Marco (org.). *Homicídios nas regiões metropolitanas.* Rio de Janeiro: Letra Capital, 2013. p. 357-384.

CALDEIRA, Teresa Pires R. *Cidade de muros*: crime, segregação e cidadania em São Paulo. Trad. Franklin de Oliveira e Henrique Monteiro. São Paulo: Edusp, 2000.

CHAUI, Marilena. Ética e violência. *Teoria e Debate*, São Paulo, ed. 39, 1998.

ENGELS, Friedrich. *Anti-Dühring.* eBooksBrasil. Disponível em: http://www.ebooksbrasil.org/adobeebook/duhring.pdf. Acesso em: 20 jul. 2020.

FAORO, Raimundo *Os donos do poder*: formação do patronato político brasileiro. Porto Alegre: Globo, 1998. V. 2.

FOUCAULT, Michel. A governamentalidade. *In: Microfísica do poder.* Rio de Janeiro: Graal, 1978. p. 277-293.

FREYRE, Gilberto. *Casa-grande e senzala*. Rio de Janeiro: Schmidt Editor, 1933.

HARVEY, David. A política anticapitalista na era do COVID-19. *Esquerda.net*. Disponível em: https://www.esquerda.net/artigo/david-harvey-politica-anticapitalista-na-era-do-covid-19/66747. Acesso em: 5 abr. 2020.

IANNI, Octavio. *Capitalismo, violência e terrorismo*. Rio de Janeiro: Civilização Brasileira, 2004.

IANNI, Octavio. A sociologia de Florestan Fernandes. *Estud. av.*, São Paulo, v. 10, n. 26, p. 25-33, abr. 1996. Disponível em: http://www.scielo.br/scielo.php?script=sci_arttext&pid=S0103-40141996000100006&lng=en&nrm=iso. Acesso em: 15 mar. 2020.

MIGUEL, Luis Felipe. Violência e política. *Revista Brasileira de Ciências Sociais*, São Paulo, v. 30, n. 88, p. 29-44, jun. 2015. Disponível em: http://www.scielo.br/scielo.php?script=sci_arttext&pid=S0102-69092015000200029&lng=en&nrm=iso. Acesso em: 18 mar. 2020.

MIGUEL, Luis Felipe. *Dominação e resistência*: desafios para uma política emancipatória. São Paulo: Boitempo, 2018.

MINAYO, Maria Cecilia Souza; SOUZA, Edinilsa Ramos. Violência e saúde como um campo interdisciplinar de ação coletiva. *História, Ciências e Saúde — Manguinhos*, v. 4, n. 3, p. 513-531, fev. 1998.

MOURA, Clóvis. *Rebeliões da senzala*. Os quilombos e a rebelião negra. 5. ed. São Paulo: Brasiliense, 1986.

SOREL, George. *Reflexões sobre a violência*. Trad. Orlando Reis. Petrópolis: Vozes, 1993.

ZALUAR, Alba. Violência e crime. *In:* MICELI, Sergio (org.). *O que ler nas ciências sociais brasileiras*. São Paulo: Sumaré, 1999. V.1.

ZIZEK, Slavoj. *Violência*: seis reflexões laterais. Trad. Miguel Serra Pereira. São Paulo: Boitempo, 2014.

CAPÍTULO 8

Realidade social e violação de direitos de crianças, adolescentes e famílias

Maria do Socorro de Souza Vieira
Maria Luiza Amaral Rizzotti

Introdução

As políticas sociais estão envoltas nas dimensões econômica, política e social, e a trajetória, no Brasil, tem relação direta com o modelo capitalista e, por conseguinte, da desigualdade social. Muitos fatores que compõem o modelo econômico brasileiro ao longo de sua história têm demonstrado os arranjos que privilegiam e acirram a exploração do trabalho e a exclusão de grande parte dos brasileiros do acesso aos bens socialmente produzidos e o alcance do sistema protetivo.

O atual contexto de crise escancara a lógica neoliberal e o requerimento histórico da elite brasileira sobre importante parcela do Fundo Público, justificada pela égide de que o Estado não pode e não deve ser protetor, defendendo que o "mercado" é capaz de prover as necessidades da classe trabalhadora, o que expressa a lógica de uma sociedade salarial. Naturalmente, esse tema implica compreender a composição do salário mínimo, a proteção do mundo do trabalho e outros aspectos que compõem o debate da dimensão econômica associada à proteção social.

As políticas sociais também são impactadas pelo fortalecimento da democracia que possibilita maior expressividade das lutas e dos antagonismos das classes sociais. No caso brasileiro, o tensionamento acompanha a sua história, e a ampliação dos direitos sempre esteve associada à capacidade da organização da sociedade em torno do processo civilizatório. O sistema protetivo brasileiro tem um marco de avanços a partir da Constituição Federal de 1988 e das leis que dela decorreram, delineando e comprometendo o Estado Brasileiro na ampliação do sistema de proteção social garantidor de novos direitos. Nesta pesquisa, tem-se por base a necessidade de plasmar as garantias legais à sua concretização.

Os resultados do estudo aqui expostos se referem a situações da violação de direitos e violência que atingem crianças, adolescentes e suas famílias, e a capacidade de a rede de serviços das políticas sociais oferecer proteção e garantir direitos. O caminho teórico-metodológico congregou conteúdos referentes à premência de as políticas sociais organizarem um sistema de informação amplo, contínuo e atualizado sobre dados da realidade e do acesso aos serviços. É uma pesquisa de fôlego, realizada pelo Programa de Pós-Graduação em Serviço Social da Universidade Federal da Paraíba[1], que produziu informações a partir do estudo de todos os casos atendidos em todos os 104 Centros de Referência Especializados de Assistência Social (CREAS) existentes no Estado da Paraíba, resultante da análise de 837 famílias (com 3.703 membros), identificando suas condições de vida a partir de diversos indicadores, incluindo a possibilidade de acesso às políticas sociais.

---

1. Pesquisa coordenada pela Dra. Maria do Socorro S. Vieira, desenvolvida pelo Grupo de Estudos e Pesquisas sobre Crianças, Adolescentes e Famílias — GEPAC/PPGSS/UFPB, financiada pela FAPESQ/FUNCEP-PB.

Os processos vivenciados, tanto pela pesquisa que será aqui exposta como por outras que convergem na perspectiva de aprimoramento do conhecimento da realidade e da sua capacidade de subsidiar a gestão pública e os movimentos reivindicatórios de direitos sociais, logram resultados em diferentes frentes: (i) relevância social pela oferta de informações, dados e conhecimentos à sociedade de forma geral; (ii) o exercitar da pesquisa pelos alunos do Programa em tela, além da agregação de outros pesquisadores associados ao exercício profissional; e (iii) a importância de trazer à tona uma das atribuições do assistente social no exercício da profissão, que é a gestão de políticas sociais. Nessa linha, além dos resultados registrados no campo acadêmico, houve um importante despertar tanto da gestão quanto dos profissionais no exercício de sua função para a produção e sistematização de dados e informações[2].

A gestão de políticas sociais não pode e não deve prescindir de dados que permitam uma atuação com base no saber, além de coadunar a dimensão técnica e a política, sobretudo porque lhe cabe escolhas de a quem proteger, como proteger e quanto de proteção (Yazbek; Di Giovanni; Silva, 2004, p. 16). O ato de decidir, ainda que com base nos dados e indicadores, é um ato político eivado de componente e demonstra os compromissos do gestor. Com isso, estamos defendendo que não há neutralidade axiológica nem no âmbito da pesquisa, muito menos na gestão e execução de saber técnico.

Em função do amplo conjunto de dados coletados, fez-se um recorte para eleger o conteúdo referente à realidade social das famílias dos sujeitos envolvidos. Essa escolha teve o objetivo de coadunar com o estudo sobre vigilância socioassistencial[3] que também se ocupa dos dados da realidade socioterritorial e da capacidade protetiva e

---

2. Por Januzzi (2001), que supõe a instituição de um canal direto com a oferta de serviços em todos os níveis de proteção, no que concerne à análise da demanda e do monitoramento dos serviços de natureza qualiquantitativa.

3. Pesquisa também em curso no PPGSS/UFPB sobre a vigilância socioassistencial no Estado da Paraíba, desenvolvida sob a responsabilidade da pesquisadora Dra. Maria Luiza Rizzotti.

garantidora de direitos das políticas sociais de forma geral, e da assistência social, em particular.

A trajetória da pesquisa sobre violação dos direitos

A pesquisa sobre violação de direitos de crianças, adolescentes e famílias é parte e também fruto de um logo processo de busca de efetivação dos direitos desses sujeitos sociais no Estado da Paraíba, que emerge no início dos anos 2000, com a força das redes estaduais e municipais de proteção de crianças e adolescentes. Esse movimento com representações governamentais e não governamentais foi impulsionado pelas diretrizes nacionais para elaboração dos planos de enfrentamento à violação de direitos infantojuvenis e, a partir de 2012, vem se configurando com maior sistematicidade, contando com a participação dos diversos segmentos e sujeitos políticos na elaboração dos planos estaduais e municipais sob a coordenação e/ou orientação do Conselho Estadual de Defesa dos Direitos de Criança e Adolescentes (CEDCA) e dos conselhos municipais.

Com isso, a análise da situação, a partir de estudos e diagnósticos socioeconômicos, passa a ser o ponto inicial desses planos de monitoramento das gestões municipais e estaduais, de forma que a pesquisa ora apresentada tem entre seus objetivos principais identificar fatores com incidência direta e indireta na emergência e/ou permanência de situações de violação de direitos de crianças e adolescentes, e que podem levar ao rompimento do vínculo familiar e comunitário. Para isso, realizou um detalhado estudo sobre a violação de direitos e vulnerabilidade social de crianças, adolescentes e famílias no Estado da Paraíba e as políticas de enfrentamento, a partir de pesquisa amostral representativa dos 223 municípios, com indicadores coletados junto a 837 famílias atendidas nos 104 Centros de Referência Especializados de Assistência Social (CREAS) regionais e municipais. Trata-se de criar referenciais e ferramentas para o fortalecimento do Sistema de Garantia de Direitos, da convivência familiar e comunitária e da gestão intersetorial da proteção social a crianças, adolescentes e famílias no Estado.

Mas para além do objetivo inicialmente proposto, a execução da pesquisa propiciou outros desdobramentos acadêmicos científicos inerentes ao processo de produção de conhecimento, a partir da análise da realidade. A proposta metodológica teve impacto imediato sobre o contexto estudado, no sentido de provocar a mobilização e articulação dos diversos segmentos envolvidos com a participação ativa na pesquisa, propondo a reflexão desses atores sobre a real situação de negação e violação de direitos e, assim, fomentar a elaboração de estratégias e ação e de aprimoramento da gestão.

A formação de uma equipe de pesquisadores, envolvendo docentes, discentes (de pós-graduação e de graduação) ativos e egressos do PPGSS/UFPB e de outras IES, foi a primeira providência para a execução do projeto. Concomitantemente à elaboração do plano amostral, iniciamos o processo de construção dos formulários/questionários, com a participação de toda a equipe, inclusive de alguns profissionais dos CREAS, que participaram da realização das entrevistas e que tinham atuação direta com o público que seria entrevistado.

Esses instrumentos de pesquisa foram construídos com base em outros desenvolvidos pelo GEPAC/UFPB, para realização de outros estudos, a saber: "Opinião da Comunidade sobre os Direitos Sociais", "Situação de Vulnerabilidade e Risco Social da Criança e do Adolescente em Santa Rita — PB", "Programa de Ações Integradas e Referenciais de Enfrentamento à Violência Sexual Infantojuvenil no Território Brasileiro (PAIR)". Tomamos como referência também o formulário de registro de atendimento mensal do CREAS/MDS e do CadÚnico do Governo Federal, e o instrumento da pesquisa sobre "Avaliação da capacidade protetiva de famílias beneficiárias de transferência de renda da Paraíba" do NEPPS/PPGSS/UFPB/Casadinho/PROCAD. A opção de instrumentos de coleta de dados quantitativos e qualitativos apresentou-se como a mais adequada para a dimensão da pesquisa, tendo em vista que os dois tipos de informação não se excluem, mas são complementares.

A aplicação do formulário/questionário foi realizada por 219 técnicos/pesquisadores, sendo a grande maioria assistentes sociais e psicólogos que atuam nas unidades dos CREAS do estado. A escolha dos profissionais que compõem a equipe de referência desses Centros de Referência se legitima pela dimensão complexa do trabalho com violação de direitos de crianças e adolescentes, assim como pela relação institucional de atendimento/acompanhamento que eles realizam com as famílias, o que garantiu a confiança nos depoimentos, minimizando o constrangimento de falar sobre situações vividas pela criança e/ou adolescente e pela família.

Outro aspecto relevante observado no decorrer da pesquisa de campo, favorecido pelo fato de o pesquisador ser o profissional que faz o atendimento à família, foi a constatação da necessidade de retorno de algumas famílias ao CREAS para continuarem o acompanhamento, em virtude da identificação, no processo de aplicação do questionário, de outras violações de direitos que não tinham sido percebidas durante o atendimento na instituição. Esse fato ocorreu em várias entrevistas, como resultante do processo de capacitação dos pesquisadores e dos conteúdos dos instrumentos de coleta de dados, que abordavam aspectos da violação de direitos não contemplados nos protocolos institucionais, o que possibilitou uma reação imediata entre pesquisa e intervenção, trazendo novos olhares para técnicos e usuários para a busca de solução das situações de violação.

Para acompanhar e orientar os técnicos pesquisadores no trabalho de campo e validar os questionários aplicados, foi composta uma equipe de 17 supervisores com experiência em pesquisa de campo, e com estudos vinculados à temática, com habilidade em ferramentas informacionais e conhecimento detalhado do formulário/questionário. Além dessa equipe, a coordenação técnica e de informática da pesquisa acompanhava diariamente todo o processo, retirando dúvidas, orientando a digitação e resolvendo os impasses naturais do trabalho de campo.

As salas de aula virtuais, através da UFPB Virtual, forneciam o suporte dos conteúdos temáticos abordados nas entrevistas. As dúvidas também eram debatidas nos fóruns e sala de café da Plataforma Virtual. Cada supervisor tinha seu grupo de pesquisadores para comunicação também por rede social, por telefone ou mesmo presencial.

É importante destacar a adesão à pesquisa por todos os atores envolvidos. Além dos pesquisadores e entrevistados, um número expressivo de mais de 80 gestores (secretários municipais e estaduais de assistência social) e operadores de direito (juízes da infância e juventude), livremente e de forma colaborativa, assinaram os termos de anuência para a submissão e aprovação do projeto pelo Comitê de Ética em Pesquisa do CEP/CCS/UFPB.

A etapa de revisão e padronização do banco de dados foi realizada pela equipe de estatística e informática, junto com a coordenação do projeto, para, em seguida, gerar tabelas e gráficos correspondentes a cada questionário e aos cruzamentos de dados necessários para elaboração dos relatórios estatísticos e analíticos. E guardando-se os devidos requisitos éticos inerentes à pesquisa científica, todos os dados foram disponibilizados à Gerência de Proteção Especial da Secretaria de Estado do Desenvolvimento Humano e ao CEDCA-PB, para subsidiar a gestão intersetorial do estado e dos municípios e a ação das Comissões de monitoramento dos planos estaduais e municipais e demais atores políticos.

Apenas para situar o lócus da pesquisa, o Estado da Paraíba está localizado no Nordeste brasileiro, possui 223 municípios e 4 milhões de habitantes (estimativa IBGE para 2019). De acordo com dados do IBGE, em 2016, no somatório de todos os municípios paraibanos, o PIB chegou a R$ 59,08 bilhões, sendo João Pessoa com o mais alto PIB (R$ 18,7 bilhões). Segundo o IBGE, o rendimento nominal mensal domiciliar per capita, em 2018, foi de R$ 898, colocando o Estado na 18ª posição no ranking nacional. Em relação ao Índice de Desenvolvimento Humano (IDH), a Paraíba ocupa o 23º lugar, com índice de 0,658, à frente apenas do Pará (0,646), Piauí (0,646), Maranhão (0,639) e Alagoas (0,631).

Violação de direitos de crianças, adolescentes e famílias

A análise aqui posta centra-se nas condições de vida dos sujeitos e na configuração do grupo familiar em que estão inseridos, tratando de 837 famílias que totalizam 3.703 membros. No entanto, antes da apresentação desses dados se fará uma breve apresentação dos resultados referentes à violação de direitos e violência, dada a sua relevância para essa pesquisa. Vale destacar ainda que a exposição dos resultados privilegiou a dimensão quantitativa, pois, nesse caso, os dados falam (ou gritam) por si mesmos.

Embora a pesquisa tenha registro sobre todos os membros das famílias que sofreram alguma forma de violência na fase de infância ou adolescência, as ocorrências só foram detalhadas das pessoas que no momento da entrevista tinham até 18 anos ou até 21, nos casos de cumprimento de medidas socioeducativas. Assim, do contingente de 2.085 pessoas com idade até 18 anos, participantes da pesquisa, 1.160 (55,6%) sofreram um ou mais tipos de violação ou vivenciaram situação de risco social. No total foram 1.582 registros dessas ocorrências. As mais incidentes foram: a negligência, mencionada por 456 entrevistados, equivalendo a 28,8%, em seguida a violência sexual (19,2%), a violência física (14,7%) e a violência psicológica (11,5%). Foram mencionados também: envolvimento em ato infracional, com álcool e outras drogas, rompimento de vínculo familiar e comunitário, trabalho infantil, violência por preconceito e discriminação, violência comunitária, violência institucional, gravidez na adolescência, trajetória de rua e desaparecimento.

Para efeitos de exposição neste texto, os demais dados serão expostos na seguinte ordem: (i) composição e perfil das famílias; (ii) renda familiar; (iii) condições de habitação.

Desenham-se, desse modo, o território e a família, cuja condição de proteção e/ou desproteção está atualmente marcada pela égide do direito social. Toda e qualquer condução analítica referente às condições socioeconômicas não pode prescindir de uma leitura do território onde as famílias vivem e, por conseguinte, da oferta de bens e serviços. Para tratar da condição de habitabilidade e território, foram compostos 34 itens, e para a abordagem da condição de vida das famílias, foram escolhidos 10 indicadores relacionados à renda, qualificação profissional, benefícios sociais, uso prioritário da renda, entre outros, parte deles aqui apresentados.

Esses indicadores possibilitam identificar e relacionar os dados de realidade à compreensão de aspectos vinculados ao conceito de qualidade de vida. Foi sob esse prisma que a sistematização dos dados permitiu fazer a leitura da realidade social dos territórios e das famílias.

Em relação à família, este estudo parte do pressuposto que sua configuração está diretamente relacionada ao contexto social, econômico, político e cultural, cujas mudanças respondem pelo campo sócio-histórico. Conforme Mioto (2010), trata-se de um espaço extremamente complexo que se reconstrói e se reconfigura cotidianamente a partir de relações que estabelece entre seus membros e entre outras esferas da sociedade.

No que diz respeito à violação de direitos das famílias e, consequentemente, de suas crianças e adolescentes, o cenário brasileiro de extrema desigualdade econômica e social (sétimo país mais desigual do mundo) e de violência estrutural de bases históricas constitui terreno fértil para o avanço da violação de direitos humanos, notadamente de crianças e adolescentes, e demais sujeitos sociais em condição de vulnerabilidade social e exclusão. Este cenário também impede a efetivação dos direitos consagrados na Constituição Federal de 1988 e no Estatuto da Criança e do Adolescente (ECA), que têm seus fundamentos na Convenção sobre os Direitos da Criança de 1989 da ONU.

1 — Composição e perfil das famílias: observando-se a faixa etária de todos os membros das famílias (3.073), chama a atenção o fato de a maioria ter idade abaixo de 18 anos, 56,3%, contrastando com os dados nacionais de 2016, conforme o IBGE, de que o percentual com idade de 0 a 19 anos totalizava 36,3%. Outro indicador que destaca a população em estudo são os dados referentes à raça, uma vez que os participantes da pesquisa informam que 73,4% dos membros das famílias são pardos ou pretos, conforme a classificação do IBGE. Enquanto na população do Brasil, esse percentual é de 54,9%.

O nível de escolaridade da maioria é o fundamental incompleto (51,6%), havendo ainda 12,9% não alfabetizados e 8,0% apenas alfabetizados. Do total dos membros das famílias, apenas 5,5% informou ter o nível médio completo, 1,8% tem o nível superior incompleto ou completo. Identificamos ainda que um número significativo de 108 crianças, com idade de 4 a 6 anos, equivalente a 35,3%, está fora da pré-escola. Outro quantitativo também expressivo de adolescentes com idade entre 16 e 18 anos não concluiu o ensino fundamental (64,2%). Esse panorama é demonstrativo da situação histórica de acesso precário à educação pelas famílias em situação de pobreza no Brasil da permanência desse quadro para as gerações subsequentes.

No que concerne ao gênero, dos adultos entrevistados responsáveis pelas crianças e adolescentes, 90,8% são mulheres, a maioria (64,9%) com idade entre 26 e 45 anos. Outra observação importante nessa configuração familiar é o fato de 56% serem famílias monoparentais, tendo as mulheres como responsáveis. Número extremamente relevante, uma vez que, conforme dados do IBGE, o percentual de mulheres com filhos e sem cônjuge no Brasil, em 2015, era 16,3% (Velasco, 2017).

2 — Renda familiar: um dos mais importantes indicadores sobre condição de vida de crianças e adolescentes é a renda familiar. A pesquisa aponta a maioria das famílias com baixo rendimento mensal, insuficiente para a manutenção dos seus membros. Dentre as famílias, 46,8% recebem menos de um salário mínimo mensal para as despesas de média de 4,4 membros por família, de forma que a sobrevivência só é possível com apoio de programas assistenciais, como o Programa Bolsa Família, além de outras estratégias citadas pelos entrevistados, como serviços eventuais, ajuda de familiares e trabalho precoce dos filhos. O percentual de famílias que sobrevivem com renda até 2 salários mínimos chega a 90,9%. Apenas 2,5% têm renda familiar mensal entre 3 e 5 salários mínimos.

A situação ocupacional dos responsáveis também configura as condições precárias de sobrevivência, devido à baixa escolarização. Apenas 29,7% sobrevivem de salários e também 29,7% têm como maior fonte de rendimento o Programa Bolsa Família; 13,9% sobrevivem com aposentadoria, 6,9%, com pensão e 7,3%, com o Benefício de Prestação Continuada (BPC).

3 — Condições de habitação: nesse aspecto, mesmo que a maioria dos entrevistados informe não residir em área de risco (91,9%), 68 famílias disseram habitar em locais de ameaça e inadequados à residência, como morros ou barreiras, margem de rios, em proximidade de transmissão de energia ou em áreas contaminadas por resíduos tóxicos. A maioria também informou ter casa própria (55,7%), contudo 115 famílias (13,7 %) moram em casas cedidas e 221 (26,4%) pagam aluguel, tendo que retirar essa despesa de seus ínfimos rendimentos mensais. O tamanho pequeno das residências pode ser dimensionado pelo quantitativo de pessoas que dormem no mesmo cômodo. Embora na maioria das residências cada quarto acomode de duas a quatro pessoas, foram citadas duas situações em que num mesmo cômodo dormem de 10 e 12 pessoas.

Quanto às condições estruturais do local de moradia, 95,7% das famílias têm acesso à energia elétrica, 9 famílias informaram não dispor dessa condição e 20 disseram captar da casa do vizinho. O acesso à água pela rede pública também foi informado por 75% dos entrevistados, muito embora, para algumas famílias, o fornecimento da água não ocorra diariamente. O saneamento básico também é disponível para 52,8% das famílias entrevistadas, no entanto 28,8% utilizam fossas sépticas, 11,2% usam fossa rudimentar e 7,2% não têm meios de escoamento dos dejetos sanitários, ficando a céu aberto, situação ainda existente em áreas de extrema pobreza do país. Na maioria das casas, há coleta de lixo, mas ainda da forma convencional, e 121 famílias (14,5%) disseram que o lixo é queimado ou deixado fora, a céu aberto.

É interessante notar que, apesar das condições de pobreza das famílias entrevistadas, o acesso à comunicação por telefone é mencionado por quase a totalidade das famílias (88,6%), com o celular representando 80,8%. A internet também é acessível a 60,3% dos entrevistados. Estes serviços de extrema importância para inclusão social das famílias, assim como outros meios de comunicação de massa, como rádio, TV, de um lado, possibilitam a conexão com o mundo próximo e distante, de outro lado, também permitem o confronto consciente ou imperceptível das pessoas em situação de pobreza e extrema pobreza, especialmente os jovens, com outros contextos de riqueza, de excesso, de produção, que estimulam o consumo somente possível àqueles que dispõem de recursos financeiros.

Considerações finais

Iniciamos este capítulo apontando a responsabilidade de os Programas de Pós-Graduação produzirem e sistematizarem conhecimentos e informações que possam dar respostas e fomentar mudanças na realidade social. Assim, optamos por apresentar, ainda que parcialmente, uma das pesquisas cuja realização congregou diferentes pesquisadores, cujas dimensão e envergadura são incontestáveis, na medida em que levantou dados do universo total dos CREAS da Paraíba e, ainda, compôs um banco de dados de acesso público que será realimentado e atualizado sistematicamente.

O estudo, tanto das violências como das condições de vida, reforça a tese de que o não acesso aos direitos sociais ou às condições dignas de vida compõe o mesmo binômio de violações e violências. Desse modo, a sociedade em geral e o Poder Público devem olhar para a insuficiente oferta de bens e serviços em todas as áreas como uma violação e mesmo como uma violência, ou seja, vazios de direitos são violências com anuência do Estado.

Entre as diferentes contribuições, tanto na área acadêmica como para as políticas sociais, ressalta-se a necessidade premente de manter acesa a chama da luta contra os mais variados tipos de violência, pela melhoria das condições de vida da população, pela qualificação das políticas sociais e ampliação do seu acesso, além da resistência pela garantia e melhoria dos patamares civilizatórios já alcançados.

Referências

JANNUZZI, P. *Indicadores sociais no Brasil*: conceitos, fontes de dados e aplicações. Campinas: Alínea, 2001.

MINAYO, M. C. de S. A violência social sob a perspectiva da saúde pública. *Cadernos de Saúde Pública*, n. 10, p. 7-18, suplemento 1, 1994.

MIOTO, R. C. Família, trabalho social com famílias e Serviço Social. Revista *Serviço Social em Revista*, Londrina, v. 12, n. 2. p. 163-176, jul./dez. 2010.

VELASCO, C. Em 10 anos, Brasil ganha mais de 1 milhão de famílias formadas por mães solteiras. *Globo Economia G1*. Publicado em 14/05/2017. Disponível em: https://g1.globo.com/economia/noticia/em-10-anos-brasil-ganha-mais-de-1-milhao-de-familias-formadas-por-maes-solteiras.ghtml. Acesso em: 31 mar. 2020.

YAZBEK, M. C.; DI GIOVANNI, G.; SILVA, M. O. S. *A política social brasileira no século XXI*: prevalência dos programas de transferência de renda. São Paulo: Cortez, 2004.

CAPÍTULO 9 ■

Do proibicionismo à redução de danos no campo das políticas sobre drogas ilícitas: contribuições da Organização Mundial da Saúde

Denise Bomtempo Birche de Carvalho
Emy Nayana Pinto

Introdução

Este capítulo aborda o uso prejudicial de drogas como um problema de saúde pública e como expressão da questão social. Essa perspectiva contrapõe-se ao "regime internacional de controle de drogas ilícitas", edificado ao longo do processo histórico, tendo como foco a proibição de drogas e criminalização de usuários. A abordagem proibicionista foi fundamentada, fortalecida e consolidada por meio das Convenções Internacionais que ancoram o regime, no âmbito da Organização das Nações Unidas (ONU).

O consumo de drogas sempre esteve presente tanto nas sociedades tradicionais quanto nas modernas (Escohotado, 2004). No entanto, o uso prejudicial é um complexo problema de saúde pública, objeto de agendas, diretrizes e recomendações da Organização Mundial da Saúde (OMS). Nesse sentido, o objetivo deste estudo é identificar evidências presentes nos documentos da OMS que fundamentam a passagem da abordagem proibicionista para o campo da saúde pública, na perspectiva do direito à saúde e dos direitos humanos.

Criada em 1948, a OMS, uma das 15 agências especializadas da ONU, possui o objetivo de propor aos países-membros estratégias globais na área da saúde pública. Contribui com procedimentos globais de políticas sobre drogas desenvolvidas pela ONU desde a Convenção Única sobre Entorpecentes, em 1961, em cujo texto final, notadamente no art. 3, vê definida sua função: classificar as substâncias ilícitas e notificar os países-membros e a ONU sobre o surgimento de novas substâncias que "sejam suscetíveis de uso indevido ou que possam produzir efeitos nocivos" (NU, 1961, p. 4). Entretanto, bem antes dessa primeira convenção proibicionista da ONU, a OMS já detinha a atribuição de classificar as substâncias conforme seu potencial risco de causar dependência (Silva, 2013, p. 106).

Na Convenção de 1971 sobre Substâncias Psicotrópicas, reafirmam-se seu papel e sua responsabilidade de comprovar se alguma substância levava à dependência ou apresentava potencial risco de "uso indevido tal que constitua um problema sanitário e social", caso em que deveria "comunicar à Comissão um parecer sobre a substância, incluindo a extensão ou a probabilidade de uso indevido, o grau de gravidade do problema social e da saúde [...] juntamente com as recomendações sobre as medidas de controle" (NU, 1971, p. 2).

Por meio de levantamento da literatura pertinente e análise de relatórios, guias e cartilhas publicados pela OMS entre 2001 e 2016, afirma-se que, a partir dos anos 2000, é possível identificar tendências de superação da abordagem proibicionista, presente nas Convenções da ONU, em paralelo à construção de nova perspectiva para a política sobre drogas no âmbito da saúde pública, pautadas na Redução de Danos (RD) e no respeito aos direitos humanos. Foram consultados 22 documentos do sistema ONU, dos quais 15 elaborados com a contribuição da OMS. Além desses, foram estudados documentos de outras agências e de programas, como o Programa Conjunto das Nações Unidas sobre HIV/Aids (Unaids) e o Escritório das Nações Unidas sobre Drogas e Crime (UNODC), que têm agendas, diretrizes e recomendações no campo das drogas.

Cabe ressaltar que o movimento pela reforma do regime internacional de controle de drogas ilícitas, ainda em construção, reconhece a impossibilidade de se alcançar "um mundo livre de drogas" (como preconizam os dispositivos vigentes), e, ao admitir que as drogas fazem parte da sociedade, defende a promoção da saúde dos usuários, reduzindo danos sociais e à saúde e riscos relacionados ao consumo prejudicial com base nos Determinantes Sociais em Saúde (DSS). Segundo Jelsma (2011), as convenções internacionais da ONU, ao longo de sua implementação, resultaram em deserções suaves da parte dos Estados-membros das Nações Unidas que as ratificaram. Afirma o autor (2011, p. 2), que "estas deserções vêm demandando reformas no sistema em curso para uma modernização e humanização do quadro jurídico internacional do sistema de controle de drogas".

Proibicionismo e estratégias globais de políticas sobre drogas ilícitas

Para compreensão das influências do proibicionismo nas estratégias globais de políticas sobre drogas, é preciso considerar duas abordagens: a moral/criminal e a de doença, como exposto por Marlatt (1999). A primeira abordagem moral/criminal relaciona-se ao aparato jurídico-penal que criminaliza e torna imoral as relações dos indivíduos com determinadas substâncias. Seu foco são ações de "redução da oferta". A segunda, no âmbito médico, define a dependência de drogas como "doença biológica/genética que requer tratamento e reabilitação", com foco em programas de tratamento e de prevenção para "redução da demanda" (Marlatt, 1999, p. 46).

O autor pontua que, embora as abordagens pareçam contraditórias (numa criminalizam-se/encarceram-se os consumidores de drogas; noutra, consideram-nos doentes necessitados de tratamento), ambas objetivam "eliminar a prevalência do uso de drogas, concentrando-se principalmente no usuário" (Marlatt, 1999, p. 46).

Nas primeiras publicações da OMS sobre a questão das drogas, percebem-se as abordagens proibicionistas nas perspectivas de tratamento, com foco na abstinência, que se constitui critério de acesso aos serviços de saúde e de permanência neles. Fiore (2012) questiona a maneira como são propostos (e às vezes impostos) os tratamentos baseados nos tratados internacionais, enfatizando que "nas últimas décadas, no entanto, a possibilidade de tratamento passou a ser considerada uma alternativa, desde que se inserisse num conjunto de sanções que deixasse clara a proibição da prática" (Fiore, 2012, p. 11).

As abordagens tradicionais e sanitaristas consideram criminoso e prejudicial qualquer uso, razão por que preconizam a abstinência para usuários de drogas ilícitas. O Relatório Mundial de Saúde 2001 destaca a abstinência como central nos tratamentos de dependência, enfatizando que "a terapia tem por meta reduzir a morbidade e a mortalidade causadas pela utilização de substâncias psicoativas ou a ela associadas, até que os doentes possam ter uma vida livre de drogas" (WHO, 2002, p. 123).

Em 2004, a OMS publicou o documento "Neurociência do uso e dependência de substâncias psicoativas", em que as substâncias são conceituadas e classificadas, e seus efeitos sobre o cérebro humano, descritos e ilustrados. Traz reflexões, argumentos e dados sobre a eficácia de abordagens em saúde pública e sobre questões éticas envolvendo a pesquisa com consumidores de drogas ilícitas. Define, ainda, o uso das substâncias psicoativas em três categorias, de acordo com seu *status* sociolegal: a primeira corresponde ao uso de substâncias como medicamento; a segunda, ao uso não médico, ilegal ou ilícito; e a terceira, ao uso das substâncias legais. Um trecho do documento reforça estigmas e estereótipos sobre os usuários, ao referir que substâncias ilegais podem "adicionar um frisson atraente e assim fortalecer a identificação de usuários com uma subcultura alienada" (OMS, 2004, p. 2).

Em 2010, o UNODC e a OMS, com base nas convenções de 1961 e 1988 e em outros tratados internacionais, elaboraram o documento "Da coerção à coesão: tratamento da dependência de drogas por meio de cuidados em saúde e não da punição", recomendando aos países--membros aplicar formas alternativas à condenação e à punição, pela posse de drogas para uso pessoal (UNODC, 2010, p. 1).

Esse documento é exemplo da coexistência de abordagens conservadoras e progressistas, pois, ao mesmo tempo que aporta recomendações relativas à preocupação com o encarceramento e com os estigmas gerados pela abordagem de justiça penal, não toca na questão da descriminalização e da despenalização dos usuários. Por outro lado, Rodrigues (2006) questiona a imposição dos tratamentos por vias judiciais, aceitos tanto na abordagem moral/criminal como na de doença, haja vista que "apesar de ser vendida como medida 'humanista' e 'alternativa' representa, na verdade, um reforço da estrutura autoritária da política proibicionista" (Rodrigues, 2006, p. 79).

Abordagens alternativas em prevenção e tratamento à luz da Redução de Danos

Nos anos 1990, nota-se um movimento incipiente de reconhecimento de que o conservadorismo empregado pela ONU quanto à questão das drogas ilícitas falhou, surgindo aos poucos os germes de um pensamento progressista na direção da Redução de Danos (RD). Rodrigues (2006) observa a existência dessa tendência na Sessão Especial da Assembleia Geral das Nações Unidas sobre o Problema Mundial da Droga (UNGASS), realizada em 1998. Segundo o autor, "pela primeira vez, a abordagem europeia pela política de redução de danos foi incorporada de fato à política de drogas da ONU, tendo ganhado terreno, ainda que mantida em paralelo a abordagem punitiva tradicional defendida pelos estados unidos, desde o século passado" (Rodrigues, 2006, p. 44-45).

Em meio à tensão entre interesses e ideologias coexistentes no interior do sistema da ONU a respeito dos rumos da política sobre substâncias ilícitas, reconhece-se um discreto redirecionamento para o âmbito da política de saúde, à qual foram incorporadas, ainda que tardiamente, novas abordagens para conceitos como prevenção, tratamento e RD. No cenário internacional, a "RD, como medida de saúde pública, tem sido considerada como a abordagem mais adequada ao problema das drogas com respeito aos direitos humanos" (Teixeira *et al.*, 2017, p. 1464). O fortalecimento dessa tendência se deve, em grande medida, aos resultados alcançados pelas estratégias de RD nos países em que foram implantadas, principalmente nos da Europa e no Brasil, mesmo ainda com resistências no interior do sistema de controle internacional de drogas da ONU, no caso a Commission on Narcotic Drugs (CND) e a UNODC (Rodrigues, 2006, p. 78).

Abordagens progressistas nas publicações da OMS

Em documentos e recomendações da OMS, observa-se a presença do paradigma progressista, que, à luz da RD, encerra novas percepções para prevenção e tratamentos quanto ao uso de drogas. Registra-se, contudo, que esse paradigma não elimina o paradigma conservador, uma vez que ainda se verifica a ênfase na redução da oferta e da demanda por meio de recomendações sobre fiscalização e repressão.

Em 2008, a OMS lançou um programa mundial de ação para reduzir as lacunas em saúde mental e, em 2010, publicou um manual com instruções e recomendações aos profissionais de saúde de como intervir diante do diagnóstico de diversos transtornos mentais, entre eles os "transtornos por uso de drogas". Também em 2008, a OMS e o UNODC elaboraram o documento "Princípios da dependência de drogas fora do tratamento", com nove orientações para tratamento do uso prejudicial de drogas. Nesse documento, o UNODC, entidade do sistema da ONU mais engajada na manutenção da política proibicionista e na associação entre drogas e crimes, reconhece os impactos negativos do proibicionismo na saúde pública e a urgência de mudança na orientação e adoção de novas abordagens (UNODC; WHO, 2008).

A superação de estigmas associados ao consumo e ao tratamento da dependência de drogas é um desafio para a OMS, pois os usuários geralmente são vistos como pessoas que escolheram ser doentes, têm desvios de caráter e são suscetíveis à prática de crimes. Muitos desses estigmas, presentes até mesmo entre profissionais de saúde e, de modo geral, no imaginário da sociedade, encontram-se relacionados ao proibicionismo, que coloca os usuários como inimigos da ordem social. Assim, o UNODC e a OMS reconhecem ter o proibicionismo contribuído para a construção dos estigmas e enfatizam que a "dependência" é uma doença e não uma questão de escolha, devendo o tratamento ser oferecido e proposto em consonância com as evidências científicas (UNODC; WHO, 2008, p. 1).

Em 2009, a Organização Pan-Americana de Saúde (OPAS), escritório regional da OMS na América Latina e no Caribe, publicou o documento "Epidemiologia de uso de drogas na América Latina e no Caribe: uma abordagem de saúde pública", com informações sobre vários aspectos: visão geral do problema na América Latina e no Caribe; psicofarmacologia do uso de drogas; compilação e sintetização dos dados disponíveis, e recomendações para políticas e práticas de prevenção e tratamento relativos à dependência de drogas (PAHO, 2009). O documento revela preocupação da OMS com a produção de dados referentes ao uso prejudicial de drogas na região (em especial com a escassez de estudos epidemiológicos sobre o crack, a cocaína e drogas de uso injetável) e o reconhecimento das ações de RD no Brasil como boas práticas para redução da contaminação por HIV: "As infecções por HIV associadas ao uso de drogas injetadas diminuíram, particularmente em países onde a epidemia é mais antiga. O declínio das infecções por HIV no Brasil é atribuído aos vários programas de redução de danos patrocinados pelo Ministério da Saúde" (PAHO, 2009, p. 19). Ainda, a OPAS/OMS conclama sociedade e profissionais de saúde a compreenderem a perspectiva da RD como prática importante de saúde pública na prevenção do HIV e de outras doenças transmitidas pelo sexo e pelo sangue. Destaca que a estratégia pode facilitar a procura por tratamento pelos usuários de drogas, sugerindo a superação de alguns equívocos, como a interpretação de que práticas de RD, por não exigirem abstinência ou por informarem e instrumentalizarem os consumidores sobre formas seguras ou menos danosas de uso, não significam um estímulo ao consumo (PAHO, 2009). Por fim, critica legislações de países que ainda criminalizam as práticas de RD e penalizam os profissionais de saúde que aderem a tais estratégias de prevenção, tratamento e reinserção social de usuários/dependentes de drogas ilícitas, sugerindo revisão de políticas e legislação vigentes quanto ao acesso a tratamentos e cuidados (PAHO, 2009).

O UNODC (2010), no documento "Da coerção à coesão", anteriormente citado, reconhece a necessidade de deslocamento da política de drogas ilícitas do campo proibicionista para o da saúde pública e defende, entre outros pontos, a substituição das penas de encarceramento por alternativas, como a adesão ao tratamento. Se, de um lado, o documento é bastante enfático ao afirmar que "a posse, o cultivo e a venda ilícita de drogas são crimes", de outro, sugere que, no caso de adoção de estratégias de atuação mais voltadas para a saúde pública, a pena de encarceramento pode ser substituída pela oferta de tratamentos, adotando-se o princípio da proporcionalidade entre delito e sanção (UNODC, 2010, p.1). Não há, assim, descriminalização ou despenalização dos usuários, mas possibilidade de escolha entre justiça penal e justiça terapêutica. Trata-se de uma perspectiva que pode ser considerada progressista por evitar o encarceramento dos consumidores de drogas no sistema penal, no entanto, por suas limitações, é ainda uma abordagem que necessita avançar, uma vez que "as pessoas ainda têm a escolha entre aceitar o tratamento, ou cumprirem a pena de privação de liberdade, ou mesmo se submeterem a outras sanções administrativas" (UNODC, 2010, p. 2).

A declaração "Centros compulsórios de detenção e reabilitação de drogas", publicada em 2012, ilustra uma perspectiva de mudança de abordagem nas entidades do sistema ONU. A OMS, o UNODC e a Unaids questionam a internação em centros de detenção/internação compulsória, ao recomendar aos países-membros que fechem esses centros, substituindo-os por estratégias alternativas na área da saúde. Revela-se, assim, a preocupação com violações de direitos humanos quanto às condições de tratamento, como a falta de um devido processo legal, trabalhos forçados e torturas (UN, 2012, p. 2-3).

Em 2014, foi publicado o "Guia de orientações consolidadas sobre prevenção do HIV, diagnóstico, tratamento e cuidado das populações-chave", com recomendações sobre prevenção do HIV para quatro populações-chave: (1) homens que fazem sexo com homens; (2) pessoas que se injetam drogas; (3) pessoas nas prisões e em outros ambientes fechados; (4) profissionais do sexo e pessoas transgêneros (WHO, 2014, p. 10). Para os usuários de drogas injetáveis (UDI), recomendam-se estratégias de saúde pública pautadas na RD e, para os usuários de drogas não injetáveis, abordagens em RD, com vistas a que possam administrar as substâncias de forma mais segura e higiênica, reduzindo danos e riscos, o que revela que a OMS busca soluções não pautadas apenas na abstinência (WHO, 2014).

O informe da OMS, "Dimensão da saúde pública do problema mundial das drogas, inclusive no contexto da Sessão Especial da Assembleia Geral das Nações Unidas sobre o Problema Mundial da Droga (UNGASS), realizada em 2016", reconhece que não bastam ações proibitivas para contrapor o avanço do consumo prejudicial de drogas. Enfatiza os princípios de justiça e equidade na perspectiva dos direitos humanos, os determinantes sociais da saúde, as intervenções baseadas em evidência, as abordagens centradas nas pessoas e a necessidade de estratégias globais de políticas sobre drogas que englobem os três níveis da saúde pública: "desde a prevenção primária e redução de riscos até o gerenciamento de transtornos, reabilitação e cuidados do uso de drogas (WHO, 2016, p. 2). Apesar de não se ater a questões relativas à penalização, à criminalização e à penalização de usuários de drogas, essa recomendação traz avanços quando revela a preocupação da OMS e do UNODC não só com o acesso de pessoas encarceradas aos serviços de saúde, mas também com o enfoque de gênero em relação às mulheres privadas de liberdade, especialmente aquelas em situação de gravidez. São perspectivas atuantes sobre alguns determinantes sociais da saúde que perpassam a questão do uso prejudicial de drogas, como a discriminação no acesso aos serviços de saúde e as vulnerabilidades sociais e de gênero. O documento também recomenda a supervisão de centros e clínicas de reabilitação, demonstrando preocupação com as condições de oferta desses serviços. Se de um lado indica a importância da supervisão para assegurar a qualidade dos serviços de tratamento e reinserção social e "evitar castigos desumanos ou degradantes", de outro afirma que essa prática deve ser realizada em conformidade com a legislação nacional e o direito internacional aplicável (UNODC, 2016, p. 14).

A Redução de Danos alcança seu reconhecimento no documento "Prevención y gestión de los daños asociados al consumo de drogas", em que a OMS, como resposta global ao uso prejudicial de substâncias ilícitas, recomenda que práticas em saúde pautadas na RD ocupem lugar de destaque, já que ela "é parte de uma estrutura de promoção da saúde pública destinada a prevenir, reduzir e mitigar os danos derivados do consumo de drogas em pessoas e comunidades" (WHO, 2016, p. 5). O documento representa a síntese de algumas das reivindicações dos grupos que desejam mudança no paradigma da política global de drogas ilícitas, evidenciando-se como expressão de construção de um novo paradigma, além de demonstrar o quanto tal perspectiva é presente no interior da OMS.

Considerações finais

Com base nas análises de documentos e publicações da OMS, da ONU e de outras entidades e organismos do sistema ONU entre os anos de 2001 a 2016, este estudo aponta para a existência de mudança de paradigma nas políticas sobre drogas em nível global. Nesse sentido, pode-se afirmar que o questionamento da pesquisa foi respondido pela aferição das evidências de construção de um novo paradigma para a política de drogas, uma vez que, a partir dos anos 2000, a ONU e a OMS vêm inserindo, em seus documentos e publicações, princípios e estratégias relacionados a abordagens alternativas com intenção clara de deslocar a questão das drogas do âmbito penal para o âmbito da saúde pública.

Trata-se do reconhecimento pela ONU, como de alguns Estados-Nação, como Uruguai e Portugal, apenas para citar alguns, e de organizações da sociedade civil, de que a ideologia da guerra às drogas fracassou e que reformas urgentes no regime internacional de drogas devem pautar as discussões e políticas da ONU (GCDP, 2016).

É preciso reconhecer as evidências da construção de um novo paradigma, no campo das políticas internacionais sobre drogas ilícitas, como um movimento progressista com avanços nas questões da legalização de algumas substâncias, como a *Cannabis*, por exemplo, e a descriminalização de usuários consumidores de pequenas quantidades, deslocando o enfoque da questão na justiça penal para o âmbito dos direitos humanos.

Referências

BUSS, P. M.; PELLEGRINI FILHO, A. A saúde e seus determinantes sociais. *Physis: Rev. Saúde Coletiva*, Rio de Janeiro, v. 17, n. 1, p. 77-93, abr. 2007. Disponível em: http://www.scielo.br/pdf/physis/v17n1/v17n1a06.pdf Acesso em: fev. 2015.

ESCOHOTADO, A. *Historia general de las drogas*. 7. ed. Madri: Espasa, 2004.

FIORE, M. O lugar do Estado na questão das drogas: o paradigma proibicionista e as alternativas. *Novos est. CEBRAP*, São Paulo, n. 92, p. 9-21, mar. 2012. Disponível em: http://www.scielo.br/scielo.php?script=sci_arttext&pid=S0101-33002012000100002 Acesso em: 20 jan. 2017.

GCDP. Global Commission on Drug Policy. *War on drugs an epic fail.* Nov. 2016. Disponível em: https://www.globalcommissionondrugs.org/reports/war-on--drugs/. Acesso em: 15 abr. 2017.

IAMAMOTO, M. *O Serviço Social na contemporaneidade*: trabalho e formação profissional. São Paulo: Cortez, 1999.

JELSMA, M. The development of international drug control: lessons learned and strategic challenges for the future. *Working Paper.* Global Commission on Drug Policy — Genebra, 24-25 January 2011.

MARLATT, G. A. *Redução de Danos*: estratégias práticas para lidar com comportamentos de alto risco. Trad. Daniel Bueno. Porto Alegre: Artes Médicas Sul, 1999.

NU. Naciones Unidas. *Convención Única sobre Estupefacientes de 1961.* Disponível em: https://www.unodc.org/pdf/convention_1961_es.pdf. Acesso em: 13 jan. 2017.

NU. Naciones Unidas. *Convenio sobre sustancias sicotrópicas de 1971.* Disponível em: https://www.unodc.org/pdf/convention_1971_es.pdf. Acesso em: 25 abr. 2017.

OMS. Organização Mundial da Saúde. *Neurociências*: consumo e dependência de substâncias psicoativas. Resumo. 2004. Disponível em: https://www.who.int/substance_abuse/publications/en/Neuroscience_P.pdf Acesso em: mar. 2017.

OMS. Organização Mundial da Saúde. *MI-GAP*: manual de intervenções para transtornos mentais, neurológicos e por uso de álcool e outras drogas na rede de atenção básica à saúde. 2010. Disponível em: https://www.who.int/mental_health/publications/IG_portuguese.pdf. Acesso em: 20 abr. 2017

PAHO. Pan American Health Organization. *Drug use epidemiologyin Latin Americaand the Caribbean*: a public health approach. 2009. Disponível em: https://iris.paho.org/handle/10665.2/2828. Acesso em: 15 jun. 2015.

RODRIGUES, L. B. F. *Controle penal sobre as drogas ilícitas*: o impacto do proibicionismo no sistema penal e na sociedade. 2006. 273 f. Tese (Doutorado em Direito) — Faculdade de Direito, Universidade de São Paulo. Disponível em: https://cetadobserva.ufba.br/sites/cetadobserva.ufba.br/files/355.pdf. Acesso em: 30 abr. 2014.

SENAD. *Glossário de álcool e drogas.* Brasília: Secretaria Nacional de Políticas sobre Drogas, 2010.

SILVA, L. L. da. *A questão das drogas nas relações internacionais*: uma perspectiva brasileira. Brasília: Fundação Alexandre de Gusmão (FUNAG), 2013. Disponível em: http://funag.gov.br/loja/download/1028-Questao_das_Drogas_nas_Relacoes_Internacionais_A.pdf Acesso em: 23 abr. 2015.

SOUZA, A. C. T. C. de. *Hegemonia e estratégias de combate ao narcotráfico em um regime internacional de controle de drogas ilícitas*. Rio de Janeiro: Ibmec, 2011.

TEIXEIRA, M. B. *et al.* Tensões paradigmáticas nas políticas públicas sobre drogas: análise da legislação brasileira no período de 2000 a 2016. *Ciênc. Saúde Coletiva*, Rio de Janeiro, v. 22, n. 5, p. 1455-1466, maio 2017. Disponível em: http://www.scielo.br/scielo.php?script=sci_arttext&pid=S1413=81232017002501455-&lng=en&nrm-iso. Acesso em: 8 abr. 2020. https://doi.org/10.1590/1413-81232017225.32772016.

UN. United Nations. *Joint Statement*: compulsory drug detention and rehabilitation centres. 2012. Disponível em: https://www.unodc.org/documents/southeastasiaandpacific/2012/03/drug-detention-centre/JC2310_Joint_Statement6March-12FINAL_En.pdf. Acesso em: 22 abr. 2017.

UNODC. Escritório das Nações Unidas sobre Drogas e Crime. *Da coerção à coesão. Tratamento da dependência de drogas por meio de cuidados em saúde e não da punição*. Nova York, 2010. Disponível em: https://www.unodc.org/documents/lpo-brazil/noticias/2013/09/Da_coercao_a_coesao_portugues.pdf. Acesso em: 15 maio 2015.

UNODC. Escritório das Nações Unidas sobre Drogas e Crime. *Documento final del período extraordinario de sesiones de la Asamblea General de las Naciones Unidas sobre el problema mundial de las drogas celebrado en 2016*. Nova York, 2016. Disponível em: https://www.unodc.org/documents/postungass2016/outcome/V1603304-S.pdf. Acesso em: 26 maio 2017.

UNODC; WHO. Principles of drug dependence treatment. *Discussion paper*. 2008. Disponível em: https://www.unodc.org/documents/drug-treatment/UNODC-WHO-Principles-of-Drug-Dependence-Treatment-March08.pdf. Acesso em: 13 jun. 2015.

WHO. Relatório Mundial da Saúde. *Saúde mental*: nova concepção, nova esperança. 1. ed. Lisboa, 2002. Disponível em: https://www.who.int/whr/2001/en/whr01_po.pdf. Acesso em: 25 jun. 2015

WHO. *Consolidated guidelines on HIV prevention, diagnosis, treatment and care for key populations*. 2014. Disponível em: https://www.paho.org/bra/images/stories/Documentos2/eng%20guias%20pop%20vul%20who-1.pdf?ua=1 Acesso em: 8 fev. 2017.

WHO. *Public health dimension of the world drug problem including in the context of the Special Session of the United Nations General Assembly on the World Drug Problem, to be held in 2016*. Executive Board. 138th session. 2016. Disponível em: apps.who.int/gb/ebwha/pdf_files/EB138/B138_11-en.pdf?ua=1. Acesso em: 10 jun. 2015

EIXO 3

Produção de conhecimento e contribuições dos Programas de Pós-Graduação na área de Serviço Social

Os livros antigos nos falam da sabedoria:
é quedar-se afastado das lutas do mundo
e, sem temores, deixar correr o breve tempo.
E eu não posso fazê-lo.
Realmente, vivemos tempos sombrios.

BRECHT, Bertolt. Aos que virão depois de nós. *In: Antologia poética*.
Rio de Janeiro: Elo Editora, 1982.

CAPÍTULO 10 ▮

Desenvolvimento Regional e a produção de conhecimento na pós-graduação: reflexões e desafios

Adriana Ramos
Ana Cristina Oliveira de Oliveira
Marcela Soares

Introdução

Com a expansão dos Mestrados e dos Doutorados, dos anos 1990 à primeira década do século XXI, os programas de pós-graduação consolidaram-se com o avanço de uma contundente produção teórica do Serviço Social brasileiro, assim como com a estruturação dos grupos, núcleos/redes de pesquisa e a extensão universitária que auxiliaram este avanço na formação profissional[1].

Considerando esta trajetória, a proposta deste texto é destacar brevemente alguns elementos do *novo-desenvolvimentismo* que embasaram

---

1. Sobre isto, ver: Carvalho e Silva (2005).

algumas mudanças durante o período dos governos do Partido dos Trabalhadores — PT, aliadas à estratégia democrático-popular[2]. Influência que, no campo do Ensino Superior, fomentou a articulação entre universidade e desenvolvimento econômico para responder, entre outras questões, a um padrão de "combate à pobreza" na construção de um "novo" *consenso* social.

Articulado a esta questão, o objetivo é apresentar o Programa de Pós-Graduação em Serviço Social e Desenvolvimento Regional — PPGSSDR da Universidade Federal Fluminense — UFF e a relevância social de suas pesquisas, assim como discutir os desafios atuais de sua inserção social, qualificação permanente dos docentes para a garantia da excelência em pesquisa e o incentivo à cooperação internacional.

Desenvolvimento, *novo-desenvolvimentismo* e a expansão da universidade pública

No contexto do *novo-desenvolvimentismo* dos governos do PT, sob o lema do desenvolvimento regional, ocorreu a expansão[3] da universidade pública. Apesar da implementação de várias políticas públicas sob esta perspectiva, nossa apreensão de desenvolvimento e *novo-desenvolvimentismo* origina-se em análises prévias sobre o *nacional-desenvolvimentismo*[4].

Os eixos do PPGSSDR apresentam uma sólida fundamentação sobre a formação social brasileira, realizando a crítica ao conceito de desenvolvimento no capitalismo. Portanto, a partir do arcabouço do

---

2. Para uma discussão crítica sobre este período, ver Iasi *et al.* (2019).

3. Para mais informações, ver REUNI. Disponível em: http://reuni.mec.gov.br/o-que-e--o-reuni. Acesso em: março 2020.

4. Ver Ramos *et al.* (2019, parte 1).

desenvolvimento desigual[5] e do "padrão dependente da educação superior brasileira", podemos descortinar as contradições das questões que são colocadas.

Desde o golpe parlamentar em 2016[6], vivemos uma política de contingenciamento que desconstrói a ideia de expansão e "democratização" da universidade pública com a Emenda Constitucional 95[7], chegando hoje ao *Future-se*[8]. Porque a função da expansão daquele nível educacional, para a dinâmica da divisão internacional do trabalho — DIT, constitui "um importante campo de exploração lucrativa para os setores privados brasileiros e internacionais" (Lima, 2019, p. 14).

Ainda que a expansão educacional atenda às necessidades do capitalismo, devemos ressaltar que, na particularidade do capitalismo dependente, ela estrutura-se sob a ideia do privilégio e de uma dualidade: para a classe trabalhadora existe uma educação sem crítica e aligeirada, e para a burguesia, uma educação de excelência, somada à privatização da educação. Apreende-se que dualidade educacional e educação como mercadoria "são traços estruturantes do capitalismo dependente e da heteronomia cultural a ele associada que se manifestam com formas diferenciadas a partir da configuração histórica e espacial da luta de classes" (Lima, p. 9-10). Logo, qualquer possibilidade de uma revolução educacional que possa atingir os superprivilégios da burguesia brasileira, com seu histórico perfil plutocrático, é limitada ou cerceada.

Assim, entre 2003 e 2016, a educação superior passou por uma expansão, que majoritariamente privilegiou o setor privado[9]. As universidades públicas seguiram o Plano de Reestruturação e Expansão das Universidades Federais — REUNI com o processo de interiorização, e

---

5. Sobre o desenvolvimento desigual, ver Lukács (2012, p. 369).

6. Sobre este período, ver Demier (2019).

7. A EC 95/2016 prevê a definição de um teto para os gastos primários e aos recursos públicos com a prioridade do pagamento de juros da dívida.

8. Sobre o Future-se e o aprofundamento da mercantilização da educação superior, ver Lima (2019, p. 35).

9. Sobre a área de Serviço Social, sugerimos a leitura de Pereira e Vale (2019).

a UFF acompanhou esta direção sob a perspectiva do desenvolvimento regional. Hoje, esta universidade, uma das maiores do Brasil, possui 9 campi e o campus avançado em Oriximiná — PA[10]. Essa interiorização ampliou a entrada da classe trabalhadora, nos seus segmentos mais empobrecidos, na educação superior, ainda que acompanhada por problemas estruturais para a sua permanência. Além disso, Lima (2019) aponta a precarização e a intensificação do trabalho docente, e a quebra da indissociabilidade entre ensino, pesquisa e extensão na atualidade, como elementos críticos da interiorização.

O contexto do REUNI e do Programa Universidade para Todos — ProUni favoreceu a recomposição do capital produtivo e a transformação das formas de administração do Estado e das políticas públicas, que não atenderam aos interesses da classe trabalhadora na sua inserção na vida acadêmica. Com a expansão e privatização do ensino superior, nos governos Lula, Pereira (2009, p. 272) evidencia os seguintes elementos:

a) participação do setor privado presencial, através de ampla isenção fiscal, possibilitada pelo '[...]' ProUni; b) participação dos setores público e privado de ensino a distância (EaD); c) ampla reestruturação do sistema público de ensino, por meio do '[...]' Reuni; d) reforço, na universidade pública, da lógica da mercantilização, através das parcerias público-privadas.

Esses problemas, escamoteados pelo "verniz democratizante", indicam ser crucial para análise do desenvolvimento regional articulado à totalidade da sociedade burguesa, como indicado pela apreensão do "padrão dependente da educação superior" no Brasil.

Há extensa literatura[11] sobre a crítica ao *desenvolvimentismo* e ao *novo-desenvolvimentismo*, por isso pontuamos que as análises sobre

---

10. Para mais esclarecimentos, ver: http://www.uff.br. Acesso em: 30 mar. 2020.

11. Temos produções do nosso corpo docente, como de Mauriel (2011), Lima (2019) e as citadas ao longo do texto dentro da literatura do Serviço Social.

como superar o *subdesenvolvimento* latino-americano foram retomadas no século XXI sob os auspícios do *novo-desenvolvimentismo*, adotando políticas progressistas, mas que ignoram as particularidades da dependência.

Nesse sentido, entende-se que a "nova" Comissão Econômica para América Latina e Caribe — CEPAL atua como um agente intelectual da reprodução do capital na América Latina, onde as contradições se aprofundam cada vez mais fetichizadas. Articulado a outros organismos, a partir dos anos 1990, trouxe a ideia da "transformação produtiva com equidade" e investe na (im)possibilidade de associar o capitalismo a um "sentido humano" (Oliveira, 2012, p. 323)[12].

Desenvolvimentismo e *novo-desenvolvimentismo*, esse como *desenvolvimento social enquanto liberdade*, envolvem disputas ideopolíticas, marcos jurídicos da regulação social entre capital e trabalho, que promovem a adequação e o *consenso* para a garantia dos movimentos dos capitais e sua realização acrescida de cada vez maior *quantum* de mais-valia, em especial no Brasil, cuja inserção na *nova* DIT aprofundou sua dependência[13]. Tais políticas, focadas no "alívio" da pobreza e na geração de renda, esvaziam o sentido político para a garantia de direitos sociais previstos na Constituição de 1988.

No período contrarreformista dos anos 1990 e de exasperação das lutas sociais, conformaram-se vários mecanismos para amenizar a considerada "nova" "questão social" com a intenção de realizar um capitalismo "mais humano". Esse contexto remete à regressão dos direitos sociais que se realiza por meio da atualização da "teoria do desenvolvimento", denominada de *novo-desenvolvimentismo,* e incorpora a "teoria do capital social"[14] como difusor ideológico da *nova pedagogia da hegemonia* (Neves, 2005). Essas teorias foram a base de definição da política de *coalizão de classes* dos governos do PT, que não

---

12. Para a crítica ao pressuposto cepalino, ver Castelo (2010).
13. Sobre "capitalismo dependente", ver Fernandes (2008).
14. Sobre isso, ver Oliveira (2012).

se sustentou pela natureza mesma da forma capitalista plenamente desenvolvida e associada ao capital imperialista (Iasi, 2019, p. 434).

A política de *coalizão de classes*, ao adotar análises *novo-desenvolvimentistas*, desconsiderou a totalidade da dinâmica do desenvolvimento do capital na implementação das políticas macroeconômicas. Por isso, não sem controvérsias, a universidade se expandiu e se "democratizou", carregando a dualidade do "padrão dependente do ensino superior"; assim como antigos problemas das desigualdades regionais que identificamos entre as universidades, campus, áreas de conhecimento e entre os programas de pós-graduação.

O PPGSSDR, em sua pluralidade, constrói a crítica a este conceito de *novo-desenvolvimentismo*, apreende o desenvolvimento considerando a totalidade da dinâmica social nas suas contradições e processualidades históricas. Debate este intrínseco nas linhas de pesquisa: *Desenvolvimento Capitalista e Formação Social Brasileira* e *Serviço Social, Políticas Públicas e Formação Profissional*. Como veremos a seguir, estas se estruturam em distintos núcleos de pesquisa com vínculos interinstitucionais e algumas cooperações internacionais.

Considerações sobre a criação do PPGSSDR

A criação de um Mestrado Acadêmico em Serviço Social e Desenvolvimento Regional, em funcionamento desde 2012, partiu do pressuposto, conforme seu projeto político-pedagógico, de que no Brasil existem problemas sociais que revelam abissais índices de desigualdade social e pobreza. Apreendê-los e tê-los na centralidade da pesquisa indica a necessidade de estudos que analisem as particularidades do desenvolvimento sócio-histórico brasileiro.

A relevância deste debate para o Serviço Social se justifica na medida em que seu objeto de fundamentação sócio-histórica, como profissão inserida na divisão sociotécnica do trabalho, se revela nas expressões da "questão social" nos marcos do capitalismo monopolista. Por isso, a relação entre estudos e pesquisas, no âmbito do Desenvolvimento Regional e Serviço Social, traz a este curso um caráter de ineditismo se considerarmos seus desdobramentos, no que concerne à produção das publicações acadêmicas, que vêm sendo construídas pelos corpos docente e discente do Programa. A finalidade do PPGSSDR reside no "aprimoramento teórico-prático, [na] competência profissional e acadêmica do assistente social, dos docentes e áreas afins, [e] no trato científico das desigualdades sociais e diversidades regionais brasileiras [...]" (Lustosa *et al.*, 2010, p. 8), referente ao campo da pesquisa.

Por meio da análise da realidade social nas suas contradições sociais, as pesquisas do PPGSSDR tomam a particularidade da inserção periférica do Brasil na DIT, em sua processualidade histórica. Identificam-se os efeitos devastadores da política *ultraliberal* no capitalismo dependente, que transformou toda a estrutura produtiva e "as relações de trabalho, com o aumento da informalidade, da precariedade e da terceirização, reduzindo as formas de contratação da força de trabalho com garantia de direitos trabalhistas e ampliando os contratos temporários e/ou intermitentes" (Soares, 2019, p. 63). Elementos cruciais para o debate sobre o Desenvolvimento Regional e o Serviço Social por estar no cerne dos processos e formas de organização política que a classe trabalhadora constrói nesse período de ataques aos seus direitos.

Partindo dessas considerações, a concepção sobre as diferenças regionais e o *modelo* de desenvolvimento fazem menção a um conjunto de desigualdades sociais, constitutivas das expressões da "questão social", que se tornam imprescindíveis para o exame da realidade social (Lustosa *et al.*, 2010). Segundo Ramos (2017), o acento na agudização das expressões da "questão social" com políticas "intervencionistas", partindo das agências multilaterais, constitui um conjunto de estratégias de caráter liberalizante e internacionalizante, que requer pensar no *modelo* de desenvolvimento relacionado à conjuntura nacional e à internacional.

A pós-graduação na área de Serviço Social: a contribuição do PPGSSDR

De acordo com os estudos de Garcia e Nogueira (2017), considerando as características da área na Coordenação de Aperfeiçoamento de Pessoal de Nível Superior — Capes, existem 32 programas de pós-graduação vinculados ao Serviço Social, sendo 23 em Serviço Social, 9 em Política Social ou Políticas Públicas.

Consonante à tendência nacional, o PPGSSDR apresenta em seu quadro docente atual um processo de renovação, que congrega a articulação de jovens doutores com docentes experientes com larga trajetória acadêmica. Esta conformação vem garantindo "[...] um corpo docente constituído por 60% de seus integrantes com graduação ou pós-graduação em Serviço Social" (Garcia; Nogueira, p. 150).

Em suas pesquisas, este corpo docente vincula-se organicamente à premissa da produção e socialização do conhecimento, facilitando a criação de uma interlocução necessária com outras áreas do conhecimento. E qualifica-se por sua composição multidisciplinar entendida como uma particularidade de um "[...] estudo que agrega áreas do conhecimento em torno de um ou mais temas, no qual cada área ainda preserva sua metodologia e independência" (PNPG 2011-2020, p. 135).

Atualmente é constituído por 16 docentes envolvidos em pesquisas que articulam os eixos do Programa. Isso demonstra não só o compromisso, mas o fortalecimento da discussão sobre desenvolvimento e temas afeitos às áreas de pesquisa do Serviço Social.

Os docentes estão inseridos em núcleos interinstitucionais e grupos de pesquisa da UFF e possuem integração com docentes de outras universidades. Ao total são 7 núcleos, sendo 4 com relações interinstitucionais e 3 grupos de pesquisa também com vínculos com outras universidades[15].

---

15. Ver no site: http://www.ppgssdr.uff.br/

Estes se inserem nas duas linhas de pesquisa do programa[16], a primeira versa sobre: *Desenvolvimento Capitalista e Formação Social Brasileira*, tem os estudos concentrados relativos à história do pensamento social brasileiro e latino-americano, cultura política e questão da pobreza e da desigualdade social no Brasil e suas particularidades regionais.

Já a segunda linha, *Serviço Social, Políticas Públicas e Formação Profissional*, estrutura-se nos estudos sobre as controvérsias acerca da noção de sociedade civil, da relação público-privado. As questões da ampliação da democracia, dos direitos sociais, fundo público e da cidadania, se inscrevem como temas investigativos dessa linha de pesquisa.

Nessa perspectiva, a produção deste programa se traduz na "[...] crescente preocupação com os problemas sociais brasileiros, decorrentes dos elevados índices de desigualdade social e pobreza, realçando a importância do Serviço Social contemporâneo na apreensão e no trato das questões nacionais, regionais e locais" (Relatório da Avaliação Quadrienal 2017, p.8), ratificando o desenvolvimento regional articulado à apreensão de totalidade e contradição.

Como condição *sine qua non*, estabelece-se uma interlocução crítica nas análises sobre as "agendas de desenvolvimento" no padrão de regulamentação do Estado brasileiro. Esta apreensão expõe a necessidade de estudos relacionados à questão agrária, nos marcos da reprimarização da economia e das brutais mudanças no mundo do trabalho, perpassada pela questão étnico-racial/gênero/geracional. Contexto que explicita a *cisão do ciclo do capital*, típica do capitalismo dependente com consequências em todas as esferas da vida social[17].

Coloca-se na pauta do dia a necessidade de estudos sobre: as lutas sociais urbanas; as favelas; o direito à cidade, bem como a disputa pelo fundo público e as consequências para as políticas públicas

---

16. Informações coletadas do PPP e do site do programa: http://www.ppgssdr.uff.br/index.php?option=com_content&view=article&id=20&Itemid=185 Acesso em: 30 mar. 2020.

17. Ver Luce (2018, p. 48-49).

e os direitos humanos, neste cenário de retrocesso social[18]. Por isso, pensar as contradições do processo de constituição da atualidade requer a reflexão crítica da política de educação superior em suas contradições e dualidades, questionando para qual cultura e trabalho ela vem formando.

Considerações finais

A partir do exposto sobre o atual cenário da realidade brasileira, temos alguns desafios para todos os Programas de Pós-Graduação, em que o PPGSSDR está inserido. Como um programa com nota 3, conforme Relatório da Avaliação Quadrienal 2017, diversos esforços vêm sendo construídos para a elevação do seu conceito, expressando o amadurecimento do Programa.

A coordenação do curso e seu colegiado constroem estratégias coletivas como organização de seminários e de publicações, assim como cursos de extensão para ampliar a inserção social, entre outros. Já no âmbito dos grupos de pesquisa, temos: (i) publicações nacionais e internacionais concentradas nos estratos A1, A2 e B1; (ii) articulação com demais redes de pesquisa interinstitucional; (iii) organização de eventos etc. Essa dinâmica demonstra que o Programa busca uma qualificação constante[19], além de envolver seu corpo discente no incentivo à participação em eventos científicos.

Apesar das iniciativas, deparamo-nos com um cenário nacional adverso para a pesquisa; bem como para qualquer Pós-Graduação atingir um conceito maior. Os desafios são de diversas origens, que vão desde a internacionalização, entendida pela Capes como um

---

18. Sobre a exacerbação do perfil plutocrático da burguesia latino-americana e os "louvores neopentecostais" saudosos da ditadura, ver Soares (2019, p. 64).

19. O programa possui cinco docentes com pós-doutorado e três em processo de qualificação, além da previsão de outras saídas para pós-doutoramento.

processo central que possibilita a interlocução do conhecimento produzido, até as modificações que vêm ocorrendo nos órgãos de fomentos à pesquisa. Destaque para a Capes e Conselho Nacional de Desenvolvimento Científico e Tecnológico — CNPq, no que se refere não só às modificações de métricas, como à sua própria gestão que gera alterações na sua direção.

Atualmente, vivenciam-se processos referentes à redução de recursos destinados às pesquisas no âmbito público e uma tendência ao partilhamento destes com a iniciativa privada. Sob o discurso de *empreendedorismo* e aumento da competitividade, aquelas estariam mais afinadas com a produtividade das economias (Mendes; Santos; Werlang, 2017, p. 166).

Referente à publicação, assiste-se a uma intensificação do cumprimento deste critério imprimindo uma lógica de produtivismo. Corre-se o risco de criar um ambiente nocivo de intensa produtividade de publicações com o objetivo exclusivo de qualificação do programa, que secundariza a importância da pesquisa socialmente referenciada.

Outro elemento crucial na qualidade da formação docente é a constante redução de bolsas para a qualificação de pós-doutorado, sobretudo no exterior. Conforme o Relatório da Avaliação Quadrienal (2017), houve uma queda de 50% para a área do Serviço Social entre os anos de 2015 e 2016, que se potencializou nos anos subsequentes. Este fato interfere, de forma negativa, no aumento das relações entre o corpo docente dos PPGs brasileiros e internacionais e as possibilidades de internacionalização.

Assim, vivenciamos um retrocesso, pois mesmo o Sistema Nacional de Pós-Graduação — SNPG indicando a possibilidade de expansão e crescimento das Pós, o caminho direciona-se para o lado oposto. No V Plano Nacional de Pós-Graduação — V PNPG (2011-2020), estabelece-se a proposta de dar sequência aos planos anteriores e buscar a expansão do SNPG. Para isso, estabelece a construção de uma "agenda nacional de pesquisa" que preconiza, na forma de políticas públicas, sua intensificação e qualificação. Apresenta-se uma tensão sobre quais cursos e áreas continuarão sua expansão, em especial o campo das

Humanidades, considerando a mercantilização do Ensino Superior Público, inclusive nas pós-graduações.

Esse processo remonta às dificuldades que o Serviço Social pode ter na sua inserção na divisão sociotécnica do saber, sobretudo na relação com aquelas áreas consideradas de ponta, vinculadas às "ciências duras", prioridade para o capital.

Esta tendência reduz o financiamento para o fomento de bolsas (docentes e discentes), refletindo na redução de pesquisadores. E tende a se produzir um "perfil" de pesquisador que "tem se tornado, cada vez mais, um captador de recursos, um prestador de serviços [...]" (Mendes; Santos; Werlang, 2017, p. 170).

Dessa forma, a relação entre Estado, Universidades e empresas modifica a gestão da pesquisa e a produção de conhecimento, com uma expressiva influência dos interesses empresariais, pela exaltação da parceria público-privado em que se buscarão recursos para projetos de pesquisas.

Com o foco na privatização, as alterações na produção do conhecimento refuncionalizam o papel da Universidade e do próprio conhecimento produzido, por onde perpassa o *Future-se*, como a expressão máxima contemporânea da mercantilização do ensino superior, na qual os cursos de Pós-Graduação não estão ilesos.

Referências

BRASIL. Ministério da Educação. Coordenação de Aperfeiçoamento de Pessoal de Nível Superior. *V Plano Nacional de Pós-Graduação—PNPG 2011-2020/Coordenação de Pessoal de Nível Superior. Brasília, DF: Capes, 2010.

BRASIL. Ministério da Educação. Coordenação de Aperfeiçoamento de Pessoal de Nível Superior (Capes). Diretoria de Avaliação. *Relatório da Avaliação Quadrienal Serviço Social*. Coordenadora da Área: GARCIA, M. L. T. Coordenadora Adjunta: NOGUEIRA, Vera Maria R. Coordenadora Adjunta de Mestrado Profissional: FORTI, V. L., 2017, 76fls.

CARVALHO, D. B; SILVA, M. O. da S. *Serviço Social, pós-graduação e produção de conhecimento no Brasil*. São Paulo: Cortez, 2005.

CASTELO, R. (org.). *Encruzilhadas da América Latina no século XXI*. Rio de Janeiro: Pão e Rosas, 2010.

DEMIER, F. *Crônicas do caminho do caos*. Democracia blindada, golpe e fascismo no Brasil atual. Rio de Janeiro: Mauad X, 2019.

FERNANDES, F. *Sociedade de classes e subdesenvolvimento*. São Paulo: Global, 2008.

GARCIA, M. L. T.; NOGUEIRA, V. M. R. Reflexões sobre a pós-graduação em Serviço Social no Brasil através do perfil dos docentes. Revista *Katálysis*, Florianópolis, v. 20, n. 2, p. 145-154, maio/ago. 2017.

IASI, M. *et al.* (org.). *Estratégia democrático-popular*: um inventário crítico. Marília: Lutas Anticapital, 2019.

LIMA, K. Desafio educacional brasileiro e ofensiva ultraconservadora do capital. Revista *Universidade e Sociedade*, Edição Especial América Latina, Brasília, ano XXIV, p. 8-39 out. 2019.

LUCE, M. S. *Teoria marxista da dependência*. Problemas e categorias — Uma visão histórica. São Paulo: Expressão Popular, 2018.

LUKÁCS, G. *Para uma ontologia do ser social I*. São Paulo: Boitempo, 2012.

LUSTOSA, M. das G. O. P. *et al. Projeto de Criação do Curso Mestrado Acadêmico em Serviço Social e Desenvolvimento Regional*. Niterói: Universidade Federal Fluminense, 2010.

MAURIEL, A. P. O. *Capitalismo, políticas sociais e combate à pobreza*. Ijuí: Unijuí, 2011.

MENDES, J. M. R.; SANTOS, A. M. dos; WERLANG, R. Pós-graduação em Serviço Social no Brasil: há uma pedra no caminho Revista *Katálysis*, Florianópolis, v. 20, n. 2, p. 165-174, maio/ago. 2017.

NEVES, L. M. W. (org.). *A nova pedagogia da hegemonia*. Estratégias do capital para educar o consenso. São Paulo: Xamã, 2005.

OLIVEIRA, A. C. O. de. *Crítica à "nova" sociabilidade do capital na América Latina*: por um "capital mais humano". 2012. 611 f. Tese (Doutorado em Serviço Social) — Faculdade de Serviço Social, Universidade do Estado do Rio de Janeiro, Rio de Janeiro, 2012.

PEREIRA, L. D. Mercantilização do ensino superior, educação a distância e Serviço Social. Revista *Katálysis*, Florianópolis, v. 12, n. 2, p. 268-277 jul./dez. 2009.

RAMOS, A. Pós-graduação, construção de curso e conjuntura brasileira: breves reflexões. Revista *Katálysis*, Florianópolis, v. 20, n. 2, p. 245-252, maio/ago. 2017, pp. 245-252.

RAMOS, A. *et al.* (org.). *Desenvolvimento, formação social brasileira e políticas públicas:* subsídios analíticos para o Serviço Social. Uberlândia: Navegando, 2019.

SOARES, M. "Trabalho escravo contemporâneo" e o avanço da superexploração da força de trabalho: as particularidades periférico-dependentes de Brasil e México. *In:* FIGUEIRA, R. R. *et al.* (org.) *Escravidão:* moinho de gentes no século XXI. Rio de Janeiro: Mauad X, 2019.

VALE, A.; PEREIRA, L. D (org.). *O ensino à distância na formação em Serviço Social*: análise de uma década. Rio de Janeiro: E-papers, 2019.

CAPÍTULO 11 ▮

Produções de um jovem Programa de Pós-Graduação: Política Social e Serviço Social

Sergio Antonio Carlos
Míriam Thais Guterres Dias
Alzira Maria Baptista Lewgoy

Introdução

No cenário atual, são fortes os contingenciamentos impostos às universidades e aos programas de pós-graduação (PPGs), apontando para um período futuro de intensas dificuldades. Estima-se que os cortes no orçamento possam desencadear uma gravíssima crise na produção do conhecimento e na continuidade dos PPGs e das pesquisas.

É nesse contexto que se insere o Programa de Pós-Graduação em Política Social e Serviço Social da Universidade Federal do Rio Grande do Sul (PPGPSSS-UFRGS), iniciado em 2016. Primeiro PPG na área em instituição pública no estado do Rio Grande do Sul a contribuir com a discussão, a pesquisa, o conhecimento de projetos societários e a efetivação de políticas sociais públicas vinculadas ao contexto da região Sul do país, em interlocução com o cenário nacional e o internacional.

Esta produção resulta da revisão das 24 primeiras dissertações no PPGPSSS, defendidas até 2019 — sendo 17 vinculadas à linha de pesquisa Estado, Sociedade e Políticas Sociais e 7 à linha Fundamentos do Serviço Social, Formação e Trabalho Profissional. Foram cotejadas com produções da área de Serviço Social publicadas em revistas e livros no período de 2016 a 2019.

As revistas em que os PPGs da **área de Serviço Social** mais publicaram, nos anos 2017-2018 (Brasil, 2019), e o número de edições no período são: *Argumentum* (12), *Revista de Políticas Públicas* (10), *Katálysis* (12), *Serviço Social & Sociedade* (12), *Temporalis* (8), *O social em questão* (11) e *Textos & Contextos* (7). Elas foram acessadas em seus sítios, totalizando 72 edições com 1.172 artigos.

A localização dos livros publicados no período, na área de Serviço Social, foi indicada pelas editoras. A Cortez Editora (SP) informou a existência de 23 livros e 12 coletâneas; a Papel Social (Campinas) informou 16 e 16, respectivamente. Para a CRV (Paraná), no acesso ao sítio, foram encontrados 11 livros e 8 coletâneas. Totalizando, assim, 50 livros e 35 coletâneas.

Realizou-se uma categorização a partir dos temas das linhas de pesquisa, relacionados aos títulos das dissertações e das publicações da área, revistas e livros, enfatizando elementos semelhantes para situar o PPGPSSS por meio de sua produção discente no contexto da área.

As produções na Linha de Pesquisa Estado, Sociedade e Políticas Sociais

Proteção social foi o tema de 2 dissertações e pauta central de 5 revistas e 1 livro. Categorias correlatas a esse tema encontradas na revisão foram: Direitos Sociais (1 livro), Política Social (1 revista e 1 livro), Seguridade Social (2 revistas) e Previdência Social (2 revistas).

A consolidação da seguridade social tem sido travada pelas disputas na sociedade entre projetos universais e privatistas, entremeadas por várias crises econômicas e agravadas pela contrarreforma do Estado. Esta realidade é o contexto dos países da América Latina que Diehl (2019, p. 9) demonstrou:

> [...] é possível estabelecer uma relação entre as alterações políticas, jurídicas e econômicas nos Estados latino-americanos, através do ressurgimento de movimentos neoconservadores e autoritários, e os processos de contrarreforma nos sistemas de proteção social com a não garantia de direitos.

A execução das políticas sociais sofre o impacto do ajuste fiscal do Estado brasileiro, provocando subfinanciamento das políticas sociais. Essa realidade desmonta o sistema de garantia de direitos e reforça a onda conservadora que o acompanha, impactando diretamente no trabalho de assistentes sociais. O desafio então é "buscar alternativas para ampliar o acesso aos direitos, lutar contra a destruição dos direitos conquistados, bem como pela sua ampliação" (Boschetti, 2017, p. 60).

As alternativas de enfrentamento passam pela produção de conhecimento, conforme uma força motriz de comunicação e tomada de consciência por parte da população, identificada por Soares (2018, p. 5):

> [...] as rádios comunitárias do RS têm como objetivo informar a comunidade onde ela está inserida, e que estas rádios têm programas que tratam sobre os direitos sociais, principalmente por terem envolvimento com entidades e trabalhadores/as que tratam sobre o tema, articulando com a comunidade onde essas rádios estão inseridas.

A política de saúde, foco de 7 dissertações, abrange as políticas da saúde mental, do trabalhador, a prisional e a atenção básica, que foram o maior interesse dos estudos. Ainda, apareceram as estratégias do apoio matricial e da educação permanente, e um estudo sobre a participação política de trabalhadores da saúde no contexto da contrarreforma do Estado. A saúde foi tema de 6 revistas e 2 livros.

A participação social, uma das diretrizes essenciais do Sistema Único de Saúde, é uma proposta vigorosa de distribuição de poder. Porém, passa por dilemas, como a dificuldade de ter suas deliberações incluídas nas agendas dos governos. Contudo, Roso (2018, p. 6) revela:

> A participação política dos servidores do hospital, mediada tanto pelos sindicatos quanto pelo coletivo de trabalhadores formados dentro da instituição hospitalar, é [...] uma importante estratégia para a materialização de processos de resistência dos trabalhadores diante dos fatores estruturais que engendram a precarização do trabalho no serviço público.

A atenção básica (ABS) no país é relevante por ser um marcador do grau de qualidade de atenção à saúde, em direção à universalidade e à integralidade da população. Para sua consolidação, houve um forte incentivo por meio das estratégias do apoio matricial e da Educação Permanente em Saúde. Schultz (2018, p. 7) mostrou que o apoio matricial é:

> [...] uma ferramenta estratégica, que amplia a capacidade de cooperação, comunicação, integração, autogestão e responsabilização pelo cuidado em saúde, tanto na prisão quanto na rede assistencial, sendo esta última um desafio para a saúde no Sistema Prisional.

A ampliação do apoio matricial ficou fragilizada com a extinção do financiamento dos Núcleos de Apoio à Saúde da Família, em 2019, interrompendo um processo de trabalho interprofissional que alcançou significativas contribuições para a atenção integral, sendo o único espaço sócio-ocupacional do assistente social nesse nível de atenção.

Sobre a Educação Permanente em Saúde na ABS, Josino (2019, p. 5) revela o desconhecimento de sua respectiva política pública e afirma que "o modelo biomédico ainda prioriza a formação por especialidades e de maneira fragmentada e isolada". O "modelo centrado mais na doença que na saúde, no tratamento que na prevenção ou promoção, no hospital e nos serviços especializados" (Paim, 2018,

p. 1725) tem retirado a capacidade da ABS de contribuir nos cuidados no território, deixando sua população e os trabalhadores reféns da violência urbana. Esse fenômeno se agrava em países com alta desigualdade social:

> [...] a violência urbana fragiliza a qualidade de vida e a saúde da população de uma forma geral [...] e interfere no cotidiano de trabalho dos profissionais das equipes de saúde da Atenção Primária à Saúde. [...] impedindo o desenvolvimento de ações da APS e tornando todos prisioneiros, sob os muros da contenção territorial imposta pela violência urbana e o descaso dos governantes (D'Avila, 2018, p. 8).

Um aspecto de atenção fundamental na garantia do direito à saúde são as políticas dirigidas à população em sofrimento psíquico, às privadas de liberdade no sistema prisional e aos trabalhadores. Esses são segmentos drasticamente afetados em tempos de crise econômica e política no país. Schultz (2018, p. 7) revela que "há lacunas importantes na assistência e na gestão da Política de Saúde Prisional, facilitando aos problemas de saúde da população prisional passarem despercebidos", demonstrando a desresponsabilização por parte do Estado para com este público:

> As mulheres usuárias de crack atendidas na Maternidade do HU são aquelas que, ao longo de suas vidas, sobreviveram a uma série de violações de direitos e que evidenciam a negligência estatal no que tange ao atendimento das suas necessidades humanas básicas (Dalpiaz, 2019, p. 6).

Sobre esse assunto, Pinto (2018, p. 6) afirma que: "Os transtornos mentais e comportamentais expressam no mundo contemporâneo o resultado de relações sociais de produção que transbordam iniquidades".

Assim como a situação de saúde mental é afetada pelas crises econômicas (fator estressor), a saúde do trabalhador tem sido negligenciada com uma política pública frágil e descontínua, constatado por Devit (2019, p. 7):

> [...] histórica invisibilidade social que permeia o câncer relacionado ao trabalho. [...] dicotomia entre a concepção do processo saúde doença e a centralidade do trabalho; má qualidade e subnotificação dos dados e informações; múltiplas fragilidades na vigilância e assistência em saúde; inação sindical e falta de entidades de organização dos/as trabalhadores/as.

A gestão do trabalho é desfavorável às necessidades dos trabalhadores, pois o Estado está comprometido com as regras do mercado mundializado

A política de Assistência Social foi abordada por 3 dissertações e tema de 1 revista e 2 livros. O neoliberalismo a tem minado com subordinação da política social à política fiscal, perpassado pelo pensamento conservador — contradições inerentes ao campo das políticas sociais no sistema capitalista. A vivência da (des)proteção social por familiares de jovens em acolhimento institucional é marcada por "movimentos de avanços e retrocessos em diferentes âmbitos, com iniciativas de desmonte das conquistas sociais e priorização de intervenções residuais" (Diotti, 2018, p. 158), com acolhimento que apenas invisibiliza a realidade.

Silva (2019) analisa a participação de associações no Orçamento Participativo em Porto Alegre e mostra a perda de centralidade pelo descumprimento das reivindicações nesta instância, requerendo considerar "o contexto de inserção na política institucional e da gênese e conformação dos atores da sociedade civil" (p. 120). O controle social do Sistema Único de Assistência Social precisa ser efetivo. A educação política de seus usuários pode carregar valores subalternos, assim, "os técnicos da política de assistência social precisam pensar formas para a superação destas alienações" (Silva, 2018, p. 76).

As temáticas de imigração e de refugiados aparecem em 2 dissertações e 3 revistas. O tema é objeto de interesse dos Estados após a Segunda Guerra Mundial. Em 1980, o Brasil promulgou o Estatuto do Estrangeiro, substituído, em 2017, pela Lei de Migração, considerada mais humanitária. No estudo com os senegaleses, Cá (2019, p. 100) diz que eles são "tratados como braços para executar as tarefas pesadas, desgastantes e desprezíveis, esquecidos como sujeitos de direitos e, acima de tudo, como seres humanos". Hubner (2019), estudando crianças e adolescentes, destaca os aspectos culturais, enfatizando a importância da atenção à aculturação, principalmente quando elas migram sem a presença dos pais.

A Política de Cotas Raciais no Ensino Superior foi tema de 1 dissertação, e a educação foi tema de 5 revistas e 1 livro. A Lei de Reserva de Vagas nas universidades públicas é recente no país, com dificuldades quanto a: "discriminação reversa, [...] acirramento da discriminação, [...] concessão de benefícios para pessoas que não se encontram em situação desvantajosa, [...] estigmatização" (Ladeira, 2018, p. 223). Vieira Júnior (2019, p. 89) revela que a política "[...] está inserida em um conjunto de contradições de direitos, conquistas e concessões".

Duas dissertações pesquisaram temas pouco explorados nas produções, uma relevante contribuição do nosso PPG. Uma discutiu a flexibilização do trabalho nas relações entre motoristas e a Uber, tema atual e perverso aos que vivem desse trabalho. Cannas (2019, p. 133) revela situações:

> [...] em que o trabalhador não é proprietário de um dos meios de produção, mas assume a responsabilidade pelo aluguel do veículo, [...] que se aproximam da relação clássica entre capitalista e proletário, e condições em que o motorista é trabalhador e capitalista ao mesmo tempo, assalariado híbrido da Uber e, também, parceiro da Uber na exploração de outros trabalhadores.

A outra, referente à exploração tributária, mostrou a desigualdade em termos proporcionais na tributação de trabalhadores e empresários:

> [...] a renda do trabalho assalariado é tributada de forma excrescente quando comparada aos rendimentos oriundos das empresas destinados aos seus proprietários, e o peso dos tributos sobre o consumo [...] abismalmente mais elevado para os trabalhadores assalariados se comparados com os grandes empresários (Dalmolin, 2018, p. 220).

Ou seja, a perspectiva de um trabalho protegido é ignorada e retira as condições essenciais para a classe trabalhadora.

As produções na Linha de Pesquisa Fundamentos do Serviço Social, Formação e Trabalho Profissional

Serviço Social foi o tema de 7 dissertações e pauta central em 25 revistas e 26 livros. Suas categorias localizadas em revistas e livros foram, respectivamente: fundamentos do Serviço Social (1 revista e 3 livros); formação em Serviço Social (9 revistas e 2 livros); e trabalho do assistente social (11 revistas e 11 livros).

O Serviço Social participa tanto do processo de reprodução dos interesses de preservação do capital quanto das respostas às necessidades de sobrevivência dos que vivem do trabalho. É uma relação essencialmente contraditória, pois o mesmo movimento que permite a reprodução e a continuidade da sociedade de classes cria as possibilidades de sua transformação.

Verifica-se, na formação acadêmico-profissional, que as transformações na gestão do trabalho requerem o modelo de universidade empresarial. Assim, a educação é vista como serviço, requisitando valores para uma formação dirigida a um projeto ético-político (Raichelis,

2019). A competência legítima e reconhecida historicamente é a ação educativa do assistente social, ferramenta estratégica de disseminação de informações e socialização dos direitos (Silveira, 2018).

Retomar os princípios que fundamentam a formação profissional é essencial, em especial os da articulação de formação e exercício profissional, e da indissociabilidade das dimensões teórico-metodológica, ético-política e técnico-operativa. Silveira (2018, p. 138) constata "a presença das dimensões das competências do Serviço Social nos achados de sua pesquisa, como expostos e evidenciados nos itens respectivos". Ketzer (2018, p. 7) aborda os fundamentos do Serviço Social e o desafio para esta articulação:

> [...] uma concepção fragmentada sobre os Fundamentos do Serviço Social, ao individualizar as dimensões teórico-metodológica, da ético-política e da técnica-operativa no exercício profissional; uma compreensão difusa e diversificada sobre as mediações no cotidiano profissional.

Os assistentes sociais não estão imunes aos processos de alienação devido às determinações objetivas do trabalho profissional, que favorecem a reatualização do conservadorismo. Corrobora para isso o frágil referencial teórico na dura realidade posta aos trabalhadores na atualidade da contrarreforma do Estado. Nesse processo, aparecem:

> [...] a lembrança das referências teóricas que são reportadas a época de graduação, contudo, não fazendo parte do trabalho profissional no cotidiano, passando a ideia de que na graduação o sujeito "se veste" da qualificação intelectual e em outro ele "se despe", não sendo mais necessário (Ketzer, 2018, p. 114).

A competência teórico-metodológica, técnico-operativa e ético-política aparece como uma necessidade a ser desenvolvida no e pelo trabalho e, muitas vezes, não encontra eco na formação acadêmica de algumas profissionais pesquisadas, especificamente no que tange à Perícia Social (Borba, 2019, p. 100).

Estudos sobre o trabalho de assistentes sociais na saúde do trabalhador revelam as relações precarizadas do trabalho e o seu adoecimento físico e mental, considerando a dinâmica institucional. Ao mesmo tempo, uma dissertação aponta como os espaços sócio-ocupacionais vêm se organizando:

> [...] o trabalho do(a) Assistente Social no INSS tem impactado na garantia de direitos voltados à Saúde do Trabalhador, tanto quando participa de articulações com os demais serviços voltados à Saúde do trabalhador quanto nas ocasiões em que o(a) profissional socializa as informações previdenciárias e assistenciais individualmente ou coletivamente (Flôres, 2018, p. 130-133).

O trabalho dos assistentes sociais, mesmo subordinado às condições em que esse se realiza, possibilita a resistência dos profissionais:

> [...] o Serviço Social do INSS obteve êxitos frente aos diversos desafios que enfrentou ao longo dos anos. Seu projeto profissional crítico e a experiência acumulada na instituição lhe dão condições de realizar a resistência que o momento exige (Fernandes, 2018, p. 116-118).

O acompanhamento atento da dinâmica institucional na qual o assistente social opera reafirma que esse quadro favorece a retomada de requisições históricas dirigidas ao serviço social. Pozzati (2019, p. 5) evidencia:

> [...] a comprovação de miserabilidade, com base nos laudos periciais, e principalmente a condição habitacional é o fator relevante na decisão da sentença para concessão do BPC. [...] demonstra que a judicialização do BPC possui variáveis quanto aos critérios objetivos e subjetivos dos profissionais envolvidos.

O tema da formação aparece na constituição de um referencial para o ensino da formação em serviço, como espaços:

[...] operativos para supervisão profissional dos Assistentes Sociais Residentes. Constitui-se também, no processo de formação, um lugar de resistência para as relações dos Assistentes Sociais nas equipes de saúde [...] para otimizar as questões que envolvem os contextos sociais dos Preceptores e Residentes Assistentes Sociais, [...] legítimos de produção de conhecimento e pesquisa em Serviço Social (Kuss, 2018, p. 64).

É indiscutível o crescimento das residências multiprofissionais em saúde como espaço formativo, assim como o aumento de pesquisas sobre elas realizadas nos programas de pós-graduação *stricto sensu* no Brasil.

Conclusão

Na tessitura de fortalecimento do projeto profissional, destaca-se que as pesquisas deste recente PPGSS vêm contribuindo com a produção crítica do conhecimento na área de Serviço Social, com as demandas locais da região Sul por meio das linhas de pesquisas já referenciadas, em sintonia com o contexto nacional e o internacional. As linhas se entrecruzam e fomentam a necessidade de situar a questão social como fundamental categoria teórica na matriz curricular dos cursos de graduação e pós-graduação. Apreendem-se, assim, as particularidades da profissão na divisão sociotécnica do trabalho, a compreensão das dimensões teórico-metodológicas, éticas e técnico-políticas que abrangem a profissão, e o caráter contraditório das políticas sociais.

Referências

BORBA, M. P. *A construção de uma agenda de educação permanente no trabalho dos assistentes sociais do Poder Judiciário no Rio Grande do Sul*. 2019. 110 f. Dissertação (Mestrado em Política Social e Serviço Social) — UFRGS, Porto Alegre, RS, 2019.

BOSCHETTI, I. Agudização da barbárie e desafios ao Serviço Social. *Serv. Soc. Soc.*, São Paulo, n. 128, p. 54-71, jan./abr. 2017.

BRASIL. *Lista de periódicos nacionais em que os PPG da Área de Serviço Social publicaram nos anos 2017-2018*. Informação enviada pela Coordenação da área do Serviço Social na Capes ao PPGPSSS, 2019.

CÁ, V. I. V. *A situação juslaboral de imigrantes senegaleses em Porto Alegre.* 2019. 118 f. Dissertação (Mestrado em Política Social e Serviço Social) — UFRGS, Porto Alegre, RS, 2019.

CANNAS, F. R. *A influência das tecnologias da informação e comunicação* — TIC's nas relações sociais (de trabalho) entre motoristas e a Uber. 2019. 149 f. Dissertação (Mestrado em Política Social e Serviço Social) — UFRGS, Porto Alegre, RS, 2019.

DALMOLIN, L. C. *A exploração tributária intermediada pelo Estado:* dos mecanismos tributários anestesiantes à *fictio juris.* 2018. 251 f. Dissertação (Mestrado em Política Social e Serviço Social) — UFRGS, Porto Alegre, RS, 2018.

DALPIAZ, A. K. *O atendimento à saúde das mulheres usuárias de crack e de seus filhos recém-nascidos em uma maternidade de Hospital Universitário do Rio Grande do Sul.* 2019. 98 f. Dissertação (Mestrado em Política Social e Serviço Social) — UFRGS, Porto Alegre, RS, 2019.

D'AVILA, J. D. Q. A *atenção primária em saúde sob os muros da contenção territorial impostos pela violência urbana.* 2018. 112 f. Dissertação (Mestrado em Política Social e Serviço Social) — UFRGS, Porto Alegre, RS, 2019.

DEVIT, T. V. *O contexto do mesotelioma no Rio Grande do Sul:* da exposição ao amianto à invisibilidade do câncer relacionado ao trabalho. 2019. 126 f. Dissertação (Mestrado em Política Social e Serviço Social) — UFRGS, Porto Alegre, RS, 2019.

DIEHL, R. C. *Os sistemas de proteção social no estado capitalista periférico na América Latina:* um estudo com base na produção qualificada da área do Serviço Social (2013-2018). 2019. 187 f. Dissertação (Mestrado em Política Social e Serviço Social) — UFRGS, Porto Alegre, RS, 2019.

DIOTTI, M. A. *Histórias de vida:* (des) proteções sociais vivenciadas pelos familiares de crianças e adolescentes em acolhimento institucional. 2018. 182 f. Dissertação (Mestrado em Política Social e Serviço Social) — UFRGS, Porto Alegre, RS, 2018.

FERNANDES, M. M. M. *O serviço social do INSS pós-2009:* conquistas ameaçadas frente à reatualização do desmonte. 2018. 131 f. Dissertação (Mestrado em Política Social e Serviço Social) — UFRGS, Porto Alegre, RS, 2018.

FLÔRES, S. S. *O trabalho do(a) assistente social no Instituto Nacional do Seguro Social e sua legitimação na área da saúde do trabalhador:* contribuições e desafios a partir da reabilitação profissional. 2018. 151 f. Dissertação (Mestrado em Política Social e Serviço Social) — UFRGS, Porto Alegre, RS, 2018.

HÜBNER, R. C. S. *A proteção social de crianças e adolescentes refugiados:* pertencimento social, inserção social e contribuições do assistente social. 2019. 146 f. Dissertação (Mestrado em Política Social e Serviço Social) — UFRGS, Porto Alegre, RS, 2019.

JOSINO, C. R. M. *Expressões da educação permanente na atenção primária à saúde:* uma revisão integrativa. 2019. 136 f. Dissertação (Mestrado em Política Social e Serviço Social) — UFRGS, Porto Alegre, RS, 2019.

KETZER, P. S. *Fundamentos e mediações no trabalho do assistente social da Região Celeiro do Rio Grande do Sul.* 2019. 127 f. Dissertação (Mestrado em Política Social e Serviço Social) — UFRGS, Porto Alegre, RS, 2019.

KUSS, C. *A preceptoria de núcleo de serviço social nos programas de residência multiprofissional em Porto Alegre.* 2018. 91 f. Dissertação (Mestrado em Política Social e Serviço Social) — UFRGS, Porto Alegre, RS, 2018.

LADEIRA, M. R. A.; SILVA, H. M. G. da. (Des)caminhos do sistema brasileiro de cotas universitárias. *Temporalis,* Brasília, v. 18, n. 35, p. 220-243, jan./jun. 2018.

PAIM, J. S. Sistema Único de Saúde (SUS) aos 30 anos. *Ciência & Saúde Coletiva,* v. 23, n. 6, p. 1723-1728, 2018.

PINTO, E. B. *Desmedida do capital:* a degradação da saúde mental de servidores públicos em uma capital brasileira. 2018. 124 f. Dissertação (Mestrado em Política Social e Serviço Social) — UFRGS, Porto Alegre, RS, 2018.

POZATTI, L. M. *Processos judiciais do BPC/idoso:* a contribuição do laudo pericial do assistente social na elaboração da sentença. 2019. 122 f. Dissertação (Mestrado em Política Social e Serviço Social) — UFRGS, Porto Alegre, RS, 2019.

RAICHELIS, R. O serviço social no Brasil. Trabalho de formação profissional e projeto ético-político. *In:* YAZBEK, M. C.; IAMAMOTO, M. V. *Serviço Social na História* — América Latina, África e Europa. São Paulo: Cortez, 2019.

ROSO, E. F. *A participação política de trabalhadores da saúde no contexto da contrarreforma do Estado.* 2018. 102 f. Dissertação (Mestrado em Política Social e Serviço Social) — UFRGS, Porto Alegre, RS, 2018.

SCHULTZ, A. L. V. *O apoio matricial como metodologia para o trabalho em saúde no sistema prisional:* fatores favoráveis, desfavoráveis e contribuições. 2018. 198 f. Dissertação (Mestrado em Política Social e Serviço Social) — UFRGS, Porto Alegre, RS, 2018.

SILVA, A. F. P. *Orçamento participativo e política de assistência social no município de Porto Alegre:* as associações de moradores entre a reivindicação e a execução da política de assistência social. 2019. 134 f. Dissertação (Mestrado em Política Social e Serviço Social) — UFRGS, Porto Alegre, RS, 2019.

SILVA, D. C. *Educação política:* estratégia para o controle social democrático do Sistema Único de Assistência Social. 2018. 94 f. Dissertação (Mestrado em Política Social e Serviço Social) — UFRGS, Porto Alegre, RS, 2018.

SILVEIRA, C. W. *As competências do serviço social no apoio matricial em saúde mental.* 2018. 170 f. Dissertação (Mestrado em Política Social e Serviço Social) — UFRGS, Porto Alegre, RS, 2018.

SOARES, J. D. *Rádios comunitárias:* as potencialidades para a promoção da informação sobre os direitos sociais. 2018. 124 f. Dissertação (Mestrado em Política Social e Serviço Social) — UFRGS, Porto Alegre, RS, 2018.

VIEIRA JUNIOR, H. S. *Contribuição à análise da aplicação da política de cotas raciais no ensino superior.* 2019. 130 f. Dissertação (Mestrado em Política Social e Serviço Social) — UFRGS, Porto Alegre, RS, 2019.

CAPÍTULO 12

Produção do conhecimento e relevância social: contribuições do PPGPS/UFMT

Ruteléia Cândida de Souza Silva
Imar Domingos Queiroz
Betina Ahlert

Considerações iniciais

Louis Althusser (2013, p. 58-62, grifos do autor) já afirmara que "Se os operários 'compreenderam' tão facilmente *O capital*, é porque este fala, em termos científicos, da realidade cotidiana, com a qual eles lidam [...]", ainda que expresse uma realidade "[...] terrivelmente concreta e 'invisível' (a olhos nus) [...]".

Essa afirmação expressa um movimento de apropriação da realidade que se opõe ao esvaziamento e à fragmentação de conteúdo que passou a direcionar a produção de conhecimento nas ciências sociais e humanas desde a revolução burguesa e o período de *decadência ideológica* (Lukács, 1968). Trata-se de um momento de predomínio da visão de mundo coerente com a ordem social própria da *especialização mesquinha* das ciências sociais especializadas (Lukács, 1968), em que a busca pela *verdade* assume um caráter objetivo, a partir da identificação e análise de leis universais e naturais que regem os fenômenos sociais, alcançada por meio da *neutralidade* do pesquisador.

Essa seria a *chave* do conhecimento e do acesso ao monopólio da *verdade científica*. E para tal, o esforço era oferecer manuais e fórmulas prontas sem considerar que estes produzem a fragmentação do conhecimento e o reducionismo intelectual, que nega qualquer possibilidade de existência de expressões divergentes, distintas de suas nuances e formas narrativas.

Pois bem: revestidos de certa imponência teórica, os defensores dessa objetividade científica têm se limitado à produção do conhecimento apenas pelo *conhecimento*. Sob esse direcionamento, abre-se espaço para o que já tem pairado nos dias atuais: *verdades* construídas a partir do conhecimento difundido por meio da disseminação massiva de mensagens e filosofias alinhadas ao campo ideológico e contrárias aos opositores da ordem social. E por meio de seus *teóricos* (leia-se, formadores de opinião), assumem um humanismo abstrato que se apresenta mediado por valores e tradição religiosa com a defesa de um governante forte.

Apropriada com grande fôlego a partir da segunda década desse novo século, essas estratégias, enquanto parte de novos sistemas de dominação e de repressão, não tem demarcado apenas sua capacidade de influenciar sistemas políticos e a economia, mas também os modos de viver e pensar. Além de radicalizar a banalização da informação e a desinformação de temas relacionados à saúde e às teorias já submetidas a uma vasta produção teórica e validação científica.

Tomando o caos como método, é sobre essa *verdade* que teorias que procuram desconstruir séculos de pesquisas científicas têm se alicerçado. Não resta dúvida de que tais posicionamentos encontram respaldo em teorias pseudocientíficas e a-históricas colocadas a serviço de uma lógica justificadora da dinâmica de exploração e dominação do capital que, nos dias atuais, tem se apresentado completamente sem limites.

Ao mesmo tempo, vive-se um período em que as universidades e a produção do conhecimento que as caracteriza se veem fortemente ameaçadas, tanto pelas forças do obscurantismo e do conservadorismo que rechaçam o conhecimento científico como pelas concepções elitistas e privatizantes, que defendem que o acesso ao ensino superior deve ser privilégio de uma minoria, e a pesquisa e a pós-graduação devem ser produzidas apenas nos chamados centros de excelência ou por algumas áreas do conhecimento, as chamadas ciências duras.

Mas engana-se quem cogita que estamos perto de sucumbir a essa banalização. Apesar dos ataques, grande parte do conhecimento produzido continua vinculada aos estudos desenvolvidos pelas Universidades. O fato é que, em tempos de banalização da produção de conhecimento científico, radicalização da ciência burguesa e de prevalência da produção quantitativa do conhecimento (numa histeria produtivista que, às vezes, desconsidera a qualidade científica das produções teóricas), pesquisadores(as), muitos destes(as) vinculados(as) aos Programas de Pós-Graduação *stricto sensu* de diferentes Universidades do país, têm apresentado uma série de estudos que busca romper com os princípios dessa lógica destrutiva.

Esse é o terreno que nos convoca a intensificar o diálogo já iniciado, de modo a evidenciar como a produção do conhecimento na contemporaneidade, em especial a vinculada à área Serviço Social e ao Programa de Pós-Graduação em Política Social (PPGPS) da Universidade Federal de Mato Grosso (UFMT). Para tanto, do ponto da estruturação formal das reflexões propostas neste capítulo, as problematizações a serem formuladas constituem um exercício de diálogo entre aspectos conceituais e a realidade concreta, que tem como objetivo construir um momento de exposição que permita discorrer sobre a produção de conhecimento alcançada em 10 anos (entre 2009 e 2019) de efetiva contribuição do PPGPS da UFMT.

Produção do conhecimento: o caminho percorrido no século XX

Nos dias atuais, o conhecimento tem sido apropriado para justificar a vida social sob os ditames do capital, de modo a obscurecer e manter intocada a realidade social. Trata-se de um conhecimento que ora se baseia num movimento rígido preestabelecido, de caráter meramente descritivo, que prioriza a dimensão instrumental e técnica, e esvazia o real de suas dimensões econômicas, políticas, sociais, culturais, ideológicas; ora se volta a regras prescritivas que priorizam o conteúdo simbólico, as intencionalidades, o sentido das ações humanas.

Essas formas de apreensão da realidade também têm reforçado o conhecimento apologético próprio do Serviço Social tradicional, não permitindo à(ao) profissional ser capaz de apreender e intervir na realidade social para além do que está evidente. No entanto, desde as três últimas décadas do século XX, o Serviço Social no Brasil vivenciou uma polarização marcada por um duplo e contraditório movimento: o de ruptura teórica e política com o lastro conservador de suas origens, em contraposição ao reforço do tradicionalismo e do conservadorismo.

Esse movimento no interior da profissão se colocou num momento em que a busca pela compreensão da realidade social se apresentava como central para as ciências sociais aplicadas, tanto em seus aspectos investigativos como interventivos. Trata-se de um momento marcado pela *crise de paradigmas* que se fez presente nas ciências naturais e humanas e sociais desde o Pós-Segunda Guerra Mundial, quando o debate se ampliou e generalizou através de representantes de diferentes escolas do pensamento em diferentes países, mesmo que atravessado por controvérsias.

Nesse contexto, passaram a existir nas ciências humanas e sociais disputas entre diferentes perspectivas (entre aqueles que propõem renovações e aqueles que sugerem o desenvolvimento dos clássicos, incorporando contribuições contemporâneas), atravessadas por duas questões centrais: a consideração da historicidade social e a relação entre sujeito e objeto. Enquanto a primeira defende a negação em relação à historicidade social e ao movimento do real, o que seria uma das limitações das novas teorias sociológicas contemporâneas, na segunda algumas teorias se aproximam do entendimento do positivismo que considera uma relação de exterioridade entre sujeito e objeto (Ianni, 1990).

Nesse complexo contexto, às universidades têm sido relegados diferentes papéis de maior ou menor importância social, que determinam maior ou menor destinação de recursos públicos. O que se agrava nas universidades localizadas nos países de capitalismo dependente e *subimperialistas*, diante das particularidades que conformam a sua existência e a sua função social e econômica, como é o caso do Brasil.

Nesses países, pensar a produção de conhecimento pressupõe considerar as investidas que impõem à educação o reforço de sua condição de mercadoria, seja por meio dos subsídios do governo às instituições privadas (através de programas de financiamento estudantil), seja pelo aumento dos cursos de Educação a Distância (EaD), inclusive para a pós-graduação; e pelo *capitalismo acadêmico* (Slaughter; Leslie, 1999 *apud* Leher, 2019, p. 72).

No Brasil, desde o processo eleitoral, o atual governo tem criticado o ensino superior, desqualificando-o e reiterando uma crítica ideológica, somada à acusação de que as universidades gastam muito recurso público, sem produzir resultados esperados ao país. O que tem sido facilmente contraposto, a exemplo do que vem acontecendo no momento atual, em que as universidades têm desenvolvido várias pesquisas e inciativas no combate à crise mundial do coronavírus (covid-19).

O Serviço Social, enquanto área do conhecimento das ciências sociais aplicadas, não tem passado imune a tais investidas. No entanto, a ruptura com o conservadorismo próprio do Serviço Social tradicional e a aproximação ao pensamento marxista possibilitaram à profissão explicitar o seu amadurecimento teórico, numa perspectiva de superação do capitalismo e de defesa da liberdade (como princípio ético central) e da emancipação humana.

O que também tem permitido à profissão responder *por uma significativa produção de conhecimentos*, sobretudo, desde os anos de 1980, num momento em que passou *a responder pela sua própria produção teórica*. Desde então, a produção do conhecimento se tornou pré-requisito essencial à formação e ao trabalho da(o) assistente social, visto que tem sido por meio da *sistematização de uma determinada realidade social*, que o(a) profissional tem alcançado *as intrincadas conexões do real e, assim,* construído *um caminho mais seguro para se aproximar de respostas concretas tão almejadas nas suas intervenções* (Lara, 2007, p. 74).

Elementos de uma realidade: a produção do conhecimento no PPGPS/UFMT

Criado em 2009, o Programa de Pós-Graduação em Política Social (PPGPS) da UFMT é o segundo Programa de Pós-Graduação *stricto sensu* em Política Social da região Centro-Oeste, vinculado à área Serviço Social, e reflete o movimento de expansão dos Programas de Pós-Graduação no país[1] nas duas primeiras décadas do século XXI. E a UFMT, que contava no ano 2000 com apenas 4 cursos de Pós-Graduação, chega a 2020 registrando um crescimento de 1.500%, o que corresponde a 60 Programas.

Expansão essa também acompanhada pelo Serviço Social em âmbito nacional. Como mostram Garcia e Fernandez (2018), até o ano de 2015, dos 34 Programas de Pós-Graduação da área registrados

---

1. Expansão realizada não sem problemas, já que efetivada no contexto de implantação do Programa de Apoio a Planos de Reestruturação e Expansão das Universidades Federais (REUNI), criado em 2007, com sérias consequências sobre a qualidade do ensino e as condições de trabalho e de saúde, a despeito da ampliação do acesso ao ensino superior.

na Coordenação de Aperfeiçoamento de Pessoal de Nível Superior (Capes), 22 foram criados nesse período.

E o PPGPS/UFMT vem se consolidando como espaço de produção de conhecimento sobre a realidade, em especial a estadual, ao desvelar, a partir de estudos e pesquisas produzidos no seu interior, as particularidades das expressões da *questão social* em um estado com dimensões continentais, historicamente marcado por profundas desigualdades sociais e econômicas, violações de direitos humanos e violência nos conflitos decorrentes da luta pela terra.

Com estrutura curricular organizada a partir de sua área de concentração *Política Social, Estado, Sociedade e Direitos Sociais*, o PPGPS/UFMT articula suas duas linhas de pesquisa (*Política Social e Direitos Sociais* e *Trabalho, Questão Social e Serviço Social*) aos objetivos do Programa, congregando os Projetos de Pesquisa, em íntima relação temática, o que tem sido expresso na produção de suas dissertações e publicações científicas.

Quando agrupadas as dissertações produzidas no PPGPS/UFMT entre 2009 e 2019, estas podem ser sistematizadas tomando como referência a classificação adotada pela Associação Brasileira de Ensino e Pesquisa em Serviço Social (ABEPSS) nos Grupos de Trabalho de Pesquisa (GTPs) em seus fóruns de discussão e deliberação (Gráfico 1).

A área temática *Política Social e Serviço Social* concentra a maior parte das produções, totalizando 46 dissertações. A produção expressiva nessa área temática se vincula ao fato de que esta (a política social) se constitui em uma mediação importante no processo de produção e reprodução da vida social e estratégia fundamental de enfrentamento das manifestações da *questão social*.

Nessas dissertações, as políticas sociais são analisadas nas suas determinações políticas, econômicas e culturais, e suas formulações marcadas por tensões políticas e societárias como partes estruturais da totalidade. E essa perspectiva permite compreender a disputa do capital pelo fundo público e a forte intervenção estatal na desregulamentação dos direitos sociais e trabalhistas e na implementação de políticas sociais compensatórias, focalizadas e seletivas, com repercussões deletérias sobre a vida e a dignidade do trabalhador.

O debate sobre a área temática *Serviço Social: fundamentos, formação e trabalho profissional* também ocupou espaço importante nas produções do período, totalizando 12 dissertações. Transitando entre as questões relacionadas à formação e ao trabalho profissional, às inquietações relacionadas ao avanço do conservadorismo na profissão, as pesquisas que versam sobre as dimensões técnico-operativa e investigativa da profissão foram as que mereceram maior atenção, ainda que os impactos das políticas neoliberais e da contrarreforma do Estado no trabalho e formação dos(as) assistentes sociais mediante a precarização das condições de trabalho também tenham instigado os(as) pesquisadores(as).

Já as 10 pesquisas realizadas sobre a área temática *Trabalho, Questão Social e Serviço Social* assentaram-se nas críticas sobre a acumulação

Gráfico 1 — Dissertações de Mestrado PPGPS/UFMT produzidas entre 2009 e 2019, distribuídas por área temática, conforme GTPs da ABEPSS

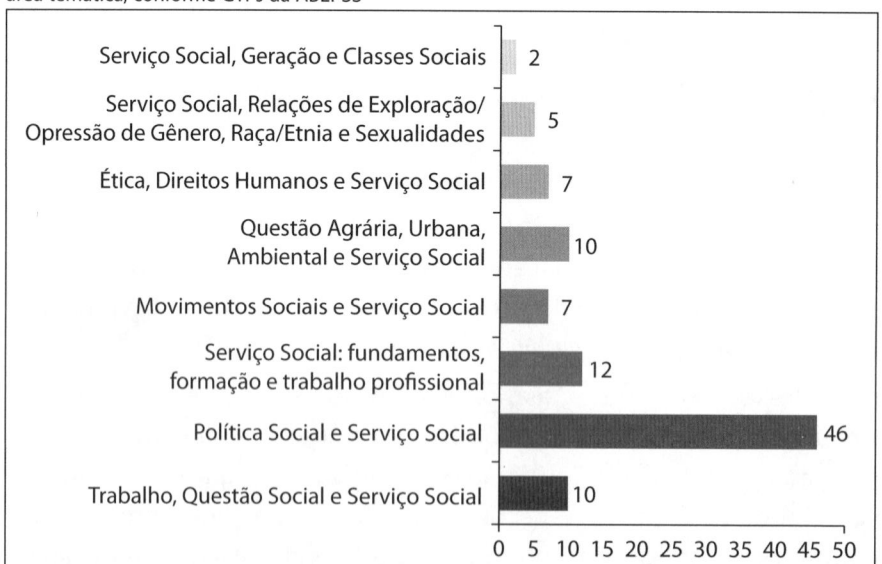

Fonte: elaboração própria (2020).

capitalista e seus efeitos sobre a classe trabalhadora. O Serviço Social é debatido como profissão inscrita na divisão sociotécnica do trabalho, que intervém sobre as múltiplas expressões da *questão social* em seu compromisso com as lutas, organização e emancipação da classe trabalhadora. Também são analisadas as mudanças no mundo do trabalho com a perda do estatuto salarial e de garantias trabalhistas e sociais conquistadas ao longo do tempo, a terceirização, a precarização dos direitos, das políticas e das condições de trabalho, acompanhadas por altos índices de desigualdade, violência, pobreza e violação dos direitos humanos.

Aglutinadas na área temática *Questão Urbana, Agrária, Ambiental e Serviço Social* estão as 10 pesquisas que se dedicaram: ao estudo das contradições decorrentes da apropriação capitalista da terra; e as resistências ao modelo desenvolvimento agrário que associa interesses dos capitais financeiro, industrial e rural à ocupação da terra e seus desdobramentos nos processos de regularização fundiária, assentamento, remoção de favelas, comunidades tradicionais, e que inviabiliza que as políticas sejam construídas como alternativas a essa forma de dominação.

Esse eixo aglutina também as pesquisas sobre os modelos contra-hegemônicos de agricultura e sobre as políticas de incentivo necessárias à sua implementação, em especial sobre agricultura familiar e camponesa, mas também sobre a economia solidária, inclusão produtiva e as políticas de financiamento a tais iniciativas como as políticas de microcrédito.

As relações e tensões entre Estado e sociedade civil em decorrência do acirramento das contradições sociais no atual estágio do capitalismo são registradas em 7 dissertações que compõem a área temática *Movimentos Sociais e Serviço Social*. Os estudos realizados indicam que os movimentos sociais constituem as forças políticas mais expressivas nas lutas em defesa dos direitos de cidadania e da democracia na sociabilidade burguesa, em especial num momento de criminalização, despolitização e desqualificação daqueles movimentos sociais que organizam sua agenda em torno da construção de uma sociedade mais justa e igualitária.

Já as questões relacionadas às violações dos direitos humanos, uma das mais contundentes consequências da globalização econômica neoliberal e da ascensão do conservadorismo nos cenários nacional e internacional (e as particularidades que assumem no estado de Mato Grosso), integram as pesquisas desenvolvidas na área temática Ética, Direitos Humanos e Serviço Social. Em 7 produções estão presentes as questões ligadas a migração, tráfico internacional de pessoas, trabalho em situação análoga à escravidão e sistema prisional, temas em que o Estado apresenta os piores índices nas estatísticas nacionais.

É notório ainda o interesse à interlocução e à incorporação de temas relacionados ao *Serviço Social, Relações de Exploração/Opressão de Gênero, Raça/Etnia e Sexualidades*, representados em 5 dissertações. A articulação a essa área temática tem sido fortalecida mediante a atuação do Núcleo de Estudos sobre a Organização da Mulher e Relações de Gênero (Nuepom), que embora se dedique ao estudo de questões relacionadas às relações de gênero, também tem agregado pesquisadoras(es) vinculadas(os) a diversos grupos de pesquisas dedicados ao estudo sobre a população negra e às condições de racismo, e ao Movimento LGBT.

O debate geracional no mundo contemporâneo está presente na área temática *Serviço Social, Geração e Classes Sociais*, contando com 2 dissertações. Nesses estudos, esse debate foi realizado a partir da consideração de que os processos que envolvem infância, juventude e velhice se constituem construções sociais, históricas e culturais e, portanto, expressões da *questão social*.

Esse detalhamento revela a diversidade de temas e questões abordadas nos Grupos e Núcleo de pesquisa do PPGPS, cujo eixo orientador está centrado no estudo das políticas sociais em suas diferentes dimensões, além de considerar as forças políticas e sociais de seu processo constitutivo e/ou em sua vinculação ao trabalho profissional. Ou seja, abordam a dinâmica da política social em sua construção, modelos e perfis de gestão, arena de conflitos de interesses em que forças e sujeitos sociais e políticos disputam sua direção.

É importante registrar que tem sido expressivo o interesse de profissionais de outras áreas de conhecimento pelo mestrado oferecido pelo PPGPS. Das 101 dissertações apresentadas, 47 (46,53%) foram defendidas por profissionais de outras áreas (economistas, administradores, sociólogos, historiadores, geógrafos, pedagogos, psicólogos, advogados, contadores, jornalistas), confirmando situação já identificada por diversos autores em suas produções sobre a Pós-Graduação no Serviço Social, possibilidade que se amplia nos cursos de política social dado seu caráter interdisciplinar.

O fato é que, com o passar dos anos, o PPGPS tem se constituído numa resposta à demanda expressiva de profissionais do estado de Mato Grosso e das regiões Centro-Oeste e Norte do país, assim como de diversos países latino-americanos que buscam formação em nível de Pós-Graduação *stricto sensu*.

Algumas considerações e o convite para novas reflexões

Ainda que marcado por *projetos individuais e societários diversos* em disputa, o Serviço Social construiu nas últimas décadas do século passado um projeto de formação profissional que se contrapõe ao modelo imposto pela expansão acelerada do ensino superior privado, cujas implicações têm incidido sobre a qualidade e aligeiramento da formação, com a apropriação superficial da teoria e ênfase no *fazer*, no *como fazer* e em regras de procedimentos para se conhecer e/ou intervir na realidade.

Na contramão desse modelo *aligeirado*, o que se registra é o fortalecimento de ações de resistência ideológica e teórica ao conservadorismo intelectual que tem assolado o mundo contemporâneo, principalmente, a partir dos anos 2000, quando se tem o reforço dessa forma de pensamento (também apoiada na produção *pós-moderna* e na negação da sociedade de classes) e a regressão e o esforço de supressão da razão crítico-materialista e dialética presente nas ciências humanas e sociais.

No âmbito dessas diferentes formas de ataques e retrocessos, a produção do conhecimento construído nos diferentes espaços de Pós-Graduação da área Serviço Social tem resistido à dinâmica capitalista, ao pensamento conservador e às suas inflexões sobre o campo da educação e da realidade social. E a pesquisa científica, a produção do conhecimento e a Pós-Graduação têm sido duramente atacadas e impelidas a assumir os parâmetros e diretrizes da contrarreforma da educação superior.

No interior das ciências humanas e sociais, a pesquisa e a produção de conhecimento têm sido submetidas (ainda que com muita resistência) às diretrizes das agências de regulação e fomento à pesquisa e à Pós-Graduação, cujos princípios e parâmetros de avaliação vigentes procuram restringi-las à lógica do *empresariamento* e da legitimação das políticas de desenvolvimento de capital social e de capital cultural, estas necessárias para a manutenção e garantia da ordem e da coesão social. Contudo, mesmo em meio a esse cenário tão adverso, persiste a luta e resistência de intelectuais de diversas áreas de conhecimento, em contraposição à tentativa de adestramento de sua autonomia intelectual, em prol de um conhecimento útil e *aplicável*.

Referências

ALTHUSSER, Louis. Advertência aos leitores do Livro I d'*O capital*. *In*: MARX, Karl. *O capital*: crítica da economia política. São Paulo: Boitempo, 2013. p. 56-85.

GARCIA, Maria Lúcia Teixeira; FERNANDEZ, Cristine Bonfim. Graduação e pós-graduação em Serviço Social no Brasil. *In*: Revista *Textos & Contextos*. v. 17, n. 2. Pontifícia Universidade Católica do Rio Grande do Sul (PUCRS). Porto Alegre: PUCRS, ago-dez. 2018, p. 262-275. Disponível em: http://revistaseletronicas. pucrs.br/fass/ojs/index.php/fass/article/view/30253. Acesso em: 10 mar. 2020.

IANNI, Octavio. A crise dos paradigmas na sociologia — Problemas de explicação. *Revista Brasileira de Ciências Sociais*, São Paulo, n. 13, p. 90-100, jun. 1990. Disponível em: http://www.anpocs.org.br/portal/publicacoes/rbcs_00_13/rbcs13_05.htm. Acesso em: 30 mar. 2020.

LARA, Ricardo. Pesquisa e Serviço Social: da concepção burguesa de ciências sociais à perspectiva ontológica. Revista *Katálysis*, Florianópolis, v. 10, p. 73-82, jan./abr. 2007. Disponível em: https://periodicos.ufsc.br/index.php/katalysis/article/view/S1414-49802007000300008. Acesso em: 5 mar. 2020.

LEHER, Roberto. *Autoritarismo contra a universidade: o desafio de popularizar a educação pública*. São Paulo: Fundação Rosa Luxemburgo/Expressão Popular, 2019.

LUKÁCS, György. *Marxismo e teoria da literatura*. Rio de Janeiro: Civilização Brasileira, 1968.

CAPÍTULO 13

Pesquisa e produção de conhecimento na Pós-Graduação *Stricto Sensu* em Serviço Social da PUC Goiás

Sandra de Faria
Maria Conceição Padial Machado
Lúcia Maria Moraes

Introdução

O presente capítulo sobre a produção de conhecimento na Pós-Graduação em Serviço Social da Pontifícia Universidade Católica de Goiás (PUC Goiás) associa-se às contribuições de programas de pós-graduação *stricto sensu* da área de Serviço Social que realizam pesquisas, de orientação teórico-crítica, em diferentes contextos educacionais e regionais.

A PUC Goiás conta com 11 Programas de Pós-Graduação *Stricto Sensu* — 11 mestrados, 3 doutorados e 1 doutorado interinstitucional. A diretriz das pesquisas nos Programas de Pós-Graduação é a qualificação com excelência acadêmica para contribuir com o desenvolvimento regional e o nacional. A Graduação em Serviço Social da PUC Goiás funciona há 63 anos. Criada em 12 de março de 1957 como resultado de ideias que se atualizaram pela luta das classes patronais e da Igreja (Miguel, 2005), pioneira no Centro-Oeste, integrou a Instituição desde sua criação em 1959. Registra a formação de 4.136 bacharéis até o final de 2019. O curso se articula historicamente com os demais cursos de Serviço Social de Goiás e do Centro-Oeste filiados à Associação Brasileira de Ensino e Pesquisa em Serviço Social (ABEPSS). É partícipe dos movimentos de organização da profissão, conduzido pelo compromisso coletivo que percorreu desde o movimento latino-americano de reconceituação e aprovação de projetos pedagógicos de curso a partir do Currículo Mínimo Nacional de 1982 e das Diretrizes Curriculares Nacionais da ABEPSS de 1996, até as conquistas do projeto ético-político profissional e sua ruptura com o conservadorismo.

Em Goiás, para suprir a lacuna na formação pós-graduada, foi organizado, em 1981, pelo Serviço Social da PUC Goiás, o primeiro Curso de Especialização em Serviço Social, na área de Políticas Sociais, que capacitou, de 1981 a 1996, em seis edições, 63 profissionais (Miguel; Ribeiro, 2008, p. 104).

Já a criação do Curso de Pós-Graduação *Stricto Sensu* almejou um novo patamar na formação profissional, e para tanto foi essencial a qualificação do corpo docente através de convênios e licenças remuneradas concedidas pela Universidade para cursar mestrados e doutorados em instituições nacionais e internacionais. O convênio interinstitucional entre a PUC Goiás e a Universidade Federal do Rio de Janeiro (UFRJ), em 2006, viabilizou a formação de doutores e a assessoria da professora doutora Nobuco Kameyana [a quem registramos nossa homenagem *in memoriam*] na elaboração do Projeto de Curso de Mestrado apresentado à Capes/MEC posteriormente.

A súmula a ser apresentada sobre o Mestrado em Serviço Social abrange as pesquisas do corpo docente permanente e as produções desde a primeira turma de 2007. O Programa selecionou e aprovou turmas em todos os anos desde 2007 e titulou, até 2019, 132 mestres(as) em Serviço Social.

Institucionalização do Mestrado em Serviço Social: criação e projeto pedagógico

O Mestrado em Serviço Social da PUC Goiás é expressão da maturidade do Curso de Graduação em Serviço Social em formação profissional e inserção na realidade goianiense e goiana. No Centro-Oeste, são três os programas de pós-graduação *stricto sensu* em Serviço Social: PPGs em Política Social — Mestrado e Doutorado da Universidade de Brasília (UnB); PPGs em Política Social — Mestrado da Universidade Federal do Mato Grosso (UFMT); e PPGs em Serviço Social — Mestrado da PUC Goiás.

O Mestrado em Serviço Social da PUC Goiás centraliza suas atividades nas dimensões econômicas, sociais, ideopolíticas e culturais que constituem as relações entre estrutura e superestrutura, sociedade civil e política, produção e reprodução social e as mediações do Serviço Social, da política social e dos movimentos sociais. O perfil docente permanente é interdisciplinar, com doutores do Serviço Social, Direito, Filosofia, Arquitetura/Urbanismo e Psicologia.

Objetiva desenvolver pesquisa científica no campo do Serviço Social e áreas conexas; fortalecer o ensino, a pesquisa e extensão em sintonia com as diretrizes do projeto ético-político da profissão; qualificar a pesquisa com atividades articuladas com a graduação; fortalecer a pesquisa desde a iniciação científica até a pós-graduação e as linhas de pesquisa do Programa; contribuir com o conhecimento sobre a realidade regional e local quanto à profissão, políticas sociais, movimentos sociais e cidadania; promover o intercâmbio com outras unidades de ensino e pesquisa regionais, nacionais e internacionais.

A área de concentração do Programa é Serviço Social, Política Social e Movimentos Sociais. O projeto propõe duas Linhas de Pesquisa: Teoria Social e Serviço Social e Política Social, Movimentos Sociais e Cidadania.

A linha de pesquisa Teoria Social e Serviço Social abrange estudos de concepções teóricas e filosóficas da vida social e suas tendências, e a fundamentação teórico-metodológica inscrita no histórico da institucionalização da profissão e suas configurações contemporâneas.

A linha de pesquisa Política Social, Movimentos Sociais e Cidadania reúne investigações das condições históricas e materiais da constituição, planejamento, aplicabilidade, gerenciamento e avaliação da política social e das diferentes concepções e expressões de Estado e de política social. Avalia o histórico dos movimentos sociais, seu papel, objetivos e lutas e os desafios das manifestações e organizações da sociedade civil, suas conquistas na democracia e ampliação de direitos e de cidadania.

A matriz pedagógica do curso compreende disciplinas obrigatórias, seminários avançados, grupos de pesquisa, orientação e atividades programadas. O perfil discente tem formação em Serviço Social, mas acolhe profissionais do Direito, História, Psicologia, Educação Física e Educação.

As dissertações defendidas são vinculadas às linhas de pesquisa:

Quadro 1 — Dissertações de Mestrado concluídas — 2009/2019

Linha de pesquisa	Subtotal
Políticas Sociais e Serviço Social	93
Movimentos Sociais	5
Teoria Social e Serviço Social	24
Trabalho, processo de trabalho e profissão	10
TOTAL	132

Fonte: Faria e Martins (2019).

As temáticas das dissertações são, na linha de pesquisa Política Social e Serviço Social: estado social, direitos e políticas sociais, privatização e terceirização nas políticas sociais, gestão, financiamento e controle na seguridade social — saúde, assistência social, previdência social. As temáticas sobre educação: políticas para a educação superior, educação tecnológica e educação inclusiva, terceirização e privatização na educação tecnológica e superior, violência na escola, assistência estudantil, extensão universitária e educação de jovens e adultos. Nas temáticas da política habitacional: habitação de interesse social e Programa Minha Casa, Minha Vida.

Os estudos sobre movimentos sociais referem-se aos movimentos de moradia urbana, Movimento Sem-Terra em Goiás e aos estudos sobre justiça, gênero, etnia, geração, migração, criança, adolescente e juventude, participação e controle social na política social.

Na linha de pesquisa Teoria Social e Serviço Social, as dissertações enfatizam: fundamentos históricos e teórico-metodológicos do Serviço Social e suas racionalidades, formação profissional e sua trajetória nos espaços sócio-ocupacionais, relações e condições de trabalho, ensino a distância, estágio e Diretrizes Curriculares Nacionais da ABEPSS.

Grupos de pesquisa no Mestrado em Serviço Social, 2007-2019

Cabe observar que, de 2007 a 2016, os registros dos projetos dos docentes permanentes do curso se efetuavam de acordo com a política de pesquisa da PUC Goiás, cuja unidade de Sistema de Gestão de Pesquisa (SIGEP) eram os núcleos de pesquisas dos Cursos de Graduação e Pós-Graduação *Stricto Sensu*.

Assim, professores do Mestrado em Serviço Social registravam seus projetos no Núcleo de Pesquisa e Estudo em Estado, Sociedade e Cidadania (NUPESC); os do Direito cadastravam no Núcleo de Estudo e Pesquisa em Ciências Jurídicas (NEPJUR); os de Arquitetura e Urbanismo, no Núcleo de Estudos e Pesquisas do Edifício e da Cidade (NEPEC); e os de Filosofia, no Núcleo de Pesquisa Investigação sobre Gênero (NIG).

Em 2017, a Resolução n. 003/ 2017 do Conselho de Ensino e Pesquisa da Universidade adotou os grupos de pesquisa como unidade de gestão dos projetos da graduação e pós-graduação *stricto sensu*. Daí, os projetos de pesquisa dos docentes permanentes passaram a ser registrados nos grupos de pesquisa cadastrados tanto no SIGEP como no Diretório de Grupos de Pesquisa do CNPq. No Serviço Social, os grupos de pesquisa são como segue.

1. Grupo de Pesquisa Ontologia Marxiana, Trabalho, Educação, Estado e Luta de Classe, coordenado pela Profa. Dra. Maria Conceição S. Padial Machado: estuda o trabalho como categoria ontológica em relação à sociabilidade humana e a educação em sua totalidade.

2. Grupo de Estudo e Pesquisa em Teoria Social e Fundamentos do Serviço Social, coordenado pela Profa. Dra. Sandra de Faria: estudos das tendências do debate e da teorização marxiana e marxista e fundamentos teórico-metodológicos do Serviço Social, o processo histórico de sua institucionalização profissional e suas configurações contemporâneas.

3. Grupo de Pesquisa sobre Infância, Adolescência e Políticas Públicas, coordenado pela Profa. Dra. Denise Carmen de Andrade Neves: estuda a infância e adolescência relacionadas às políticas sociais públicas, especialmente as da educação, saúde e assistência social.

4. Grupo de Pesquisa Infância, Família e Sociedade — membro participante Profa. Dra. Rosana Carneiro Tavares: criado em 1999, a partir da iniciativa do Centro de Estudos, Pesquisa e Extensão Aldeia Juvenil, integra a Escola de Ciências Sociais e da Saúde nos PPGs de Psicologia e Educação.

5. Grupo de Investigação de Gênero, coordenado pela Profa. Dra. Maria José Pereira Rocha: o conhecimento interdisciplinar sobre gênero e as atividades de ensino, pesquisa e extensão em Goiânia, Goiás e Centro-Oeste.

6. Grupo Planejamento Urbano e Regional — membro participante Profa. Dra. Lúcia Maria Moraes: estudos de desenvolvimento e planejamento regional, urbano e ambiental, com atenção especial à segregação urbana e à habitação de interesse social.

De 2007 a 2019, em 13 anos, o Mestrado já respondeu por 27 projetos de pesquisa concluídos e em andamento, com equipes de docentes, discentes, pesquisadores brasileiros e estrangeiros.

Quadro 2 — Linhas de pesquisa, ênfases e projetos de pesquisa do Mestrado em Serviço Social — 2007/2019

Linha de pesquisa: teoria social e Serviço Social	
Ênfase	Conhecimento da vida social e suas tendências no Serviço Social.
Projeto	Consciência e alienação: um estudo sobre movimentos sociais e manifestações populares.
Projeto internacional	As políticas estratégicas de Estado para pesquisa e desenvolvimento: um enfoque na educação superior e o Serviço Social no Brasil e Portugal (pesquisa em parceria com o Serviço Social do Instituto Superior Miguel de Coimbra — Portugal. Apoio Capes/PVE Sênior — Edital nº 45/2017 — Seleção 2018. Subprojeto Investigação e produção de conhecimento nos cursos de mestrado em Serviço Social da PUC Goiás e ISMT: avanços e desafios.
Ênfase	Fundamentação teórico-metodológica do Serviço Social.
Projetos	Os cursos de Serviço Social a distância no Estado de Goiás e a programação de seus estágios. O processo histórico de institucionalização do Serviço Social e suas configurações contemporâneas. Pesquisa, formação profissional e a extensão e complexidade da renovação do Serviço Social no Brasil. Pesquisa e produção do conhecimento: particularidades da renovação do Serviço Social no Brasil.

Continua ◗

Quadro 2 — Continuação

Linha de pesquisa: Política Social, Movimentos Sociais e Cidadania	
Ênfase	Condições históricas e materiais da constituição, elaboração, planejamento, aplicabilidade, gerenciamento e avaliação da Política Social.
Projetos	Os serviços públicos de atenção em saúde mental aos usuários de drogas ilícitas e do álcool na cidade de Goiânia e seu entorno (2000-2012) — Apoio Fundação de Amparo à Pesquisa — Fapeg.
	As causas da evasão de estudantes de graduação presencial na UFG.
	A garantia de direito de crianças e adolescentes: um estudo do atendimento das políticas públicas de educação, saúde e assistência social na região leste de Goiânia — GO — Apoio CNPq.
	Os descaminhos do Sistema Único da Assistência Social — SUAS: uma política em construção, em Goiânia — GO — 2009/2012.
	A efetivação da política de assistência social com base na PNAS/NOB-SUAS e Lei 12.435/2011 em municípios goianos — de 2004 a 2012.
	A assistência social em Goiás e Goiânia: concepção, gestão, controle social democrático e financiamento — 1988/2011.
	A seguridade social em Goiânia: saúde, previdência e assistência social — década de 1990 — gestão, financiamento e controle social. Apoio Fundação de Amparo à Pesquisa — Fapeg.
	Fatores de vulnerabilidade e de proteção de crianças e adolescentes pobres em Goiânia: um estudo psicossocial.
	Qualidade de vida: renda, trabalho e proteção previdenciária do idoso no estado de Goiás.
Ênfase	Concepções e expressões de Estado e de Política Social.
Projetos	Raízes e construção do Estado Social de Direito.
	A relação da concepção e dos direitos na assistência social com a chamada política de assistência estudantil nas instituições de ensino superior.
	Produção habitacional contemporânea: impactos na reconfiguração urbana e socioespacial na região metropolitana de Goiânia (pesquisa em parceria com o Instituto de Estudos Socioambientais da Universidade Federal de Goiás / Universidade Estadual de Goiás, com o apoio da Fundação de Amparo de Pesquisa do Estado de Goiás — IESA/UFG/UEG — Fapeg).
Ênfase	Processo histórico e legado dos movimentos sociais, o seu papel, objetivos e lutas sociais.
Projetos	O espaço político-democrático institucional dos Conselhos da Seguridade Social em Goiânia — 2005-2009.
	A seguridade social no Estado de Goiás: análise da gestão e financiamento no período de 1988 a 2010.
	Cinema e gênero: narrativa transgressora do masculino e do feminino em Almodóvar.

Continua ▶

Quadro 2 — Continuação

Projeto internacional	Comprender mejor las familias fragilizadas en contextos latinoamericanos — Coordenação Federação Internacional de Universidades Católicas — FIUC. Subfamílias brasileiras em situação de conflitividade: dimensões sócio-históricas, jurídicas, culturais e subjetivas — Goiânia —Goiás — 1980-2012. Coordenação PUC Goiás.
Ênfase	Organizações da sociedade civil e suas conquistas na efetivação da democracia, ampliação de direitos e de cidadania.
Projetos	Legislação de políticas públicas no contexto dos objetivos de desenvolvimento do milênio: um enfoque de gênero. O papel educativo das mulheres nos assentamentos do Movimento dos Trabalhadores Rurais Sem-Terra.

Fonte: PUC Goiás/SIGEP, 2007/2019.

No trabalho acadêmico, os docentes do Programa colaboram com pesquisadores do Serviço Social e áreas afins em atividades curriculares, intercâmbio com programas do país e do estrangeiro. Destaque seja dado à cooperação internacional com o Curso de Mestrado e Licenciatura em Serviço Social do Instituto Superior Miguel Torga (ISMT), Portugal, que já inseriu, em seu corpo docente, uma professora-visitante sênior, com bolsa aprovada pela Capes.

Da relação interinstitucional com universidades do país, destaca-se a Universidade Federal de Goiás: cooperação em eventos científicos, Semana do Assistente Social do Estado de Goiás, intercâmbio entre pesquisadores, participação em bancas e organização de atividades programadas. Há também cooperação ininterrupta com o Serviço Social da UnB, UFRJ, PUC-SP, UFMT, UFMS, UCDB, UFT.

A pesquisa e a cooperação acadêmica se traduzem nas publicações organizadas no âmbito do Mestrado de autoria de docentes, discentes e convidados e na socialização da produção de conhecimento.

Há mais de quatro décadas, na trajetória do Serviço Social brasileiro e de Goiás, reafirma-se o projeto ético-político profissional que se revela permeável pelo desenvolvimento do pensamento científico crítico na formação profissional, na pesquisa científica e no trabalho

Quadro 3 — Livros — Publicações organizadas por docentes e discentes — 2007/2019

1	Assistência Social no contexto do pluralismo de bem-estar: prevalência da proteção social plural ou mista, porém não pública. Maria José de Faria Viana. Goiânia: Ed. PUC Goiás, 2012.
2	Políticas sociais urbanas — A cidade para todos e todas. Josué Vieira Filho e Lúcia Maria Moraes (org.). Goiânia: Ed. PUC Goiás, 2013. Financiamento: CONFEA — Capes/PAEP.
3	Famílias brasileiras em situação de conflitividade. Carolina Teles Lemos, Maria José de Faria Viana (in memoriam), Vannúzia Leal Andrade Peres (org.). Goiânia: Ed. PUC Goiás, 2014. Financiamento: PUC Goiás — FIUC.
4	A Seguridade Social em Goiás: ensaios críticos e pesquisa em Serviço Social. Carmen Regina Paro, Sandra de Faria, Walderez Loureiro Miguel (org.). Goiânia: Ed. PUC Goiás, 2016. Financiamento — Fapeg
5	Fios de Aracnê: narrativas de resistência e epistemologia feminista. Maria José Rocha, Angelita Pereira de Lima, Annaterra Meira Oliveira de Jesus, Elvira Alves de Oliveira e Josiane Camelo Ferreira Antunes (org.). Goiânia: Ed. PUC Goiás, 2019. Financiamento Capes/Fapeg.
6	Trabalho e moradia na cidade do capital. Maria Conceição Sarmento Padial Machado. Goiânia: Ed. PUC Goiás, 2019. Financiamento Capes/Fapeg.
7	Formação em Serviço Social — Goiás (Brasil) e Coimbra (Portugal): história, memórias e projetos. Sandra de Faria, Alcina Maria de Castro Martins, Walderez Loureiro Miguel (org.). Goiânia: Ed. PUC Goiás. Lançamento previsto para 2020. Financiamento Capes/Fapeg.
8	Família, pobreza e estratégias de sobrevivência. Maisa Miralva Silva. Goiânia: Ed. PUC Goiás. Lançamento previsto para 2020. Financiamento Capes/Fapeg.
9	Assistência Social em municípios goianos: do novo jargão ao conservadorismo renitente. Maisa Miralva. Silva Goiânia: Ed. PUC Goiás. Lançamento previsto para 2020. Financiamento Capes/Fapeg.

Fonte: PUC GOIÁS/MSS, 2007/2019.

profissional. Nesse sentido, conforma-se na literatura profissional a concepção histórica radical da "questão social" — constitutiva da sociedade burguesa e determinante das relações de produção e reprodução social — e suas expressões no processo e nas particularidades da sociedade capitalista e sua dinâmica contemporânea tardia.

A "questão social", nesta perspectiva teórico-analítica, não tem nada a ver com os desdobramentos de problemas sociais que a ordem burguesa herdou ou com traços invariáveis da sociedade (uma "natureza humana" conclusa, dada para todo o sempre); tem a ver, exclusivamente, com a sociabilidade erguida sob o comando do capital. Por isto mesmo, a análise teórica marxiana interdita qualquer ilusão acerca do alcance das reformas no interior do capitalismo (Netto, 2012, p. 206-207).

Nessa dimensão, as investigações privilegiam apreender tendências particulares no desenvolvimento combinado e desigual dessa sociedade burguesa, desvelando a "questão social" na contradição antagônica entre capital e trabalho. E as condições objetivas da vida da classe trabalhadora em suas especificidades geracionais, de gênero e de raça/etnia e as desigualdades sociais estruturais.

Assim, o campo do conhecimento denota os fundamentos teórico-metodológicos de uma concepção sócio-histórica do Serviço Social analisado como profissão e área de conhecimento. Por um lado, uma especialização do trabalho coletivo na divisão social e técnica do trabalho, estruturante da economia capitalista. De outro, o seu desenvolvimento renovador e os movimentos de ruptura com o conservadorismo, numa vinculação consciente entre as dimensões teórica, técnico, ética e política da profissão e a requisição de um perfil profissional com formação intelectual.

A pesquisa e a produção de conhecimento reconhecem o seu pertencimento político à classe trabalhadora e aos compromissos do projeto ético-político profissional com a autonomia, a emancipação e a expansão dos indivíduos no sentido da liberdade como valor ético central, o que vem exigindo do curso o adensamento teórico-metodológico, ético-político e técnico-operativo para o trabalho profissional cotidiano e a teorização fundada na pesquisa científica e na crítica.

Considerações finais

Cabe relevar que, em 13 anos, o Mestrado em Serviço Social da PUC Goiás, junto aos demais programas, à coordenação de área e direção da ABEPSS, analisa as tendências da pós-graduação no Brasil, constrói estratégias para a qualificação de sua produção e busca soluções com a PROPE/PUC Goiás para a sua manutenção e a de seus objetivos de formação no Centro-Oeste e no país.

Os docentes de Serviço Social da PUC Goiás constroem respostas e aprovam adequações, reestruturações e reformulações em seu projeto original, visando a sua continuidade nas avaliações da agência federal. Se as exigências para a continuidade do Curso de Mestrado foram e são desafiantes, cabe, todavia, asseverar o contínuo compromisso de docentes, discentes e da Instituição com a formação em Serviço Social e a pós-graduação, avaliando-as sempre pelas referências institucionais, recomendações da coordenação de área e da ABEPSS. Em termos político-pedagógicos, o curso defende a educação pública, democrática, laica e socialmente referenciada e uma universidade/instituição inserida na *práxis* social, com compromissos acadêmicos e sociais.

O Curso de Mestrado e o "sonho" de criar o Doutorado formam um projeto de formação continuada com raízes no cerrado brasileiro, na trajetória da profissão e suas particularidades, na sua relação com movimentos políticos e sociais comprometidos com os interesses imediatos e históricos da classe trabalhadora. Alcançar a maturidade intelectual do Serviço Social no Brasil supõe, continuamente, uma interlocução com as Ciências Sociais e Humanas, conservar e aprofundar, na ciência e na cultura profissional, a produção acadêmica na área e evidente na multiplicidade de temas e objetos de estudo, no rigor científico e nos fundamentos teóricos do materialismo-histórico dialético e na literatura profissional crítica.

Referências

CARVALHO, D. B. B.; SILVA, M. O. da S. (org.). *Serviço Social, pós-graduação e produção do conhecimento no Brasil*. São Paulo: Cortez, 2005.

FARIA, S. de. Reflexões contemporâneas sobre pesquisa e produção do conhecimento em Serviço Social no Brasil. Revista *Praia Vermelha*, Rio de Janeiro, v. 24, n. 2, jul./dez. 2014.

FARIA, S.; MARTINS, A. M. C. Investigação e produção de conhecimento nos Mestrados em Serviço social da PUC Goiás (Brasil) e do Instituto Superior Miguel Torga (Portugal). *In:* Congresso de Ciência e Tecnologia da PUC Goiás, 5., 2019, Goiânia. *Anais...* PUC Goiás, 2019.

KAMEYAMA, N. A trajetória da produção de conhecimentos em Serviço Social: avanços e tendências (1975-1997). *Cadernos ABESS*, São Paulo, n. 8, p. 33-76, 1998.

MIGUEL, W. L. O *Serviço Social e a promoção do homem*: um estudo de ideologia. Goiânia: Editora da PUC Goiás, 2005.

MIGUEL, W. L.; RIBEIRO, E. B. A Escola de Serviço Social de Goiás: 50 anos de sua história. *Serviço Social & Sociedade*, São Paulo, ano XXIX, n. 95, n. esp, p. 97-108, 2008.

MOTA, A. E. Serviço Social brasileiro: profissão e área de conhecimento. Revista *Katálysis*, Florianópolis, v. 16, n. esp., p. 17-27, 2013.

NETTO, J. P. Capitalismo e barbárie contemporânea. Revista *Argumentum*, Vitória (ES), v. 4, n.1, p. 202-222, jan./jun. 2012.

NETTO, J. P. Transformações societárias e Serviço Social. Notas para uma análise prospectiva da profissão no Brasil. *Serviço Social & Sociedade*, São Paulo, ano XVII, n. 50, p. 87-132, abr. 1996.

CAPÍTULO 14

Intersetorialidade e redes de políticas públicas: breve síntese sobre a produção intelectual do Serviço Social

Zelimar Soares Bidarra
Ana Lucia Dourado
Marli Renate Von Borstel Roesler

Introdução

Esse texto contém uma reflexão sobre os temas da intersetorialidade e das redes de políticas públicas que integram a dinâmica do trabalho dos assistentes sociais nos processos de implementação de políticas públicas. Para essa reflexão, adotou-se a estratégia de analisar como a produção intelectual sobre esses temas aparece incorporada ao veículo de mais amplo alcance de disseminação de conhecimentos da área — a revista *Serviço Social & Sociedade*.

O interesse pelos temas está relacionado com as inserções profissionais das autoras em atividades de pesquisa, de extensão universitária e na mediação dos processos formativos vinculados aos cursos de graduação e pós-graduação, por meio dos quais investem na construção de alternativas para o desenvolvimento de experiências e interlocuções profissionais referenciadas pela noção de intersetorialidade e pelo compromisso com o fortalecimento das redes de políticas públicas.

Esses temas integram princípios organizativos, diretrizes e são constitutivos das referências normativas de várias políticas setoriais, como: saúde (Lei Orgânica da Saúde/Sistema Único de Saúde/1990-91), assistência social (Lei Orgânica da Assistência Social-1993/Sistema Único da Assistência Social/2005); política de atendimento da área da criança e do adolescente (Estatuto da Criança e do Adolescente/1990) e políticas para mulheres (I Plano Nacional de Política para Mulheres/2004 e Lei Maria da Penha/2006). Nelas, há um objetivo e uma determinação para que as intervenções persigam a superação do caráter endógeno e setorial.

Para isso, há um percurso a ser experimentado que engloba aproximações, desentendimentos, conflitos, negociações/pactuações para que a determinação se configure em procedimentos compartilhados nas rotinas de implementação das políticas públicas. Para fomentar esse percurso, não se pode prescindir do acúmulo de conhecimentos, daí termos escolhido investigar sobre esse acúmulo em produções da *Serviço Social & Sociedade*, em razão da sua importância e alcance para os/as assistentes sociais.

Os sentidos da intersetorialidade e das redes de políticas públicas na *Serviço Social & Sociedade*

A partir da indagação: como estão abordados os temas da intersetorialidade e das redes de políticas públicas na *Serviço Social & Sociedade*?, o procedimento metodológico foi o do levantamento e da revisão de literatura. Trabalhou-se com o material publicado entre os anos 2000-2019[1], a produção do século XXI. Foram selecionados os artigos que continham reflexões teóricas ou relatos de experiências. Procedeu-se a uma revisão sistemática de literatura que, nos termos de Ferenhof e Fernandes (2016, p. 551), trata com rigor sistemático as contribuições contidas num conjunto de obras, a partir de vieses diferenciados. Para isso, é fundamental seguir um protocolo que orienta a busca e a retenção do material a ser analisado.

Foram consultados os exemplares em volumes físico e *on-line*. As buscas foram realizadas mediante o uso dos termos descritores, como: intersetorialidade, rede(s), trabalho em rede, política(s) social(ais), política(s) pública(s). Admitiram-se como parâmetros os campos: título, resumo e palavras-chave. O levantamento alcançou um total de 618 (seiscentos e dezoito) artigos, e somente 11 (onze) deles tratavam dos temas da intersetorialidade e das redes de políticas públicas.

Quadro 1 — Inventário dos artigos

Ordem	Ano	Título do artigo	Resumo
1	2004	Especificidade e intersetorialidade da política de assistência social.	O texto trata da especificidade/particularidade da política de assistência social no Brasil, buscando situar a construção do regime de assistência social no país enquanto processo histórico e geograficamente situado. São elucidadas as trajetórias do debate da assistência social no âmbito constitucional e todo acúmulo de estudos e pesquisas da trajetória de assistência social na perspectiva das políticas sociais brasileiras. Em contraponto, são tratadas as concepções inespecíficas da política e da assistência social, considerando estabelecer a particularidade/especificidade dessa política é condição nodal para soldar o paradigma do direito na assistência social.

Continua ▶

1. Trabalhou-se o material publicado até o número 135, dado que o número 136 trata de edição que contemplou tema específico em articulação com o do Congresso Brasileiro de Assistentes Sociais (2019).

Quadro 1 — Continuação

Ordem	Ano	Título do artigo	Resumo
2	2004	Como conjugar especificidade e intersetorialidade na concepção e implementação da política de assistência social	**O presente artigo trata da questão da intersetorialidade e da interdisciplinariedade da política de assistência social**, a partir da sua conceituação como política pública nos marcos da cidadania e da democracia ampliadas. Parte da crítica do estreito legado histórico da assistência, que a segmenta e marginaliza, e da sua secular vinculação com o conceito de pobreza absoluta, para reconceituá-la como processo complexo e indissociável das demais políticas públicas (sociais e econômicas), embora dotada de características próprias. Por isso, recomenda considerar a assistência social como uma *política pública particular*, e não como *política setorial*. (grifo das pesquisadoras)
3	2006	Gestão pública intersetorial: Sim ou não? Comentários de experiência	**O *paper* sistematiza observações sobre a aplicação do modelo de gestão intersetorial na ação pública,** com destaque para experiências realizadas pela autora na cidade de São Paulo. O tema da intersetorialidade é trabalhado em suas relações com a descentralização, democratização e territorialização. A autora em seus comentários põe em questão compreensões dogmáticas sobre o modo de gestão intersetorial, o que o retira da sua condição de estratégia institucional, cujas efetividade, eficácia e eficiência de aplicação dependem da realidade institucional em que será aplicado e dos objetivos a atingir. (grifo das pesquisadoras)
4	2007	Intersetorialidade e políticas de superação da pobreza: desafios para a prática	Na primeira parte do texto são analisadas a dimensão conceitual da pobreza e da exclusão e a relação com a perspectiva da transversalidade no desenho de estratégias de enfrentamento. **Na segunda parte, o foco reside nas dimensões nas quais a perspectiva de intersetorialidade se insere, que foram identificadas como três níveis de ação: nos âmbitos da decisão política, dos arranjos institucionais e da dimensão técnico-operacional das políticas.** Na terceira parte, a perspectiva da intersetorialidade é alcançada a partir do debate sobre novas formas de gestão local e pela concepção de governança, que amplia a discussão para envolver também uma dimensão mais ampla quanto ao seu significado no âmbito da gestão pública, relacionada com a gestão de redes horizontais e entre níveis de governo. (grifo das pesquisadoras)
5	2009	Pactuar a intersetorialidade e tramar as redes para consolidar o sistema de garantia de direitos	**Este artigo defende uma perspectiva de caráter democrático para a construção da ação intersetorial. O objetivo é de que, pela via da ação intersetorial e em rede, seja possível avançar na consolidação do sistema de garantia de direitos.** E que este torne factível a existência de um tecido de risco e vulnerabilidade que ameaçam a vida cotidiana de um expressivo contingente de crianças e adolescentes brasileiros. (grifo das pesquisadoras)

Continua ◗

Quadro 1 — Continuação

Ordem	Ano	Título do artigo	Resumo
6	2010	Plantão social: espaço privilegiado para identificação/ notificação de violência contra crianças e adolescentes	**O objetivo deste artigo é refletir sobre as possibilidades e limites da intersetorialidade das políticas públicas.** Foi utilizada como método de análise a pesquisa documental quando se identificaram as políticas com maiores tendências à intersetorialidade. (grifo das pesquisadoras)
7	2010	Reflexões sobre a intersetorialidade entre as políticas públicas	Este artigo tem como proposta problematizar a concepção de plantão social, que vigora no interior do Serviço Social, discutindo tal estratégia como espaço privilegiado para identificação/notificação de casos de violência praticada contra crianças e adolescentes. Pretende-se ainda refletir sobre os limites e possibilidades de avanço na emancipação dos sujeitos (crianças e adolescentes) vitimizados pela violência doméstica, a partir de uma prática profissional comprometida com a ampliação da cidadania e a defesa intransigente dos direitos humanos.
8	2012	Algumas reflexões sobre o sistema de garantia de direitos	Para realizar uma reflexão sobre o sistema de garantia de direitos, este artigo toma por ponto de partida pontuar o processo secular de universalização dos direitos humanos e como essa questão foi se colocando historicamente à sociedade brasileira. **Trata em seguida da especificidade de um sistema de garantia de direitos, de sua articulação em rede e de sua estruturação por eixos que devem integrar, transversal e intersetorialmente,** as organizações responsáveis por sua instituição, defesa, promoção, controle e disseminação. (grifo das pesquisadoras)
9	2013	A interdisciplinaridade na violência sexual	O artigo aborda a inquirição da vítima de violência sexual como afronta aos direitos humanos da criança, na medida em que busca a obtenção da prova em detrimento da proteção da vítima. Aponta a ação interdisciplinar como indispensável ao trabalho envolvendo violência sexual praticada contra a criança, dando ênfase à perícia realizada por profissionais de diversas áreas (Serviço Social, Psicologia, Pedagogia, Pediatria) como instrumento capaz de produzir a prova e de garantir a dignidade e o respeito à vítima.
10	2014	Saúde mental, intersetorialidade e questão social: um estudo na ótica dos sujeitos	O estudo ora apresentado é resultado de uma pesquisa qualitativa com os profissionais e usuários do Centro de Atenção Psicossocial (CAPS) que **visou identificar o acesso dos portadores de transtorno mental na rede "atenção em saúde mental" e do trabalho intersetorial da equipe.** A investigação é fruto do trabalho de conclusão de curso de Serviço

Continua ▶

Quadro 1 — Continuação

Ordem	Ano	Título do artigo	Resumo
			Social vinculado ao Grupo de Estudos e Extensão — "Saúde, Interdisciplinaridade e Cidadania". Os resultados obtidos nos ofereceram um panorama dos desafios e avanços da Reforma Psiquiátrica no cotidiano do trabalho profissional e da vida social dos portadores de transtorno mental. (grifo das pesquisadoras)
11	2016	A aposta na tessitura de redes como inovação do trabalho no campo sociojurídico	As práticas de assistentes sociais e psicólogos no campo sociojurídico capixaba contam histórias que desvelam tanto os modos de funcionamento instituídos naquele espaço laboral quanto provocam a desestabilização do saber/poder daquelas categorias profissionais, descortinando as formas de resistência que têm sido forjadas cotidianamente em favor de uma postura ético-política de defesa da vida, na contramão de sua recorrente judicialização, como o **investimento no trabalho em rede.** (grifo das pesquisadoras)

Fonte: Resultado de pesquisa — elaborado pelas autoras.

Observou-se que a produção se distribuiu num intervalo de doze anos de forma espaçada. Prevaleceram artigos escritos individualmente, nos quais a ênfase recaiu sobre a dimensão da gestão. As primeiras publicações datam do ano de 2004 e pertencem a Pereira e a Sposati, cujos trabalhos precursores direcionaram as reflexões subsequentes sobre aspectos concernentes à gestão. Esses artigos foram escritos no ambiente da definição do Sistema Único de Assistência Social (SUAS).

O artigo de Sposati (2004) relacionou o tema da intersetorialidade com o processo de organização da política de assistência social. O texto foi dividido em dois momentos: o primeiro abordou *"O que está em discussão"* na redefinição dessa Política, a disputa entre a lógica do paternalismo e a da noção de direitos; o segundo problematiza pontos de vistas que variavam de *"Concepções inespecíficas da política de assistência social"* até aqueles que assertivos *"Por uma concepção específica ou de particularidade da Assistência Social"*. Fazendo uma discussão sobre essas perspectivas, reconheceu que intersetorialidade se põe na esfera dessa política como uma necessidade, seja para o *"conhecimento da realidade"* seja para *"a criação de articulação"* (SPOSATI, 2004, p. 32-36-40-52).

O trabalho de Pereira (2004, p. 57) fez uma digressão sobre *"As particularidades da política de assistência social"*, seu desafio de concretizar direitos no modo de produção capitalista, para o que precisa de interfaces intersetorial e interdisciplinar para estabelecer as redes que tornam factível o acesso dos usuários aos direitos básicos.

Nos artigos de Sposati (2004) e de Pereira (2004) não conseguimos identificar a adoção explícita de uma definição ou conceituação para os termos. Há evidências de que eles foram utilizados como mediadores da ideia de articulação, de entrelaçamento. Esses artigos aproximaram pesquisas da área do Serviço Social com os temas da intersetorialidade e das redes de políticas públicas; além de requererem o aprofundamento da reflexão sobre a perspectiva da gestão democrática das políticas públicas.

No curso da análise vimos que as produções (Quadro 1) investiram em conceituações sobre intersetorialidade e redes de políticas públicas, buscando demonstrar a relação de autoimplicação entre elas, quando se trata de constituir processos mais horizontais de gestão. Esse caminho foi tracejado pelas produções que contêm relatos de experiências.

Sposati (2006, p. 134) relatou sua experiência com a construção de prática intersetorial quando atuou como Secretária Municipal de Assistência Social na cidade de São Paulo, o que lhe permitiu compreender que a intersetorialidade não deve ser contrária nem ter a pretensão de substituir a setorialidade, mas de lhe ser complementar, principalmente em se tratando dos processos de descentralização.

Bronzo e Veiga (2007) consideraram a intersetorialidade como condição de um modelo de gestão que se baseia na horizontalidade e na transversalidade das relações entre os agentes encarregados de concretizar serviços e benefícios transmitidos pelas políticas públicas. O termo transversalidade foi utilizado como sinônimo da intersetorialidade, dada a influência recebida da obra de Serra (2004), que não diferencia o entendimento desses termos.

Os trabalhos de Bidarra (2009) e Nascimento (2010) apresentam, de maneira explícita, uma definição/conceito de intersetorialidade, relacionando-a com estratégia de articulação. O primeiro destaca a articulação intersetorial, que deve ser construída socialmente, considerando a realidade e as demandas. São necessárias pactuações entre todos os envolvidos no processo de implementação, os quais devem participar das negociações que definem os fluxos e protocolos dos atendimentos (Bidarra, 2009). Para Nascimento (2010, p. 96): "[...] a intersetorialidade passou a ser um dos requisitos [...] visando sua efetividade por meio da articulação entre instituições governamentais e entre essas e a sociedade civil". Esses artigos aproximaram a compreensão entre intersetorialidade e a constituição de redes para respostas mais participativas às demandas interventivas inscritas nos programas e serviços das políticas públicas.

A produção de Monteiro (2010, p. 497) buscou estabelecer a relação entre a intersetorialidade e as respostas aos atendimentos efetivados pelas redes para a problemática da violência sexual contra crianças e adolescentes. Foi realizada uma pesquisa com seis assistentes sociais que trabalhavam num plantão social de urgência, os quais indicaram a "[...] melhor articulação das equipes multiprofissionais [...]" como aspecto necessário do atendimento prestado no âmbito do plantão social em relação a essa violência. Intersetorialidade e interdisciplinaridade se tornam indispensáveis para a organização horizontal e participativa da gestão democrática e territorializada das políticas públicas.

Acresce a reflexão de Baptista (2012), que destaca a importância do conceito de articulação em redes para pensar as correspondências dos atendimentos efetivados pelas políticas públicas para com as premissas da proteção social que foram estabelecidas por normativas como a Constituição de 1988 e o Estatuto da Criança e do Adolescente (ECA, 1990). O ECA concebe essa proteção a partir da existência de um sistema de garantia de direitos (SGD) que combina horizontalidade, interdisciplinaridade, interinstitucionalidade e complementaridade. O SGD é a expressão da articulação em rede para que a garantia de direitos se torna uma responsabilidade compartilhada. Porém, em nossa sociedade as ações que deveriam refletir essa responsabilidade têm sido localizadas e fragmentadas (Baptista, 2012). Para a superação, é preciso um projeto político que tenha a transversalidade e a intersetorialidade como princípios norteadores.

Articulando-se com os aspectos mencionados por Monteiro (2010) e Baptista (2012), Azambuja (2013, p. 498) reitera a pertinência da interdisciplinaridade (por ela subentendido como um equivalente da intersetorialidade) para a atuação das políticas públicas que estão incumbidas em assegurar a cessação da violação de direitos e das violências contra crianças e adolescentes. Se o princípio da ação é a proteção integral, para alcançá-la deve ocorrer a articulação interdisciplinar entre os atores do SGD. Porque são os diálogos articulados e pactuados entre as intervenções profissionais que constituem os sistemas de atendimentos, sob o formato de redes interconectadas que possibilitam uma forma de gestão que melhor viabilize as medidas para a proteção aos cidadãos.

O texto de Scheffer e Silva (2014) explicitou a influência da intersetorialidade e das redes no contexto da organização de serviços da política de saúde mental. A intersetorialidade permite melhorar o acesso dos usuários aos serviços de uma rede de atendimento, além de funcionar como mecanismo de otimização do fluxo do atendimento, sendo assemelhada a uma rotinização de encaminhamentos que abreviam o acesso e o trânsito pelos serviços, o que significa que ela ordena o atendimento e dá uma melhor resposta para o encadeamento início-meio-fim.

Ferrari e Tavares (2016, p. 104-105) repuseram a preocupação sobre as premissas e fundamentos que sustentam o tema das redes no contexto das intervenções profissionais e das estruturas das políticas públicas. Destacaram como a noção de rede "[...] emerge do campo de atuação profissional na política pública de assistência social e encontra-se diretamente correlacionada à instauração da seguridade social a partir do texto constitucional brasileiro de 1988". A intersetorialidade é princípio estruturante da matriz do sistema dessa política, por isso as redes são prerrogativas para que se atinja o objetivo de assegurar a proteção social.

A revisão sobre esse acervo, no recorte temporal, demonstrou que foram poucos os trabalhos publicados que resultaram de pesquisas empíricas sobre os temas da intersetorialidade e das redes de políticas públicas, ainda que sejam assuntos que tenham larga inserção no âmbito da prática profissional do Serviço Social, em sua intrínseca relação com processos de implementação das políticas públicas. Inúmeros são os desafios para a continuidade de promover debates tematizados no âmbito da produção difundida pela *Serviço Social & Sociedade*, todavia sua importância e centralidade estão evidenciadas no texto do **Editorial** do volume de n. 137, jan./abr. 2020, o qual nuança a necessidade de permanecermos tratando da "**Intersetorialidade nas Políticas Públicas**" como requisito do trabalho de crítica à racionalidade produzida pelo capitalismo e a denominada crise de governabilidade, que têm como consequências a expressiva desarticulação, fragmentação e sobreposição das ações setoriais no campo das políticas públicas, que materializam o conjunto de regulações e ações do Estado.

Assim, como resultado da análise empreendida, resta destacar a importância de continuar buscando respostas para materializar e consolidar as ações integradas que expressam a intersetorialidade e redes de políticas no âmbito das diversas gestões municipais, estaduais e federal. Sobretudo, no enfrentamento das consequências da desarticulação, da fragmentação, da sobreposição das ações e do paralelismo de intervenções, os quais não contribuem para aprimorar a qualidade dos serviços que impactam as condições de vida da população. E que se traduzam na concretização da oferta de direitos fundamentais, *quiçá* universais, para segmentos diferenciados da sociedade brasileira.

Considerações finais

A intersetorialidade é um tema a ser explorado e uma discussão muito necessária para o trabalho cotidiano de construção e aprimoramento de uma gestão social democrática. Principalmente, diante da conjuntura de decisões verticalizadas e defesa de retorno de políticas setorizadas.

Nos artigos analisados, vimos que os autores sugerem a definição de estratégias para possibilitar a concretização da intersetorialidade, entre elas: a existência de um grupo de profissionais que assuma o protagonismo de pensar as pontes, as ligações, isto é, os pontos de contatos e conexões entre as intervenções interdisciplinares nos espaços sócio-ocupacionais, para o que é indispensável considerar o respeito aos limites e as possibilidades de operar mudanças, o que exige um amadurecimento entre os envolvidos para construírem pactuações para a intersetorialidade.

Ainda que seja reduzida a quantidade de registros referentes às experiências de intersetorialidade, pudemos verificar na produção analisada que o conceito de pactuação é o elemento-chave para o processo de concretização de alianças, isto é, de constituição de pontos em comum entre os objetivos das intervenções a serem empreendidas pelas políticas setoriais. Esta percepção está bem demarcada e se reporta à importância de uma construção horizontalizada para que haja o reconhecimento dos sujeitos das pactuações, os quais estão dispostos a mudar suas práticas em busca do atendimento integral aos usuários, que tenha correspondência com os direitos de cidadania previstos na Constituição Federal.

Referências

AZAMBUJA, M. R. F. A interdisciplinaridade na violência sexual. *Serviço Social & Sociedade*, São Paulo, n. 115, p. 487-507, 2013.

BAPTISTA, M. V. Algumas reflexões sobre o sistema de garantia de direitos. *Serviço Social & Sociedade*, São Paulo, n. 109, p. 179-199, 2012.

BIDARRA, Z. S. Pactuar a intersetorialidade e tramar as redes para consolidar o sistema de garantia de direitos. *Serviço Social & Sociedade*, São Paulo, n. 99, p. 483-497, 2009.

BRONZO, C.; VEIGA, L. Intersetorialidade e políticas de superação da pobreza: desafios para a prática. *Serviço Social & Sociedade*, São Paulo, n. 92, p. 5-21, 2007.

FERENHOF, H. A.; FERNANDES, R. F. Demystifying the literature review as basis for scientific writing: SSF method. Revista *ACB*: Biblioteconomia em Santa Catarina, Florianópolis, v. 21, n. 3, p. 550-563, ago./nov., 2016.

FERRARI, A.; TAVARES, G. M. A aposta na tessitura de redes como inovação do trabalho no campo sociojurídico. *Serviço Social & Sociedade*, São Paulo, n. 125, p. 101-123, 2016.

MONTEIRO, F. O. Plantão social: espaço privilegiado para identificação/notificação de violência contra crianças e adolescentes. *Serviço Social & Sociedade*, n. 103, p. 476-502, 2010.

NASCIMENTO, S. Reflexões sobre a intersetorialidade entre as políticas públicas. *Serviço Social & Sociedade*, São Paulo, n. 101, p. 95-120, 2010.

PEREIRA, P. A. P. Como conjugar especificidade e intersetorialidade na concepção e implementação da política de assistência social. *Serviço Social & Sociedade*, São Paulo, n. 77, p. 54-62, 2004.

SCHEFFER, G.; SILVA, L. G. Saúde mental, intersetorialidade e questão social: um estudo na ótica dos sujeitos. *Serviço Social & Sociedade*, São Paulo, n. 118, p. 366-393, 2014.

SERRA, A. *La gestión transversal*: expectativas e resultados. IX CONGRESO INTERNACIONAL DEL CLAD SOBRE LA REFORMA DEL ESTADO Y DE LA ADMINISTRACIÓN PÚBLICA. Madri, 2004.

SPOSATI, A. Especificidade e intersetorialidade da política de assistência social. *Serviço Social & Sociedade*, São Paulo, n. 77, p. 54-82, 2004.

SPOSATI, A. Gestão pública intersetorial: sim ou não? Comentários de experiência. *Serviço Social & Sociedade*, São Paulo, n. 85, p. 133-141, 2006.

WANDERLEY, M. B.; MARTINELLI, M. L.; PAZ, R. D. O. Editorial — Intersetorialidade nas Políticas Públicas. *Serviço Social & Sociedade*, São Paulo, n. 137, p. 7-13, 2020,

CAPÍTULO 15 ■

Ética em Pesquisa e a Sociabilidade Capitalista

Lidiany de Lima Cavalcante
Lucilene Ferreira de Melo

Introdução

Os homens fazem a sua própria história, mas esta se configura por heranças advindas de um passado (Marx, 2011). Não se pode negar o pretérito, mas pode-se asseverar a relevância do compromisso político profissional na luta por uma sociabilidade menos desigual.

O pensamento de Marx soa na contemporaneidade como relevante reflexão para a categoria, visto que o Serviço Social se constituiu pela prerrogativa de uma construção histórica, social e política, o que fomentou o amadurecimento da profissão e desencadeou na afirmação de um Projeto Ético-Político Profissional, não como proposta, mas como compromisso a partir da discussão crítica da realidade, em face dos desafios inerentes à sociabilidade capitalista, evidenciada em expressões da Questão Social no cotidiano das relações.

Entre os desafios postos aos Assistentes Sociais, encontra-se o desvelar da práxis na pesquisa, a qual se construiu a partir de históricas contribuições da categoria. Nesse bojo, questiona-se: como se efetivam as aproximações entre a moral e a ética na pesquisa? De que forma são protagonizadas as lutas por uma sociedade que não reproduza o *ethos* dominante, mas traga algo concreto para debater a perspectiva da inclusão e respeito às expressões da diversidade?

As indagações, longe de resultarem em respostas *apriorísticas*, buscam provocar a categoria, já que o Serviço Social é uma profissão que deve trabalhar com perspectivas emancipatórias e refletir o cariz ético-político como diretriz profissional.

Aproximações às categorias de ética, moral e práxis na perspectiva marxista

A análise a ser empreendida pressupõe aproximações às categorias de ética, moral e práxis e suas relações com a pesquisa em serviço social, fazendo uma incursão na perspectiva marxista. Na obra de Marx, a ética não é central, embora pensadores marxistas "[...] se dispuseram a discutir e produziram textos sobre ética" (Souza, 2017, p. 78). Com isso trouxeram uma concepção de ética de caráter social e histórico, em contraposição à visão burguesa de ética a-crítica, a-histórica, normativista, que limita o indivíduo a um ser mimético. Além disso, introduziram a noção de práxis como uma atividade humana transformadora do real (Sánchez Vázquez, 1984).

Para Sánchez Vázquez (1984), o marxismo traz para o cerne da sua discussão a ideia do homem concreto, que estabelece relações sociais/relações de produção que ocorrem a partir de uma base econômica e uma superestrutura ideológica, na qual está localizada a moral, cujo caráter é de classe.

A ética é: "Uma ética crítica, de classe, de base histórica, de perspectiva transformadora [...]" (Souza, 2017, p. 81). Para esse autor, a ética situa-se objetivamente a partir de uma classe social histórica determinada, a do proletariado, e com uma prospecção de uma outra sociedade, que não seja a capitalista. Nessa forma de conceber a ética, somente a práxis poderá alcançar uma nova moral para uma nova sociedade.

A ética defendida pelo viés do marxismo antagoniza com a moral instituída na sociedade do capital, por esta ser útil à sustentação dessa sociedade.

> Os pensamentos da classe dominante são também, em todas as épocas, os pensamentos dominantes [...] a classe que é o poder material dominante numa determinada sociedade é também o poder espiritual dominante [...] a classe que dispõe dos meios de produção material dispõe também dos meios de produção intelectual (Marx; Engels, 2002, p. 48).

Os valores morais dominantes submetidos à perspectiva ética marxista devem ser subvertidos em valores emanados do proletariado, os quais embasariam a moral do novo tipo de sociedade substituta ao capitalismo, com novas relações sociais e de produção sem dominantes e dominados/explorados.

Sánchez Vázquez (1984) lembra que o homem deve agir conscientemente na construção de uma nova moral, para assim transformar o estado de exploração no qual os proletários se encontram no capitalismo, requerendo uma "intervenção prática e consciente" (p. 275).

Para Sánchez Vázquez (1984, p. 25), "[...] A ética é a teoria ou ciência do comportamento moral dos homens em sociedade, ou seja, é a ciência de uma forma específica do comportamento humano". Nesse sentido, a moral é objeto de reflexão, de conhecimento da ética e se materializa regularizando as relações sociais.

> [...] um sistema de normas, princípios e valores, segundo o qual são regulamentadas as relações mútuas entre os indivíduos ou entre estes e a comunidade, de tal maneira que estas normas, dotadas de um caráter histórico e social, sejam acatadas livre e conscientemente, por

uma convicção íntima, e não de uma maneira mecânica, externa ou impessoal (Sánchez Vázquez, p. 84).

Nessa noção de moral, há um reconhecimento da possibilidade de o sujeito fazer a escolha pela moral hegemônica vigente, pois ela deve ser "acatada livre e conscientemente". Mas ressalta-se nem todos os sujeitos são capazes dessa escolha, somente o sujeito da práxis, fazendo uso da liberdade, com consciência, pois só na práxis está contemplada o entendimento do agir consciente, possibilitando a consciência de classe.

A produção de ideias, de representações, da consciência, está, em princípio, imediatamente entrelaçada com a atividade material e com o intercâmbio material dos homens, com a linguagem da vida real. [...]. A consciência (*Bewusstsein*) não pode jamais ser outra coisa do que o ser consciente (*bewusst Sein*) e o ser dos homens é o seu processo de vida real (Marx; Engels, 2007, p. 93-94).

Disso depreende-se que a consciência provém da vida real, da vivência do sujeito. E a liberdade? Chaui (2000, p. 467) apresenta-a como "a consciência simultânea das circunstâncias existentes e das ações que, suscitadas por tais circunstâncias, nos permitem ultrapassá-las". Aqui se percebe uma junção entre consciência e ação, interpretação e transformação. Mesmo que o sujeito social seja, simultaneamente, regulado pela moral do seu tempo histórico, também tem capacidade de reflexão crítica para questionar a moral existente, tensionando-a nas situações da vida real.

A moral da sociedade deveria ser a moral de todos, fruto de uma "convicção íntima", definindo as atitudes e comportamentos da coletividade. Mas o sujeito, individual ou coletivo, não deve fazê-lo de "maneira mecânica", ou seja, as escolhas morais demandam um processo de reflexão.

Tais reflexões éticas, se pautadas na perspectiva crítica, podem expressar as relações estabelecidas entre as classes na sociedade e para qual finalidade estão sendo direcionados os comportamentos morais, para manutenção ou transformação da sociedade?

A ruptura com o mecanicismo acrítico do agir moral pode levar o sujeito a se contrapor aos valores morais dominantes, ensejando outros valores, na perspectiva da classe dominada, que sejam a expressão da consciência de classe — a chamada consciência para si. Assim, a moral da sociedade capitalista poderá ser algo "externo e impessoal" ao sujeito, assim os valores podem ser (des)construídos.

Ao remeter essa reflexão para os dilemas éticos na pesquisa, parte-se do pressuposto que no trabalho do pesquisador Assistente Social a ética na perspectiva crítica permitirá desvelar a materialidade da relação sujeito e objeto de pesquisa. Será que o pesquisador está reproduzindo o *ethos* dominante ou construindo valores emancipatórios? Que conhecimentos estou produzindo para contribuir na erradicação de "todos os processos de exploração, opressão e alienação"? (Cfess, 1993, p. 22).

Ética em pesquisa com seres humanos e o Projeto Ético-Político Profissional

Historicamente, a pesquisa com seres humanos careceu de fundamentação ética para a realização de procedimentos. Ao utilizar o corte temporal do século XX, pode-se exemplificar a Segunda Guerra Mundial, em que profissionais de saúde praticavam experiências com seres humanos sem nenhum consentimento. Tal ensejo deu origem ao Código de Nüremberg (1947), como contraponto à escalada de mortes oriundas na Alemanha, por meio de pesquisas em campos de concentração, as quais envolveram óbitos por congelamento, esterilização, descompressão etc. Todas as pessoas consideradas de "vida indigna" (*lebensunwertes Leben*) eram objetos de higiene racial e social e outras violações dos direitos humanos (Greco; Welsh, 2016).

Com a Declaração Universal de Direitos Humanos de 1948, houve um salto na tratativa aos direitos, inclusive no âmbito da pesquisa. Os retratos da Segunda Grande Guerra denunciaram outro tipo de crime, que não era praticado apenas por ditadores ou criminosos brutais, mas por profissionais, sobretudo das áreas de saúde, que realizavam experiências com pessoas "em nome do progresso da ciência" (Greco; Welsh, 2016, p. 445). O racismo, a discriminação e a opressão acerca-vam-se da eugenia para legitimar atrocidades durante as guerras e em outros marcadores históricos.

No cenário internacional, outras normativas de pesquisa surgi-ram: destaca-se a Declaração de Helsinque, que partiu de discussões iniciadas na 18ª Assembleia Médica Mundial, realizada em Helsinque, na Finlândia, com as recomendações de 1964, 1975 em Tóquio, 1983 em Veneza, 1989 em Hong Kong, 1996 em Somerset-West na África do Sul e 2000 na cidade de Edimburgo, Escócia. A declaração se tornou referência na Associação Médica Mundial, conforme Diniz e Corrêa (2001). Consideram-se ainda Diretrizes Internacionais de Éticas para Pesquisas Biomédicas envolvendo Seres Humanos (1982 e 1983) e as Diretrizes Internacionais para a Revisão Ética de Estudos Epidemioló-gicos de 1991 documentos relevantes, mas que regularam a pesquisa apenas na perspectiva biomédica e comportamental (Guerriero; Mina-yo, 2013). Na mesma perspectiva, a Organização das Nações Unidas para a Educação, Ciência e Cultura (Unesco) aprova a Declaração Universal sobre Bioética e Direitos Humanos em 2005. As normativas internacionais cerravam suas ponderações em pesquisas das áreas médicas e demais áreas de Ciências da Saúde, traziam pouco sobre as especificidades das áreas de Ciências Humanas e Sociais.

No Brasil, a primeira iniciativa concreta sobre Ética em Pesquisa com Seres Humanos data de 1988, denominada como "Normas de Pesquisa em Saúde". Os aportes embrionários fomentaram um marco inicial na realização de pesquisas, as quais tiveram vigor até 1996 (Brasil, 1996).

A Resolução 196/1996 do Conselho Nacional de Saúde também pautou-se como marco, ao apontar os aspectos éticos que envolvem a pesquisa com seres humanos, tais como: protocolo de pesquisa, riscos, consentimento livre e esclarecido, indenização, ressarcimento, vulnerabilidade e o papel do Comitê e da Comissão Nacional de Ética (Brasil, 1996).

Já a Resolução 466/2012 incorporou referenciais relevantes da bioética, tais como: termo de assentimento livre e esclarecido (para participantes da pesquisa — criança adolescente ou pessoa legalmente incapaz), benefícios da pesquisa, o papel da instituição coparticipante, apresentação de relatório final, a perspectiva de assegurar os direitos e deveres da comunidade científica e participantes de pesquisas. Apesar de o texto da normativa esclarecer os parâmetros referentes ao Protocolo de Pesquisa, ainda havia uma visão direcionada para as pesquisas das áreas de Saúde (Brasil, 2012).

Somente em 2016, com a aprovação da Resolução 510 do Conselho Nacional de Saúde, iniciou-se a tratativa das particularidades da pesquisa em Ciências Humanas e Sociais. Assentam-se aí as peculiaridades das pesquisas em Serviço Social, as quais apontam demandas, sujeitos e condições que se aportam na diversidade socioeconômica e cultural, ou seja, apresenta particularidades no fazer da pesquisa (Brasil, 2016).

A Resolução 510/2016 ancora-se na Declaração Universal dos Direitos Humanos e nas prerrogativas éticas. Assegura que a pesquisa deve considerar os pilares que fomentam o reconhecimento da dignidade humana, da liberdade e autonomia do ser humano, com a defesa dos direitos humanos, a recusa de qualquer forma de arbítrio e autoritarismo nas relações que envolvem os processos da pesquisa. Apresenta o compromisso de respeito aos valores culturais, sociais, morais ou religiosos dos participantes da pesquisa. A Resolução aponta a recusa de todas as formas de preconceito e ressalta o respeito à diversidade em todas as suas formas, com incentivo à participação de grupos vulneráveis e discriminados.

As normativas de Ética e Pesquisa com Seres Humanos encontram ressonância com a Resolução 273/1993 do CFESS (Conselho Federal de Serviço Social), que estabelece os parâmetros éticos para o Assistente

Social com os mesmos acordes de enfoque aos direitos humanos, não como um segundo violino, mas com o protagonismo expresso em seus princípios fundamentais, já que, de acordo com Saviani (2011), as concepções éticas surgem e se transformam conforme a época.

A pesquisa em Serviço Social pode, então, contar com referenciais, normativas e diretrizes para a sua aplicabilidade. Urge a discussão sobre os dilemas que envolvem paradigmas, questões culturais, morais e o compromisso da profissão que oscila entre o neoconservadorismo e a luta pela materialidade política do projeto profissional.

Exigências éticas ao Pesquisador Assistente Social

A pesquisa no Brasil, desde os anos de 1990, expressa mais que as exigências científicas; também demanda exigências éticas. Entretanto, somente a partir da resolução do Conselho Nacional de Saúde (CNS 510/2016), as Ciências Humanas e Sociais têm as suas especificidades consideradas, fruto de um amplo questionamento e demanda dos pesquisadores da área.

O cumprimento de exigências éticas para o Assistente Social/ Pesquisador não era novidade. No Código de Ética Profissional, no artigo 2º, um dos direitos do/a assistente social consiste em: "Liberdade na realização de seus estudos e pesquisas, resguardados os direitos de participação de indivíduos ou grupos envolvidos em seus trabalhos" (Cfess, 1993).

No circuito de produção de conhecimento, a observância da ética torna-se um imperativo. Mas não apenas cumprimento, demanda uma (des)construção de valores acerca do objeto em estudo, pelas reflexões que o pesquisador e sua equipe são impulsionados a fazer em todo o processo investigativo.

Nas Ciências Humanas e Sociais, a Resolução CNS 510/2016 baliza os procedimentos éticos para o protocolo da pesquisa. Ela abrange conceitos, princípios e procedimentos a serem adotados e regula a relação pesquisador-participante nesse processo, tendo por base a dignidade humana, a livre participação, visando evitar possíveis danos aos participantes (Brasil, 2016).

Ainda sobre a Resolução 510/2016, há dez princípios. Entre esses, foram selecionado V e IX para a reflexão neste trabalho:

> V — recusa de todas as formas de preconceito, incentivando o respeito à diversidade, à participação de indivíduos e grupos vulneráveis e discriminados e às diferenças dos processos de pesquisa;
> IX — compromisso de todos os envolvidos na pesquisa de não criar, manter ou ampliar as situações de risco ou vulnerabilidade para indivíduos e coletividades, nem acentuar o estigma, o preconceito ou a discriminação (Brasil, 2016).

A escolha dos princípios da Resolução 510/2016 deve-se à sintonia que eles estabelecem com o projeto ético-político profissional do Serviço Social, em especial expressos nos princípios VI e IX do Código de Ética profissional:

> VI. Empenho na eliminação de todas as formas de preconceito, incentivando o respeito à diversidade, à participação de grupos socialmente discriminados e à discussão das diferenças; [...]
> XI. Exercício do Serviço Social sem ser discriminado/a, nem discriminar, por questões de inserção de classe social, gênero, etnia, religião, nacionalidade, orientação sexual, identidade de gênero, idade e condição física (Cfess,1993).

Tais princípios são fundamentais para provocar um deslocamento dos "valores negativos atribuídos pela condição da diferença" (Bandeira; Batista, 2002, p. 3), por meio da produção do conhecimento, como um coadjuvante na implementação do projeto ético-político.

Postula-se que a Pesquisa, fruto do trabalho humano, configura-se como uma práxis, possui esse potencial transformador na construção de valores éticos de resistência e enfrentamento ao padrão hegemônico de existir da sociedade capitalista, assumindo um compromisso ético com o incentivo à diversidade e o respeito às diferenças, conforme propõe o projeto ético-político da profissão.

Bandeira e Batista (2002), ao tratarem sobre o preconceito, expõem que "[...] o preconceito resulta, assim, de uma racionalização do outro, a partir da configuração de uma imagem corporal e linguística, a que se atribuem valores negativos. Isto é, uma apropriação da diferença imagética que é desvalorizada" (p. 18). A imagem construída tem como referência a moral dominante que recusa o diferente, não aceita a diversidade e impõe um padrão social e moral que exclui, rotula, subjuga e estigmatiza, negativando o outro. Para Bandeira e Batista (2002, p. 19), "o preconceito anula e neutraliza o outro — como coisa ou como fenômeno".

O preconceito e a discriminação se constituem hoje como uma prática cultural, naturalizados pela ideologia dominante, e se expressam de diferentes formas e com diferentes sujeitos: "por questões de inserção de classe social, gênero, etnia, religião, nacionalidade, orientação sexual, identidade de gênero, idade e condição física" (Cfess, 1993).

Como os valores negativos podem ser recusados em nossas pesquisas e como novos valores éticos podem ser construídos no horizonte da emancipação humana?

Estamos diante de dilemas éticos importantes a discutir, pois ao Pesquisador-Assistente Social não é fácil enfrentar tal questão. Se, por um lado, a busca da emancipação humana é a superação do capitalismo e a construção de uma nova sociedade, por outro, esse processo requer a corrosão da estrutura e da superestrutura que a sustenta nas condições sócio-históricas e contraditórias da sociabilidade capitalista.

A pesquisa com uma direção social determinada, a partir da ética na perspectiva crítica, pode evidenciar valores presentes nas lutas políticas travadas pelos sujeitos sociais e históricos na sociedade, por exemplo, ensejar a noção de uma sociedade plural em oposição à padronização de comportamentos e valores. Dessa forma, conforme Barroco (2005), a ética se objetiva como uma ação prática.

A despeito dos cortes orçamentários dos recursos para a pesquisa na área de Ciências Humanas e Sociais, longe do voluntarismo, mas pela maior incorporação da pesquisa como condição para o agir profissional, reitera-se a relevância dessa práxis na "criação de novos valores éticos, fundamentados na definição mais abrangente, de compromisso com os usuários, com base na liberdade, democracia, cidadania, justiça e igualdade social" (Cfess, 1993, p. 18).

Considerações finais

Para Marx (2011 p. 23), "a tradição de todas as gerações passadas é como um pesadelo que comprime o cérebro dos vivos". A frase ressoa como eco na contemporaneidade. O desafio da tradição alicerçada em raízes conservadoras evidenciadas no passado emerge com todas as forças no presente, mas não pode continuar a se espraiar e comprometer a perspectiva crítica de futuro.

A práxis em pesquisa exige conduta ética e a construção profunda além do devir, com o mergulho na direção ontológica do ser social. Profissionais pesquisadores e participantes perfazem a construção de um protagonismo social e científico efetivo no desenvolvimento das investigações em Serviço Social, sob as bases teórico-metodológicas e ético-políticas concernentes ao compromisso com os sujeitos sociais, frente às expressões da Questão Social impostas pela sociabilidade do capital.

As resoluções asseveram as diretrizes para fazer pesquisa, mas algo mais. A categoria profissional precisa ponderar que, além dos muros das tradições, existem pessoas com identidades pautadas na diversidade humana que demandam reconhecimento e compromisso ético. Não se pode olvidá-las.

Para Barroco (2015), as profissões não estão imunes aos comportamentos de intolerância e racismo institucional, inclusive no Serviço Social, em que tais características perpassam a formação e exercício profissional, por meio do irracionalismo e dogmatismo asseverados no cotidiano. No cenário contemporâneo, velhos conceitos de moral e conservadorismo receberam destaque, os quais estão além da gênese da profissão, mas urge que a luta pela emancipação seja fomentada por ações coletivas da categoria, inclusive na configuração da pesquisa, a fim de garantir o direito às identidades e condições humanas em sua completude.

É preciso fortalecer o Projeto Ético-Político como diretriz coletiva, para que a pesquisa seja pautada na construção de valores e tenha um cariz efetivamente crítico no cenário contemporâneo, mesmo em tempos sombrios com corte de recursos e obscurecimento das Humanidades no âmbito da pesquisa. Há de se lutar contra a reificação que atinge todas as esferas da vida social, política e profissional, pois como dizia Carlos Drummond de Andrade (2012, p. 29): "O tempo é minha matéria, do tempo presente, os homens presentes, a vida presente".

Referências

ANDRADE, Carlos Drummond de. *Sentimento do mundo*. São Paulo: Companhia das Letras, 2012.

BARROCO, Maria Lúcia. *Considerações sobre a ética na pesquisa a partir do Código de Ética Profissional do Assistente Social*. Lisboa: Centro Português de Investigação em História e Trabalho Social, 2005. Disponível em: http://www.cpihts.com/PDF02/Lucia%20Barroco.pdf. Acesso em: 12 abr. 2020.

BARROCO, Maria Lúcia. Não passarão! Ofensiva neoconservadora e Serviço Social. *Serviço Social & Sociedade*, São Paulo, n. 124, p. 623-635, out./dez., 2015.

BRASIL. Ministério da Saúde. Conselho Nacional de Saúde. *Resolução n. 196/96 de 10 de outubro de 1996*. Aprova as diretrizes e normas regulamentadoras de pesquisas envolvendo seres humanos. Brasília, 1996.

BRASIL. Ministério da Saúde. Conselho Nacional de Saúde. *Resolução 466/2012 de 12 de dezembro de 2012*. Aprova as diretrizes e normas reguladoras de pesquisas envolvendo seres humanos. Brasília, 2012.

BRASIL. Ministério da Saúde. Conselho Nacional de Saúde. *Resolução 510/2016 de 7 de abril de 2016*. Aprova as diretrizes e normas reguladoras para pesquisas em Ciências Humanas e Sociais. Brasília, 2016.

BANDEIRA, Lourdes; BATISTA, Analia Soria. Preconceito e discriminação como expressões de violência. *Rev. Estud. Fem.*, Florianópolis, v. 10, n. 1, p. 119-141, jan. 2002. Disponível em: http://www.scielo.br/scielo.php?script =sci_arttext&pid=S0104-026X2002000100007&lng=en&nrm=iso. Acesso em: 27 mar. 2020.

CFESS. Conselho Federal de Serviço Social. *Código de Ética do/a Assistente Social*. Brasília: CFESS, 1993.

CHAUI, Marilena. *Convite à filosofia*. São Paulo: Ática, 2000.

DINIZ, Débora; CORRÊA, Marilena. Declaração de Helsinki: relativismo e vulnerabilidade. *Cadernos de Saúde Pública*, Rio de Janeiro, v. 17, n. 3, p. 679-688, mai-jun. 2001.

GRECO, Dirceu; WELSH, James. Direitos humanos, ética e prática médica. Revista *Bioética*, Brasília, v. 24, n. 3, set./dez. 2016.

GUERRIERO, Iara Coelho Zito; MINAYO, Maria Cecília de Souza. O desafio de revisar aspectos éticos das pesquisas em Ciências Sociais e Humanas: a necessidade de diretrizes específicas. *Physis: Revista de Saúde Coletiva*, Rio de Janeiro, v. 23, n. 3, p. 763-782, 2013.

MARX, Karl. *O 18 Brumário de Luís Bonaparte*. Tradução de Nélio Schneider. São Paulo: Boitempo, 2011.

MARX, Karl; ENGELS, Friedrich. *A ideologia alemã*. São Paulo: Centauro, 2002.

SÁNCHEZ VÁZQUEZ, Adolfo. *Ética*. Barcelona: Editorial Crítica, 1984.

SÁNCHEZ VÁZQUEZ, Adolfo. *Filosofia da práxis*. Tradução de Luiz Fernando Cardoso. 2. ed. Rio de Janeiro: Paz e Terra, 1997.

SAVIANI, Demerval. A investigação sobre ética e política na dinâmica da pesquisa em educação no Brasil e sua importância para a formação do educador. Revista *Digital do Paideia*, Campinas, v. 3, n. 1, p. 7-21, abr./set. 2011.

SOUZA, Antonio Carlos. A ética marxista: aproximações conceituais, perspectivas políticas e educacionais. *Filosofia e Educação*, v. 9, n. 3, p. 76-100, 16 dez. 2017. Disponível em: https://periodicos.sbu.unicamp.br/ojs/index.php/rfe/ article/ view/8651032. Acesso em: 3 mar. 2020.

CAPÍTULO 16

Produção de conhecimento: interface entre Serviço Social e Saúde

Gissele Carraro
Janine Pereira da Silva
Solange Rodrigues da Costa

Introdução

A pesquisa e a produção de conhecimento geradas por docentes e discentes da graduação e pós-graduação *lato* e *stricto sensu* consolidaram-se no Brasil nas décadas de 1980 e 1990 e expandiram-se posteriormente, conferindo legitimidade a diferentes profissões enquanto áreas de conhecimento científico, entre elas Serviço Social. Reconhecida tanto pelo Conselho Nacional de Desenvolvimento Científico e Tecnológico — CNPq quanto pela Coordenação de Aperfeiçoamento de Pessoal de Nível Superior — Capes, como área de conhecimento das Ciências Sociais Aplicadas. Como resultado das pesquisas, a área obteve importante produção científica sobre políticas públicas, especialmente de cunho social, o exercício profissional e temáticas sociais relevantes e contemporâneas, conectadas às transformações operadas nas relações entre Estado e Sociedade (Silva; Carvalho, 2007).

O Programa de Pós-Graduação em Políticas Públicas e Desenvolvimento Local (PPGPPDL) da Escola Superior de Ciências da Santa Casa de Misericórdia de Vitória — Emescam, instituição com vocação voltada para a área da saúde, vincula-se à área de Serviço Social na Capes. De natureza acadêmica, com característica interdisciplinar, vem avançando e consolidando a marca histórica de formar mestres(as) de diferentes formações, como: Serviço Social, Medicina, Direito, Psicologia, Enfermagem, Nutrição, Fisioterapia, Pedagogia e Administração. A articulação de vários campos de saber, por meio da interface entre diferentes áreas do conhecimento, em especial Ciências Sociais Aplicadas e Ciências da Saúde, contribui para amplas análises da realidade, visando à sua transformação.

A perspectiva fundante do Programa concebe os determinantes histórico-estruturais como referência no estudo das políticas públicas, assim como as configurações assumidas pelo Estado e sua relação com a sociedade na garantia dos direitos de cidadania, explicitando possibilidades e limites para sua efetivação. Dessa forma, busca propiciar uma formação crítica que baliza o ensino, a formação, a pesquisa e a produção do conhecimento, com debates centrados nas políticas de saúde, em processos sociais e no desenvolvimento local, componentes da área de concentração.

Nessa direção, os temas da área de concentração do PPGPPDL acompanham o eixo de maior representatividade do conjunto da área: Políticas Sociais: Estado e Sociedade Civil, com predomínio daquelas que integram o tripé da seguridade social, especialmente saúde e assistência social (Iamamoto, 2008). Esse dado coincide com a análise de Prates, Closs e Carraro (2016) acerca das áreas de concentração, linhas de pesquisa e oferta de disciplinas dos Programas de Pós-Graduação em Serviço Social, que identificou como temática mais prevalente política(s) social(is)/políticas públicas. Outrossim, estudo sobre o panorama das pesquisas do Serviço Social, financiadas pelo CNPq, entre os anos de 2011 e 2014, ressalta o tema políticas sociais (Ribeiro, 2017).

O objetivo do trabalho é analisar as tendências temáticas das pesquisas do PPGPPDL e suas contribuições para a produção do conhecimento. Trata-se de pesquisa descritiva, exploratória e documental, a partir das dissertações de 2017 a 2019 e dos dados obtidos no Diretório dos Grupos de Pesquisa do CNPq. As dissertações foram mapeadas por docente, discente, ano, título, palavras-chave e linhas de pesquisa. Utilizaram-se a Nuvem de Palavras, resultante dos títulos e das palavras-chave das dissertações defendidas neste triênio, e o *software* IRAMUTEQ®, a partir do agrupamento e da organização gráfica que posiciona as palavras, de forma que as palavras mais frequentes aparecem com maior destaque (Camargo; Justo, 2013).

Tendências temáticas da pesquisa e produção do conhecimento

O PPGPPDL da Emescam — Mestrado Acadêmico foi autorizado a funcionar pelo Conselho Técnico-Científico — CTC/Capes e reconhecido pela Capes pela Portaria n. 590, de 19 de junho de 2009. Atualmente, tem como área de concentração "Políticas de Saúde, Processos Sociais e Desenvolvimento Local", que abarca a concepção ampliada de saúde, compreendida a partir dos determinantes sociais, políticos, econômicos e culturais que interferem no processo saúde--doença. Nessa ótica, tal processo é resultado das condições de vida e trabalho, bem como do acesso universal, igualitário e equânime às ações e aos serviços de promoção, proteção e recuperação da saúde. Portanto, saúde é direito de cidadania e componente da seguridade social, de dever de prestação pelo Estado, concretizado mediante políticas públicas sociais e econômicas, conforme preconiza a Constituição Federal de 1988. Desse modo, os estudos são mediados por processos sociais, tomados a partir da estrutura da economia, da justiça e da política, e contradições entre capital e trabalho, que exclui amplas camadas da população aos direitos.

O Programa possui três linhas de pesquisa. A linha 1 "Políticas de Saúde, Integralidade e Processos Sociais" aglutina estudos sobre as políticas que direcionam o sistema público de saúde vigente (SUS) e a saúde suplementar. Analisa os aspectos da saúde na perspectiva ampliada e o processo saúde-doença em sua determinação social, econômica e cultural, logo aborda as condições de vida e de trabalho do ser social, de onde se originam os múltiplos aspectos envolvidos.

A linha 2 "Processos de Trabalho, Políticas Públicas e Desenvolvimento Local" reúne estudos sobre os processos de trabalho na sociedade capitalista, considerando-os a partir das profundas transformações em sua materialidade, que afetam as formas de organização social. Propõe o estudo dos determinantes que permeiam as relações Estado-Sociedade e concepções de desenvolvimento, contemplando as políticas públicas, os processos e movimentos sociais urbanos e rurais.

A linha 3 "Serviço Social, Processos Sociais e Sujeitos de Direito" reúne investigações sobre Serviço Social e processos sociais, como: participação, emancipação, pobreza e violência, a partir de sua mediação com os processos econômicos, culturais e ambientais, identificando nas múltiplas expressões da questão social. Estuda as relações Estado-Sociedade no que concerne às políticas públicas, enquanto respostas às demandas sociais e a ação dos indivíduos sociais nas lutas e movimentos por direitos de cidadania (civis, políticos, sociais, humanos, geracionais, de raças e etnias, de gênero e de livre orientação sexual), assim como processos de luta para defesa e ampliação de direitos e democracia.

As políticas públicas, ao materializarem direitos sociais, por meio de serviços, programas, projetos e benefícios, e ao articularem políticas de ordem econômica para assegurar o permanente desenvolvimento, constituem campo privilegiado de trabalho de diversos profissionais das Ciências da Saúde e Sociais Aplicadas, o que atrai candidatos(as) ao mestrado de variadas áreas. Tal aspecto é considerado bastante profícuo, especialmente por propiciar que distintas áreas tenham acesso à produção de conhecimentos na área do Serviço Social e da Saúde e por assegurar o debate entre as diferentes disciplinas e áreas do saber com percepções e visões de mundo compatíveis ou não, mas que podem propiciar um confronto de ideias e posições que, de maneira construtiva, produz complementação de saberes.

No período analisado, o corpo docente do PPGPPDL foi constituído por 18 professores, sendo 14 permanentes (77,8%) com formação superior nas áreas de Ciências da Saúde (7/50,0%), Ciências Sociais Aplicadas (4/28,6%), Ciências Humanas (2/14,3%) e Ciências Biológicas (1/7,1%), dados que ratificam a característica multidisciplinar do Programa, com ênfase na área da Saúde. Entre os docentes permanentes, 35,7% possuem graduação ou pós-graduação em Serviço Social, estando em consonância com os requisitos da avaliação da Capes. A partir de assessoria da PUC-RS, autoavaliação e planejamento, ocorreu renovação do quadro docente, com vistas a consolidar a área de concentração e as linhas de pesquisa, alteradas em meados de 2016, para dar maior coerência interna e adequação à área de Serviço Social. O fluxo de entrada e saída de docentes tem resultado na gradativa distribuição e incremento da produção intelectual dos grupos de pesquisa, na promoção de melhor integração entre professores e discentes e intercâmbios com outros Programas, em âmbitos nacional e internacional.

Todos os docentes permanentes participavam de grupos de pesquisa do Diretório do CNPq, na condição de líder ou pesquisador, no período de 2017 a 2019. Nas linhas de pesquisa dos docentes, além dos mestrandos, verifica-se significativa participação de estudantes da graduação, especialmente de Iniciação Científica e Tecnológica (ICT), pesquisadores de outros Programas e egressos. Tal arranjo fomenta a produção crítica do conhecimento, em consonância com as diretrizes curriculares, que ratificam a indissociabilidade entre ensino, pesquisa e extensão, oportunizando o intercâmbio intelectual e a formação de futuros pesquisadores, refletindo benefícios ao ensino e à produção da ciência (Costa *et al.*, 2014).

Identificam-se sete grupos de pesquisa cadastrados e certificados: Políticas Públicas, Determinantes Sociais e Serviço Social; Tecnologias em Saúde; Processos Sociais e Saúde; Núcleo de Pesquisa Interdisciplinar da Rede de Urgência e Emergência; Núcleo de Estudos de

Saúde Pública, Ciclos de Vida e Cuidado Interdisciplinar; Grupo de Estudos e Pesquisa em Saúde e Espiritualidade; Núcleo de Estudos de Políticas Públicas em Saúde. Além disso, há docentes que integram grupos de pesquisa de outras Instituições de Ensino Superior, como: Grupo de Estudos sobre Teoria Marxiana, Ensino e Políticas Públicas da PUC-RS; Laboratório Multidisciplinar de Estudos e Escrita Científica em Ciências da Saúde da UFAC; Pesquisa e Aplicação Tecnológica em Reabilitação da USP e Núcleo de Estudos do Trabalho da UFES.

Um dos grupos tem se destacado na produção de conhecimentos sobre política de saúde, em âmbito local, regional e nacional e na formação de recursos humanos qualificados para o ensino, a pesquisa e o trabalho no planejamento e na execução de políticas públicas para o estado do Espírito Santo (ES): trata-se do Núcleo de Pesquisa Interdisciplinar Rede de Urgência e Emergência. Cadastrado desde 2017, é constituído por doutores, mestres, profissionais da Rede de Atenção às Urgências e Emergências (RUE) e estudantes de Medicina, Enfermagem, Fisioterapia da Emescam, e os de Geografia e Engenharia da UFES. Surgiu devido aos desafios para implementação das Redes de Atenção à Saúde, com o objetivo de elaborar pesquisas, visando potencializar a gestão, qualificar a assistência, aperfeiçoar a formação profissional e incentivar jovens cientistas.

Entre os membros do grupo, cinco são docentes e compõem a equipe do Centro de Habilidades e Simulação da Emescam, que, em parceria com as Secretarias de Saúde e instituições privadas, realiza programa de qualificação para profissionais da RUE; três fazem parte da equipe gestora do Samu, ocupando cargos de Coordenação Geral e Coordenação do Núcleo de Educação Permanente. Os egressos do Programa, mestrandos e estudantes de ICT desenvolvem pesquisas vinculadas ao macroprojeto: *"Rede de Urgência e Emergência: estudo do SAMU 192 na Região Metropolitana do Espírito Santo"*, que já resultaram em três dissertações e 14 pesquisas de ICT, sendo 10 (71,4%) sob orientação de egressos do Programa. Salienta-se que uma das dissertações contribuiu para a revisão do processo de regulação do Samu/ES e outra originou artigo em Revista *Qualis* A1 na área do Serviço Social.

Em 2018, o projeto *"Mapeamento dos acidentes de transportes terrestres e outras causas externas na população assistida pelo serviço de atendimento móvel de urgência"*, parceria entre a Emescam, UFES e a Universidade Federal de Uberlândia (UFU), foi aprovado no Edital FAPES/CNPq/Decit-SCTIE-MS/SESA nº 03/2018 — PPSUS. Atualmente, duas dissertações e quatro pesquisas de ICT estão vinculadas a ele. Dessa forma, as atividades desenvolvidas permitem a formação e a qualificação de pesquisadores, docentes, profissionais e gestores para atuação na política de saúde do Samu, resultando no (re)planejamento de ações e na melhoria da gestão dos recursos financeiros e humanos do serviço, com impacto educacional, social e econômico relevante, além de contribuir para o aumento da produção e divulgação do conhecimento e para o desenvolvimento científico e tecnológico do ES.

Em seus dez anos de existência, o Programa formou 210 mestres(as), e ainda que as dissertações tratem predominantemente de políticas de saúde, nos dois últimos anos outros temas têm sido evidenciados nas investigações, tais como: segurança alimentar e nutricional, mobilidade urbana, habitação, assistência social, educação, trabalho, previdência social. No período em exame, 96 dissertações foram defendidas. A partir da análise dos títulos, palavras-chave e linhas de pesquisa, constata-se que 67 (69,8%) delas estão na linha "Políticas de Saúde, Integralidade e Processos Sociais", 9 (9,4%), na linha "Processos de Trabalho, Políticas Públicas e Desenvolvimento Local" e 20 (20,8%), na linha "Serviço Social, Processos Sociais e Sujeitos de Direito". A predominância de trabalhos da linha "Políticas de Saúde, Integralidade e Processos Sociais" relaciona-se com o perfil do corpo docente do Programa, uma vez que 57,1% têm formação superior nas áreas de Ciências de Saúde e Ciências Biológicas.

A análise textual dos títulos (Figura 1) e das palavras-chave (Figura 2) identificou a dispersão de palavras que transitam nas três linhas de pesquisa do Programa, ligadas às políticas públicas dirigidas à população nos diferentes ciclos de vida e polarizadas na questão social, problematizada na perda de direitos sociais relacionados ao trabalho, à saúde, à habitação, à educação e aos transportes, aspectos ameaçados pelo autoritarismo que caracteriza a história do Brasil (Ianni, 1989). As Figuras 1 e 2 apresentam, ainda, palavras como judicialização, drogas, determinantes sociais da saúde, com destaque para temas que visam melhorar as ações que materializam as políticas públicas, principalmente aquelas consideradas de maior relevância para o ES. Mostram que as temáticas remetem ao questionamento das omissões e/ou falhas por parte do poder estatal na garantia de direitos relacionados à saúde (Oliveira, 2019). Denunciam políticas públicas conduzidas pelo Estado como medidas compensatórias e/ou respostas focalizadas às expressões da questão social, legitimando a desigualdade social produzida na sociedade capitalista e se afastando da perspectiva de exercício dos direitos e garantias sociais (Mota, 2000).

Figura 1 — Tendência temática das dissertações defendidas no PPGPPDL da Emescam, por título, no período de 2017 a 2019

Fonte: elaborada pelas autoras.

Figura 2 — Tendência temática das dissertações defendidas no PPGPPDL da Emescam, por palavras-chave, no período de 2017 a 2019

Fonte: elaborada pelas autoras.

Segundo Silva e Carvalho (2007), a área da Saúde ocupa posição de destaque entre os temas mais pesquisados nos PPGs na área do Serviço Social. São produções científicas que abordam a análise da estrutura do SUS e a defesa de direitos dos usuários, tais como questões previdenciárias, saúde do trabalhador, HIV/Aids, saúde mental e saúde do idoso, assim como as temáticas predominantes das dissertações do PPGPPDL.

O impacto da judicialização nas políticas públicas também é tema recorrente, com análises acerca da legitimidade do Judiciário em decidir sobre questões consideradas políticas, especialmente afetas à proteção dos direitos sociais e fundamentais (Ribas; Souza Filho, 2014; Fernandes, 2019). A atuação do Judiciário nestas instâncias pode contribuir com o aumento de desigualdades, especialmente no acesso equânime, pois privilegia a dimensão individual em detrimento da coletiva, o que reflete a necessidade de produzir conhecimentos que contribuam para o aprimoramento das suas funções, em questões ligadas à cidadania e à concretização dos direitos sociais (Vilasboas, 2020). Outrossim, a judicialização da saúde vincula-se à ausência de uma política clara voltada para doenças raras em geral, resultando em gastos excessivos no tratamento, impondo dificuldades logísticas ao controle do consumo e do estoque de medicamentos, insumos e leitos hospitalares (Diniz; Medeiros; Schwartz, 2012; Paixão, 2019).

Destacam-se as deficiências na atenção primária à saúde, que contribuem para o aumento das internações, constituindo uma iniquidade em saúde (Prezotto; Chaves; Mathias, 2015). Outro importante campo de estudo é a regulação dos serviços de saúde no SUS, considerando as fragilidades decorrentes das múltiplas realidades sociais, econômicas e culturais aliadas às pressões para impedir investimentos públicos em saúde, provenientes do setor privado que se beneficia de grandes volumes financeiros pela renúncia fiscal e, ao invés da contrapartida de complementaridade, atua como concorrente do setor público (Barros; Amaral, 2017).

Outro tema notório é a saúde do trabalhador, com discussões sobre as relações saúde-ambiente-trabalho em diversos espaços sociocupacionais de atuação profissional. Frisa-se que a saúde do trabalhador como objeto de estudo surgiu na Saúde Coletiva e avançou qualitativamente ao estabelecer interface com as Ciências Sociais, à medida que as análises incorporaram o conceito marxista de processo de trabalho como categoria explicativa (Strausz; Guilam; Oliveira, 2019).Também comparecem nos estudos acerca da atividade laboral de profissionais da política de saúde, a relação saúde do trabalhador, acidentes de trabalho e absenteísmo por doença devido às condições de trabalho. Ainda há pesquisas que apontam o quão pode prejudicar, além do trabalhador da saúde, a qualidade da assistência ofertada aos usuários do SUS, nos três níveis de atenção à saúde (Silva *et al.*, 2019).

É inegável que a produção do conhecimento no período estudado buscou refletir a preocupação com a desigualdade social inerente ao capitalismo, na perspectiva da conjuntura brasileira, e que se relaciona aos avanços das contrarreformas neoliberais. Tal como as mudanças na previdência social e as reformas trabalhistas, situações que envolvem perda de direitos e precarização do trabalho, em nome da austeridade fiscal que provoca a falta de financiamento para serviços essenciais com consequências para a qualidade de vida dos indivíduos (Santos, 2019).

Considerações finais

O trabalho ora apresentado preocupou-se em evidenciar alguns frutos que o Programa vem alcançando com as pesquisas de docentes e a convergente e necessária relação com as investigações desenvolvidas por discentes. Outrossim, considerou-se fundamental a produção do conhecimento na interface entre Serviço Social e Ciências da Saúde, característica marcante da pós-graduação *stricto sensu* da Emescam, haja vista a interdisciplinaridade dos corpos docente e discente, assim como dos grupos de pesquisa. Os produtos do PPGPPDL refletem avanços que resultam no incremento da postura crítica de conhecimento na área.

Entretanto, é preciso avançar na democratização do conhecimento gerado para que possa subsidiar a proposição de ações públicas, visando diminuir as desigualdades nacionais, regionais e locais, bem como para fortalecer as lutas sociais em prol do usufruto aos direitos. O incentivo à participação de egressos do Programa, de técnicos, de colaboradores estrangeiros e a ampliação de recursos tecnológicos e das parcerias interinstitucionais, nos âmbitos nacional e internacional, têm tal propósito. Contudo, não se trata de tarefa fácil frente aos atuais desmontes da ciência no País, com os cortes de verbas e a restrição dos recursos para o desenvolvimento de pesquisas, assim como a iminente possibilidade de extinção das agências de fomento, o que representa um retrocesso diante dos avanços obtidos historicamente.

A análise das dissertações indica a saúde como a temática mais recorrente, o que fez despertar a necessidade de ampliar a visibilidade dos estudos e das pesquisas desenvolvidas, o que permitiria uma maior socialização do conhecimento construído nas instituições de ensino. Uma das propostas é a imprescindibilidade de organizar eventos científicos para ampliar a discussão de temáticas prioritárias e contribuir para a proposição de políticas públicas voltadas para o desenvolvimento local, com a participação de docentes, pesquisadores, discentes, egressos do Programa e a população usuária dos serviços, parte dela participante das pesquisas do PPGPPDL.

Referências

BARROS, F. P. C.; AMARAL, T. C. L. Os desafios da regulação em saúde no Brasil. *Anais do Instituto de Higiene e Medicina Tropical*, v.16 (Supl.3), S39-S45, 2017.

CAMARGO, B. V.; JUSTO, A. M. IRAMUTEQ: um software gratuito para análise de dados textuais. *Temas em Psicologia*, Ribeirão Preto, v. 21, n. 2, p.513-518, dez. 2013.

COSTA, A. C. B. *et al.* Perfil dos grupos de pesquisa de Enfermagem do Conselho Nacional de Desenvolvimento Científico e Tecnológico. *Rev RENE*, v. 15, n.3, p. 471-479, maio/jun. 2014.

DINIZ, D.; MEDEIROS, M.; SCHWARTZ, I. V. D. Consequências da judicialização das políticas de saúde: custos de medicamentos para as mucopolissacaridoses. *Cadernos de Saúde Pública*, Rio de Janeiro, v. 28, n. 3, p. 479-489, jan./mar. 2012.

FERNANDES, M. Judicialização de políticas públicas de saúde: legitimidade e limites. *Revista de Direitos Sociais, Seguridade e Previdência Social*, Goiânia, v. 5, n. 1, p. 38-58, jan./jun. 2019.

IAMAMOTO, M. V. *Serviço Social em tempo de capital fetiche*: capital financeiro, trabalho e questão social. 2 ed. São Paulo: Cortez, 2008.

IANNI, O. A questão social. *Ciência & Trópico*, Recife, v. 17, n. 2, p. 789-202, jul./dez. 1989.

MOTA, A. Elizabete. Sobre a crise da seguridade social no Brasil. *Cadernos ADUFRJ*, Rio de Janeiro, n. 4, p. 4-7, ago. 2000.

OLIVEIRA, V. E. *Judicialização de Políticas Públicas no Brasil*. Rio de Janeiro: Fiocruz, 2019.

PAIXÃO, A. L. S. Reflexões sobre a judicialização do direito à saúde e suas implicações no SUS. *Ciência & Saúde Coletiva*, Rio de Janeiro, v. 24, n. 6, p. 2167-2172, jan./jun. 2019.

PRATES, J. C.; CLOSS, T. T.; CARRARO, G. Programas de Pós-Graduação em Serviço Social no Brasil: tendências das áreas de concentração, linhas de pesquisa e disciplinas. *Serviço Social em Revista*, Londrina, v. 18, n. 2, p. 5-33, jan./jun. 2016.

PREZOTTO, K. H.; CHAVES, M. M. N.; MATHIAS, T. A. F. Hospitalizações sensíveis à atenção primária em crianças, segundo grupos etários e regionais de saúde. *Revista da Escola de Enfermagem da USP*, São Paulo, v. 49, n. 1, p. 44-53, 2015.

RIBAS, G. P. P.; SOUZA FILHO, C. F. M. A judicialização das políticas públicas e o Supremo Tribunal Federal. Revista *Direito, Estado e Sociedade*, Rio de Janeiro, n. 44, p. 36-50, jan./jun. 2014.

RIBEIRO, D. B. As pesquisas científicas do Serviço Social: o papel do CNPq. Revista *Katálysis*, Florianópolis, v. 20, n. 2, p. 184-195, maio/ago. 2017.

SANTOS, J. S. O enfrentamento conservador da "questão social" e desafios para o Serviço Social no Brasil. *Serviço Social & Sociedade*, São Paulo, n. 136, p. 484-496, set./dez. 2019.

SILVA, A. F. *et al.* Absenteísmo na equipe multiprofissional de uma unidade de terapia intensiva adulto. *Revista Expressão Católica Saúde*, v. 4, n.1, p. 6-14, jan./jun. 2019.

SILVA, M. O. S.; CARVALHO, D. B. B. A pós-graduação e a produção de conhecimento no Serviço Social Brasileiro. *Revista Brasileira de Pós-Graduação*, Brasília, v. 4, n. 8, p. 192-216, dez. 2007.

STRAUSZ, Maria Cristina; GUILAM, Maria Cristina Rodrigues; OLIVEIRA, Simone Santos. A intervenção em saúde do trabalhador na perspectiva dos atores históricos do campo. *Revista Brasileira de Saúde Ocupacional*, São Paulo, 2019, 44:e25, p. 1-12.

VILASBOAS, L. C. A judicialização na concretização do direito à saúde. *Revista Artigos. Com*, São Paulo, v. 13, e2863, 2020.

SOBRE AS(OS) AUTORAS(ES)

ADRIANA RAMOS — Professora Adjunta IV do Departamento de Serviço Social e do Programa de Pós-Graduação em Serviço Social e Desenvolvimento Regional da Universidade Federal Fluminense (UFF). Coordenadora do Núcleo de Estudos dos Fundamentos do Serviço Social (NEFSS/UFF). Pesquisadora do Núcleo de Estudos, Pesquisa e Extensão em Serviço Social (NUEPESS).
⇨ *E-mail*: adriana.ramos.4791@gmail.com

ALZIRA MARIA BAPTISTA LEWGOY — Professora Associada I do Curso de Graduação em Serviço Social. Professora e Vice-Coordenadora do Mestrado em Política Social e Serviço Social da Universidade Federal do Rio Grande do Sul (UFRGS). Coordenadora do Grupo de Estudos e Pesquisas em Formação e Exercício Profissional em Serviço Social (GEFESS — UFRGS).
⇨ *E-mail*: alzira.lewgoy@ufrgs.br

ANA CRISTINA OLIVEIRA DE OLIVEIRA — Professora-Adjunta IV do Departamento de Serviço Social e do Programa de Pós-Graduação em Serviço Social e Desenvolvimento Regional da Universidade Federal Fluminense (UFF). Pesquisadora do Núcleo de Estudos e Pesquisa sobre Teoria Social, Trabalho e Serviço Social (NUTSS/UFF), do Núcleo de Estudos e Pesquisa sobre Espaços Populares e Favelas (NEPEF/UFF) e do Núcleo de Estudos e Projetos Habitacionais e Urbanos (NEPHU/UFF). Coordenadora do Grupo Permanente de Estudos Trabalho, Questão Social e Serviço Social: expressões do conservadorismo na formação social brasileira (ESS/UFF).
⇨ *E-mail*: anacoliveira@gmail.com

ANA LOLE — Professora do Departamento de Serviço Social da PUC-Rio. Pesquisadora do Grupo de Estudos e Pesquisas Trabalho, Políticas Públicas e Serviço Social (Trappus/PUC-Rio). Membro da diretoria executiva da International Gramsci Society do Brasil (IGS/Brasil).

⇨ *E-mail*: analole@gmail.com

ANA LUCIA DOURADO — Assistente Social. Mestranda no Programa de Pós-Graduação em Serviço Social da Unioeste/Toledo. Membro do Grupo de Pesquisa e Defesa em Direitos Humanos Fundamentais da Criança e do Adolescente (GPDDICA/Unioeste/CNPq). Integrante do Projeto de Apoio à Política de Proteção à Criança e ao Adolescente (PAPPCA)/Unioeste — extensão universitária.

⇨ *E-mail*: anadourado_95@hotmail.com

BETINA AHLERT — Assistente Social. Doutora em Serviço Social pela Pontifícia Universidade Católica do Rio Grande do Sul. Professora do Departamento de Serviço Social da Universidade Federal de Mato Grosso.

⇨ *E-mail*: asbetinaa@gmail.com

DENISE BOMTEMPO BIRCHE DE CARVALHO — Assistente Social. Especialista em Política Social. Mestre e Doutora em Sociologia pela Universidade de Paris I, França. Professora titular da Universidade de Brasília (UnB).

⇨ *E-mail*: denisebomtempo@unb.br

EDVÂNIA ÂNGELA DE SOUZA — Assistente Social. Professora doutora do Departamento de Serviço Social da Faculdade de Ciências Humanas e Sociais (FCHS), UNESP-Franca. Professora colaboradora do Programa de Pós-Graduação em Serviço Social e Políticas Sociais (PPGSSPS) — Mestrado Acadêmico da UNIFESP, Campus Baixada Santista.

⇨ *E-mail*: edvaniaangela@hotmail.com

EMY NAYANA PINTO — Assistente social. Estudante de Mestrado do Programa de Pós-Graduação em Política Social da Universidade de Brasília (UnB).

⇨ *E-mail*: nayanaserunb@gmail.com

FERNANDA MARQUES DE QUEIROZ — Doutora em Serviço Social pelo Programa de Pós-Graduação em Serviço Social da Universidade Federal de Pernambuco (PPGSS/UFPE). Professora da Faculdade de Serviço Social e do Programa de Pós-Graduação em Serviço Social e Direitos Sociais da Universidade do Estado do Rio Grande do Norte (Fasso/PPGSSDS/UERN).
⇨ *E-mail*: fernandamarquesdequeiroz@gmail.com

GISSELE CARRARO — Mestra e Doutora em Serviço Social pela PUC-RS. Coordenadora e Docente do Programa de Pós-Graduação em Políticas Públicas e Desenvolvimento Local da Escola Superior de Ciências da Santa Casa de Misericórdia de Vitória (Emescam).
⇨ *E-mail*: gissele.carraro@emescam.br

IMAR DOMINGOS QUEIROZ — Assistente Social. Doutora em Sociologia Política pela Universidade Federal de Santa Catarina (UFSC). Professora-associada do Departamento de Serviço Social e do Programa de Pós-Graduação em Política Social da Universidade Federal de Mato Grosso (UFMT).
⇨ *E-mail*: imarqueiroz@hotmail.com

INEZ STAMPA — Professora-associada da Pontifícia Universidade Católica do Rio de Janeiro (PUC-Rio). Coordenadora do Centro de Referência das Lutas Políticas no Brasil — Memórias Reveladas. Coordenadora do Grupo de Estudos e Pesquisas Trabalho, Políticas Públicas e Serviço Social (Trappus/PUC-Rio). Bolsista Produtividade em Pesquisa/CNPq.
⇨ *E-mail*: inezstampa@gmail.com

JANINE PEREIRA DA SILVA — Mestra e Doutora em Ciências da Saúde pela Universidade Federal de Minas Gerais (UFMG). Docente do Programa de Pós-Graduação em Políticas Públicas e Desenvolvimento Local da Escola Superior de Ciências da Santa Casa de Misericórdia de Vitória (Emescam). Coordenadora do Programa Institucional de Iniciação Científica e Tecnológica da Emescam.
⇨ *E-mail*: janine.silva@emescam.br

JOANA VALENTE SANTANA — Doutora em Serviço Social pela Universidade Federal do Rio de Janeiro (UFRJ). Professora-associada III da Faculdade e do Programa de Pós-Graduação em Serviço Social da Universidade Federal do Pará (UFPA). Coordenadora do Grupo de Estudos e Pesquisas Cidade, Habitação e Espaço Humano/GEP-CIHAB. Bolsa Produtividade em Pesquisa/PQ2/CNPq.
⇨ *E-mail*: joanavalente@ufpa.br

LIDIANY DE LIMA CAVALCANTE — Professora Adjunta I do Departamento de Serviço Social e do Programa de Pós-Graduação em Serviço Social e Sustentabilidade na Amazônia da Universidade Federal do Amazonas (Ufam), Coordenadora do Laboratório de Estudos de Gênero (LEG/Ufam).
⇨ *E-mail*: lidiany@ufam.edu.br

LÚCIA MARIA MORAES — Professora do Curso de Graduação de Arquitetura e Urbanismo e do Programa de Pós-Graduação em Serviço Social da PUC Goiás. Relatora especial da Plataforma de Direitos Humanos Econômicos Sociais Culturais e Ambiental (DHESCA — BRASIL) e colaboradora dos Movimentos Sociais de Moradia.
⇨ *E-mail*: lucia.dhescmoradia@gmail.com

LUCILENE FERREIRA DE MELO — Professora-associada II do Departamento de Serviço Social e do Programa de Pós-Graduação em Serviço Social e Sustentabilidade na Amazônia da Universidade Federal do Amazonas (Ufam) e líder do Grupo de Pesquisa em Gestão Social, Direitos Humanos e Sustentabilidade (Ufam).
⇨ *E-mail*: lucilenefmelo@yahoo.com.br

LUZIA FÁTIMA BAIERL — Doutora em Serviço Social, Docente do Programa de Pós-Graduação em Serviço Social e Políticas Sociais da Unifesp, Campus Baixada Santista. Pesquisadora do Grupo de Estudos e Pesquisas Metropolitanas em Política Social e Serviço Social (MEPSS) da Unifesp, Campus Baixada Santista.
⇨ *E-mail*: baierl@unifesp.br

MARCELA SOARES — Professora Adjunta IV do Departamento de Serviço Social e do Programa de Pós-Graduação em Serviço Social e Desenvolvimento Regional da Universidade Federal Fluminense (UFF). Pesquisadora do Núcleo de Estudos e Pesquisas sobre Teoria Social, Trabalho e Serviço Social (NUTSS/UFF), do Núcleo Interdisciplinar de Estudos e Pesquisa sobre Marx e o Marxismo (Niep-Marx/UFF), do Grupo de Pesquisa Mundo do Trabalho e suas Metamorfoses (IFCH/Unicamp) e do Grupo de Pesquisa Trabalho Escravo Contemporâneo (GPTEC/UFRJ).

⇨ *E-mail*: marcelasoares@id.uff.br

MARIA CONCEIÇÃO PADIAL MACHADO — Professora do Curso de Graduação em Serviço Social e do Programa de Pós-Graduação em Serviço Social da PUC Goiás. Coordenadora do Grupo de Pesquisa Ontologia Marxiana, Trabalho, Educação, Estado e Luta de Classe.

⇨ *E-mail*: mcspadial@gmail.com

MARIA DO SOCORRO DE SOUZA VIEIRA — Professora Titular do Departamento de Serviço Social e do Programa de Pós-Graduação em Serviço Social da Universidade Federa da Paraíba (UFPB). Coordenadora do Grupo de Estudos e Pesquisas sobre Crianças, Adolescentes e Famílias (Gepac/PPGSS/UFPB).

⇨ *E-mail*: socorrosvieira@yahoo.com.br

MARIA IVONETE SOARES COELHO — Doutora em Ciências Sociais pelo Programa de Pós-Graduação em Ciências Sociais da Universidade Federal do Rio Grande do Norte (PPGCS/UFRN). Professora do Programa de Pós-Graduação em Serviço Social e Direitos Sociais da Universidade do Estado do Rio Grande do Norte (PPGSSDS/UERN).

⇨ *E-mail*: lunasoares@uol.com.br

MARIA LIDUÍNA DE OLIVEIRA E SILVA — Coordenadora do Programa de Pós-Graduação em Serviço Social e Políticas Sociais (PPGSSPS) e Docente do curso de Serviço Social da Unifesp, Campus Baixada Santista. Coordenadora do Grupo de Estudo, Pesquisa e Extensão em Criança, Adolescente e Família (GCAF). Assessora editorial da área de Serviço Social da Cortez Editora.

⇨ *E-mail*: liduoliveira90@gmail.com

MARIA LUIZA AMARAL RIZZOTTI — Pesquisadora visitante da Fundação de Apoio à Pesquisa do Estado da Paraíba (FAPESQ/CNPq) junto ao Programa de Pós-Graduação em Serviço Social da Universidade Federa da Paraíba (UFPB).
⇨ *E-mail*: marialuizarizzotti@gmail.com

MARLI RENATE VON BORSTEL ROESLER — Assistente Social. Mestre em Educação (PUC-PR). Doutorado em Serviço Social (PUC/SP). Pós-Doutorado em Meio Ambiente e Desenvolvimento (UFPR). Professora-associada na Unioeste. Docente no curso de Graduação em Serviço Social e no Programa de Pós-Graduação em Serviço Social (Mestrado) da Unioeste/Toledo. Docente no Programa de Pós-Graduação em Desenvolvimento Rural Sustentável (PPG-DRS) da Unioeste/MCRondon. Coordenadora do Programa de Extensão da Sala de Estudos e Informações em Políticas Ambientais — Seipas/Unioeste. Líder do Grupo de Pesquisa em Políticas Ambientais e Sustentabilidade — Geppas/Unioeste/CNPq.
⇨ *E-mail*: marliroesler@hotmail.com

MÍRIAM THAIS GUTERRES DIAS — Professora-associada I do PPG Política Social e Serviço Social da Universidade Federal do Rio Grande do Sul — UFRGS e Bolsista produtividade do CNPq.
⇨ *E-mail*: miriamtgdias@gmail.com

MOEMA AMÉLIA SERPA LOPES DE SOUZA — Professora-associada do Departamento de Serviço Social e da Pós-Graduação em Serviço Social da Universidade Estadual da Paraíba (UEPB). Coordenadora do Grupo de Estudos e Pesquisas sobre Trabalho e Proteção Social (GETRAPS) e membro do Grupo de Trabalho e Pesquisa Serviço Social: fundamentos, trabalho e formação profissional da ABEPSS (2018-2020).
⇨ *E-mail*: serpamoema@gmail.com

NELMIRES FERREIRA DA SILVA — Doutora em Serviço Social. Professora da Universidade Federal de Sergipe. Membro dos Grupos de Estudos e Pesquisa em Fundamentos, Formação em Serviço Social e Políticas Públicas (GEPSSO-UFS), Trabalho, Questão Social e Movimentos Sociais (GETEQ)/UFS. Conselheira do Conselho Estadual dos Direitos da Mulher (CEDM) de Sergipe, gestão 2020-2022.
⇨ *E-mail*: fnelmires@gmail.com

RAIANE PATRÍCIA SEVERINO ASSUMPÇÃO — Doutora em Sociologia. Docente do Programa de Pós-Graduação em Serviço Social e Políticas Sociais da Unifesp, Campus Baixada Santista. Pesquisadora do Centro de Antropologia e Arqueologia Forense (CAAF) da Unifesp, São Paulo.
⇨ *E-mail*: raianeunifesp@gmail.com

ROSANGELA MARQUES DOS SANTOS — Doutora em Serviço Social. Professora da Universidade Federal de Sergipe (UFS). Membro do Grupo de Estudos e Pesquisa em Saúde (GEPS/UFS).
⇨ *E-mail*: romarques020@gmail.com

ROVAINE RIBEIRO — Doutora em Geografia Humana pela Universidade de São Paulo (USP). Docente da Faculdade de Serviço Social da Universidade Federal do Pará (UFPA). Integrante da Coordenação do Grupo de Estudos e Pesquisas, Cidade, Habitação e Espaço Humano/GEP-CIHAB.
⇨ *E-mail*: rovaine@ufpa.br

RUTELÉIA CÂNDIDA DE SOUZA SILVA — Assistente Social. Doutora em Política Social pela Universidade Federal do Espírito Santo (UFES). Docente do Curso de Serviço Social e do Programa de Pós-Graduação em Política Social da Universidade Federal de Mato Grosso (UFMT).
⇨ *E-mail*: rute.as@gmail.com

SANDRA DE FARIA — Professora do Curso de Graduação em Serviço Social e do Programa de Pós-Graduação em Serviço Social da PUC Goiás. Coordenadora do Grupo de Estudos e Pesquisa de Teoria Social e Fundamentos do Serviço Social.
⇨ *E-mail*: sandra.f@pucgoias.edu.br

SANDRA HELENA RIBEIRO CRUZ — Doutora em Ciências Socioambientais pelo Núcleo de Altos Estudos Amazônicos da Universidade Federal do Pará (UFPA). Professora-associada IV da Faculdade e do Programa de Pós-Graduação em Serviço Social da UFPA. Coordenadora do Grupo de Pesquisa em Políticas Urbanas e Movimentos Sociais na Amazônia Globalizada/GPPUMA.
⇨ *E-mail*: shelena@ufpa.br

SERGIO ANTÔNIO CARLOS — Professor Titular Aposentado e do Programa de Pós-Graduação em Política Social e Serviço Social da Universidade Federal do Rio Grande do Sul (UFRGS) e Editor associado da revista *Estudos Interdisciplinares sobre o Envelhecimento*.
⇨ *E-mail*: sacarlos@ufrgs.br

SHEYLA SUELY DE SOUZA SILVA — Professora Adjunta do Departamento de Serviço Social e da Pós-Graduação em Serviço Social da Universidade Estadual da Paraíba (UEPB). Pesquisadora do Grupo de Estudos, Pesquisas e Assessoria em Políticas Sociais (GEAPS) e Pós-doutoranda na Universidade Nova de Lisboa.
⇨ *E-mail*: sheylasuelyss@hotmail.com

SOLANGE RODRIGUES DA COSTA — Mestra em Saúde Coletiva e Doutora em Educação pela Universidade Federal do Espírito Santo (Ufes). Docente do Curso de Enfermagem, de Medicina e do Programa de Pós-Graduação em Políticas Públicas e Desenvolvimento Local da Escola Superior de Ciências da Santa Casa de Misericórdia de Vitória (Emescam).
⇨ *E-mail*: solange.costa@emescam.br

SUZANEIDE FERREIRA DA SILVA — Doutora em Ciências Sociais pelo Programa de Pós-Graduação em Ciências Sociais da Universidade Federal do Rio Grande do Norte (PPGCS/UFRN). Professora do Programa de Pós-Graduação em Serviço Social e Direitos Sociais da Universidade do Estado do Rio Grande do Norte (PPGSSDS/UERN).
⇨ *E-mail*: suzaneidemenezes@gmail.com

VÂNIA CARVALHO SANTOS — Doutora em Saúde Pública. Professora da Universidade Federal de Sergipe (UFS). Membro do Grupo de Estudos e Pesquisa em Saúde (GEPS/UFS).
⇨ *E-mail*: vrtlcarvalho@hotmail.com

WAGNER ARAÚJO — Assistente Social, Pós-graduando em Serviço Social na Universidade Estadual da Paraíba (UEPB) e integrante do Grupo de Estudos e Pesquisas sobre Trabalho e Proteção Social (GETRAPS).
⇨ *E-mail*: wagnerseso@gmail.com

ZELIMAR SOARES BIDARRA — Assistente Social. Mestre em Serviço Social (UFRJ). Doutorado em Educação (Unicamp). Pós-doutorado em Educação (UFPR). Pesquisadora Produtividade CNPq. Professora-associada na Universidade Estadual do Oeste do Paraná (Unioeste). Docente no curso de Graduação em Serviço Social, no Programa de Pós-Graduação em Serviço Social (mestrado) da Unioeste/Toledo, no Programa de Pós-Graduação em Desenvolvimento Regional e Agronegócio (PGDRA) da Unioeste/Toledo. Líder do Grupo de Pesquisa e Defesa em Direitos Humanos Fundamentais da Criança e do Adolescente (GPDDICA/Unioeste/CNPq). Integrante do Projeto de Apoio à Política de Proteção à Criança e ao Adolescente (PAPPCA)/Unioeste — extensão universitária.

⇨ *E-mail*: zelimar@yahoo.com.br

A HISTÓRIA ORAL NA PESQUISA EM SERVIÇO SOCIAL
da palavra ao texto

Maria Lúcia Martinelli
Neusa Cavalcante Lima
Amor António Monteiro
Rodrigo Diniz (Orgs.)

1ª edição (2019) • 344 págs.
ISBN 978-85-249-2750-8

Esta coletânea reúne reflexões em torno da beleza, do mistério e da experiência sobre sujeitos, cujas vivências tornadas visíveis pela palavra escrita (e pela academia), raramente serão lidas por eles e/ou aqueles, a partir dos quais realizamos nossas pesquisas. É disso que trata este trabalho coletivo: do desafio e da importância da história oral aliada ao cotidiano de vivência dos sujeitos, que possibilitam trazer à tona outros modos de construção do conhecimento. Faz lembrar Giorgio Agamben (O fogo e o relato, 2018), ao decifrar uma abordagem em torno do estatuto especial de um livro destinado a "olhos que não podem lê-lo", revelando que é "isso que torna sua escrita mais interessante do que a que foi escrita somente para quem sabe ou pode ler".

GRÁFICA PAYM
Tel. [11] 4392-3344
paym@graficapaym.com.br